Sepp Holzer

Wüste oder Paradies

stv

Sepp Holzer
unter Mitarbeit von Leila Dregger

Wüste oder Paradies

Von der Renaturierung bedrohter Landschaften über Aqua-Kultur und Biotop-Aufbau bis zum Urban Gardening

4. Auflage

Leopold Stocker Verlag
Graz – Stuttgart

Umschlaggestaltung
Werbeagentur Rypka GmbH, A-8143 Dobl-Zwaring, www.rypka.at
Umschlagabb. Vorderseite: Lilian von Wussow (Bild oben), Simon du Vinage (unten)
Umschlagabb. Rückseite: Archiv des Autors
Bildnachweis Innenteil: Soweit nicht anders angegeben, Archiv des Autors
Wir haben uns bemüht, bei den hier verwendeten Bildern die Rechteinhaber ausfindig zu machen. Falls es dessen ungeachtet Bildrechte geben sollte, die wir nicht recherchieren konnten, bitten wir um Nachricht an den Verlag. Berechtigte Ansprüche werden im Rahmen der üblichen Vereinbarungen abgegolten.

Bibliografische Information der Deutschen Nationalbibliothek
Die Deutsche Nationalbibliothek verzeichnet diese Publikation in der Deutschen Nationalbibliografie; detaillierte bibliografische Daten sind im Internet unter http://dnb.d-nb.de abrufbar.

Hinweis
Dieses Buch wurde auf chlorfrei gebleichtem Papier gedruckt. Die zum Schutz vor Verschmutzung verwendete Einschweißfolie ist aus Polyethylen chlor- und schwefelfrei hergestellt. Diese umweltfreundliche Folie verhält sich grundwasserneutral, ist voll recyclingfähig und verbrennt in Müllverbrennungsanlagen völlig ungiftig.

Auf Wunsch senden wir Ihnen gerne kostenlos unser Verlagsverzeichnis zu:
Leopold Stocker Verlag GmbH
Hofgasse 5 / Postfach 438
A-8011 Graz
Tel.: +43 (0)316/82 16 36
Fax: +43 (0)316/83 56 12
E-Mail: stocker-verlag@stocker-verlag.com
www.stocker-verlag.com

ISBN 978-3-7020-1324-0

Layout und Repro: Werbeagentur Rypka GmbH, A-8143 Dobl-Zwaring, www.rypka.at

Inhalt

Einleitung

Vorbemerkung von Sepp Holzer

Anhand vieler Rückmeldungen auf meine Bücher, Vorträge und Seminare stelle ich immer wieder einen gravierenden Fehler der Gegenwart fest: zu kurzfristiges Denken. Heute wollen viele Menschen vor allem Rezepte und Ratgeber, die möglichst sofort eine Lösung bieten. Sie denken nur noch von heute auf morgen und nehmen sich nicht mehr die Zeit, wahrzunehmen, nach vorne und nach hinten zu denken und sich in die Natur hineinzuversetzen. Das notwendige Wissen wollen sie am liebsten vorgekocht und womöglich vorgekaut serviert bekommen.

Das ist für mich kein lebenswertes Leben. Mensch zu sein, heißt, selbständig zu sein, selbst denken und wahrnehmen zu können. Dazu gehört auch, Fehler zu machen. Der größte Fehler ist die Angst vor dem Fehler, denn dann lernst du nicht.

Dieses Buch ist kein Rezeptbuch, obwohl es auch Praxisanleitungen enthält. Ich gehe auf Details ein, aber kaue nicht alles bis ins Kleinste vor. „Wüste oder Paradies" soll eine breite Leserschaft, aber auch Spezialisten und Experten an das natürliche Denken heranführen und aufzeigen, wie viele Möglichkeiten bestehen, die Erde zu heilen, was wir alles tun können, um mit der Natur zu kooperieren und ein anderes Leben zu führen – und zwar jeder, ob Gärtner, Hausfrau, Bauer, Journalist, Politiker, Beamter oder Ingenieur.

Das Buch nimmt die Leser ein Stück des Weges an die Hand, zeigt ihnen aber auch, wie sie allein weitergehen können.

Wer es liest, soll selbst wieder denken lernen, um die Ursachen einer Situation zu ergründen und die Konsequenzen des eigenen Handelns vorausschauend zu erkennen.

Wenn du die Zusammenhänge in der Natur berücksichtigst, wird alles logisch. Dann wird dein Leben ein ständiges Forschen. Die Natur wird dann deine Lehrmeisterin. Dazu musst du dich in dein Gegenüber hineinversetzen und Kontakt aufnehmen. Du musst es leben, damit du es erleben und vermitteln kannst. Dann hast du immer weniger Arbeit, denn du wirst Teil der Natur, handelst im Gesamten, in Harmonie, und nicht nur gradlinig zweck- und ergebnisorientiert.

Im Rahmen meiner weltweiten Tätigkeit berate ich Einzelpersonen, Bevölkerungsgruppen, Unternehmen und Organisationen unterschiedlicher Nationalitäten, ohne mich mit den Philosophien, Religionen oder deren politischen Einstellungen zu identifizieren. Entscheidend für mich ist, dass meine Beratung dem Wohl der Mitlebewesen, dem respektvollen Umgang mit der Natur und dem Schöpfungsauftrag gerecht wird.

Danksagung

Aus dem ursprünglich geplanten Buch über naturgemäßes Wassermanagement wurde ein sehr umfassendes Werk. Kein Wunder, denn Wasser ist ein Element der Verbindung und die Beschäftigung mit Wasser führt ganz von selbst zu allem, was mit ihm verbunden ist: dem Erdkörper und den Bodenlebewesen, dem Waldaufbau und der Artenvielfalt, der Lebensmittelsouveränität unter verschiedenen sozialen und klimatischen Bedingungen, einer vertretbaren Tierhaltung und einer selbständigen Ökonomie.

Von Sepp Holzer zu lernen und mitzuhelfen, sein Wissen in Sprache zu fassen, war und ist eine fesselnde Aufgabe für mich. Seine Erfahrung, sein intuitives und höchst praktisches Wissen sowie sein Mut zur Rebellion verbinden sich zu einem wahrhaft revolutionären Gedankengut. Denn was könnte ein wirksamerer Widerstand gegen die Globalisierung und die weltweite Umweltzerstörung sein, als Alternativen aufzuzeigen? Was kann es Umwälzenderes geben als das Wissen von einem gesunden Wasserhaushalt? Schon Viktor Schauberger sagte, dass der „Kapitalismus auf der Wahrung des Wassergeheimnisses beruht". Er wusste: Wenn wir überall lebendiges Wasser im Überfluss haben, dann wird die Nahrungsproduktion so billig, dass sich die Spekulation damit nicht mehr lohnt. Diese Vision habe ich bei Sepp Holzer wiedergefunden, und sie ist vielfach schon umgesetzt.

Überall auf der Welt können wir damit das Paradies wiedererwecken, indem wir den Wasserhaushalt in Ordnung bringen, können Obst und Gemüse an allen Ecken, an Hauswänden, an stillgelegten Telegrafenmasten und Randflächen gedeihen, können essbare Landschaften entstehen und Tiere und Menschen in Harmonie zusammenleben und kooperieren. Das ist das Wissen für eine ökologische Erneuerung der Erde.

Möge es gelingen!

Leila Dregger

Wer ist Sepp Holzer?

Sepp Holzer wurde 1942 in Österreich in eine Bergbauernfamilie hineingeboren. Von klein auf erlebte er die Abläufe der Natur mit der wachen Neugier, zu der ein Kind fähig ist. Bei Tieren und Pflanzen sowie am Wasser und in den von ihm selbst angelegten Biotopen fand er stimmigere Antworten auf seine Fragen als in der Schule. Dieses Paradies, das er dort im Kleinen aufbaute, das Zusammenspiel der Lebewesen, die Fülle, die Vielfalt der Symbiosen, blieben Maßstab für seine Kooperation mit der Natur bis heute.

Sepp Holzer wurde zum Wissenschaftler im wahrsten Sinne des Wortes: Er glaubte nicht blind, was man ihm sagte, er forschte so lange, bis er eine Erklärung gefunden hatte, die ihn wirklich befriedigte. Doch das Wissen, das er fand, stand immer wieder im Gegensatz zu dem, was Eltern und Lehrer sagten. Er traf eine radikale Entscheidung und blieb ihr bis heute treu: Er machte sich zum vollen Kooperationspartner der Natur mit der Lebensaufgabe, das ökologische Paradies auf der Erde wiederherzustellen.

Konflikte waren unvermeidlich. In allen Bereichen – Politik, Landwirtschaft, soziales Leben, Wissenschaft – haben sich die vom Menschen gemachte Welt und die Natur auseinanderentwickelt. Um sich und seinem Wissen treu zu bleiben, wurde er zum „Agrar-Rebell".

Wer Sepp Holzer kennt, erlebt seine authentische Anteilnahme an allem Lebendigen. Soziale Ungerechtigkeit, Tierquälerei und zerstörerische Dummheit im Umgang mit der Natur sind für ihn unerträglich. Er ist ein Mensch, der die weltweite Naturzerstörung, die er in vielen Ländern sieht, den Verlust an Menschlichkeit und das globale Leiden durch Hunger und Armut nicht einfach verdrängen kann. Er scheut nicht davor zurück, Partei für das Leben zu ergreifen und Missstände beim Namen zu nennen. Er geht keinem Konflikt aus dem Weg, hält sich aber nicht bei der Anklage auf. Ausgestattet mit enormer Energie, Willenskraft und wacher Intelligenz sucht er immer nach der Alternative, die allen einen Vorteil bringt, Mensch und Natur.

Diese Lösungen kommen ihm oft im Traum – wenn sich der Geist im Schlaf wieder an die ursprüngliche Harmonie angekoppelt hat und von dort ein größeres Wissen abruft als das, was sich der Verstand ausdenken kann.

Viele Prinzipien, die er entdeckte, sind so grundlegend, dass sie nicht nur für den Anbau von gesunden Lebensmitteln geeignet sind, sondern in vielen Lebensbereichen ihre Gültigkeit haben.

Den elterlichen Krameterhof übernahm Sepp Holzer bereits mit 19 Jahren – ein heute 45 Hektar großes Grundstück auf 1.100 bis 1.500 m über dem Meeresspiegel. Hier begann er umzusetzen, was er sich an Wissen über die Natur angeeignet hatte.

Konflikte mit Nachbarn, Behörden und Gesetzen ließen nicht auf sich warten. Doch er fand immer den nächsten Schritt, stets unterstützt von seiner Frau Veronika, seinen Eltern und später von seinen Kindern. Wo andere Bauern Fichtenmonokulturen anlegten, pflanzte er Frucht- und Mischwälder und säte Urgetreide. Wo die Behörden anordneten, Schädlinge zu vergiften, suchte er zu verstehen, was das System wieder in Balance bringt. Wo andere das Wasser möglichst schnell aus dem Gelände abführten, legte er Dutzende von Teichen an, um es zu halten – und das im Steilhang! Als er sein ganzes Grundstück rundum terrassierte, hielten ihn die Nachbarn für verrückt.

Sepp Holzer (re.) mit Sohn und Betriebsnachfolger Josef Andreas Holzer (lks.)

Aber Sepp Holzer hatte Erfolg. Seine ungewöhnlichen Methoden sprachen sich herum. Immer mehr Besucher kamen, Universitätsprofessoren, Fachjournalisten, Experten fragten: Wie ist das möglich? Wie kann es sein, dass bis auf die Alm Kirschen, Kartoffeln und sogar Kiwis gedeihen, während ringsum die Bauern aufgeben und die Wälder sterben?

Es folgten Fernsehbeiträge und Bücher. Heute ist der Krameterhof ein Anschauungsbeispiel für die Kooperation von Mensch, Tier, Pflanze und Natur, die jedes Jahr Tausende von Besuchern anzieht.

Mit Sepp Holzers Bekanntheit vergrößerte sich sein Wirkungsradius. Seitdem er den Hof seinem Sohn Josef Andreas Holzer übergeben hat, reist er unablässig durch alle Kontinente, berät Landbesitzer und Projekte in verschiedenen Klimazonen und bildet jedes Jahr viele Menschen in Holzer´scher Permakultur aus.

„Meine Methoden", so Sepp Holzer, „gleichen denen der Permakultur, die in Australien von den Biologen Bill Mollison und David Holmgren entwickelt wurde. Auf vielfachen Wunsch benannte ich auch meine Methode danach: Holzer'sche Permakultur. Doch wurden auch Unterschiede deutlich, vor allem, da ich für großflächige Problemstellungen und für Extremsituationen Bagger und andere große Geräte einsetze.

Wenn man sieht, dass über Generationen im großen Stil Fehler gemacht wurden, Flurbereinigung, Flussbegradigung, Drainagierung mit großen Maschinen, dann dürfen wir nicht glauben, wir könnten das allein mit dem Spaten wiedergutmachen. Auf der Welt verhungern jeden Tag viele Tausend Menschen. Weltweit ist schon ein Viertel des fruchtbaren Ackerlandes verloren gegangen. Jetzt helfen keine kleinen Schritte mehr, wir müssen große Schritte tun, aber diesmal mit der Natur.

Meine ‚Faustregel' gilt für alle Situationen: ‚Versetze dich in dein Gegenüber, in die Kuh, das Schwein, den Regenwurm oder die Sonnenblume, ja, auch in den Menschen dir gegenüber. Würdest du dich wohlfühlen an ihrer Stelle? Wenn nein, dann finde heraus, was nicht stimmt. Denn dann musst du etwas verändern. Denn wenn alle Lebewesen sich wohlfühlen, dann arbeiten sie für dich und für das Ganze am besten.'"

In der Natur lesen

Die größte Katastrophe ist die Entfernung von der Natur

Die größte Katastrophe auf der Welt ist der Mensch, der sich von der Natur entfernt hat und sich anmaßt, es besser zu machen, als sie es ihm vorzeigt. Für mich sind alle so genannten Naturkatastrophen bzw. ihre katastrophalen Folgen vom Menschen verursacht.

Ein Mensch, der noch Platz im Hirn hat, der noch nicht vollgestopft ist mit allem möglichen Unsinn, der auf ihn einströmt, wird das sofort verstehen. Wer von der Kindheit auf die Perfektion der Natur erfahren konnte, wird ihre Abläufe bewundern und nie auf den Gedanken kommen, sie verbessern zu können. Jeder Versuch darin ist glatter Selbstbetrug und nur von kurzzeitigem und scheinbarem Erfolg.

Das Wichtigste ist, in der Natur lesen zu können, sie zu beobachten und versuchen zu erfahren: Verhalte ich mich richtig im Kreislauf der Natur oder bin ich selbst das Element, das diesen Kreislauf aus der Balance bringt? Habe ich mich verirrt?

Jedes einzelne Individuum, ob Mensch, Tier oder Pflanze, hat einen Auftrag. Dem soll es gerecht werden. Jeder muss sein Handeln und Tun verantworten können, zu jeder Zeit, bei jeder Gelegenheit. Nur so führst du ein verantwortliches Dasein. Wenn du das nicht tust, machst du dich schuldig, und zwar der Natur gegenüber. Das ist meine tiefste innere Überzeugung und Einstellung: Alles, was ich tue, muss ich verantworten. Nicht einer Gemeinschaft, einer Kirche oder einer Partei, sondern der Natur gegenüber, wie sie mir in einem Baum, einem

Menschengemachte „Natur"katastrophe: Erdrutsch in La Palma

Schwein, einem Bach oder einer Heuschrecke gegenübertritt. Tust du das, dann bekommst du auch von der Natur die Energie, die du brauchst, um richtig zu handeln. Du bekommst die Kraft, die Überzeugung und die Lebensfreude. Dann verstehst du, warum du auf der Welt bist, und du verlierst die Angst, die dir so lange eingeflößt wurde.

Angst ist die größte Ursache für Katastrophen. Durch Angst geschehen die meisten Fehler und kommen die irrigsten Anschauungen zustande, die zu dem Desaster führen, das wir heute erleben. Aus Angst verantwortet der Mensch nicht, was er verantworten müsste. Aus Angst lebt er in Dummheit, Gier, Geiz und Hass, in Neid und Eifersucht, im Gegeneinander statt im Miteinander. Weil sich der Mensch so weit von der Natur abgekoppelt hat, ist er zum größten Schädling auf unserem Planeten geworden. Dabei schadet er sich selbst am meisten. Denn aufgrund seines naturfremden Lebens und Verhaltens empfindet er keine Lebensfreude, da er die natürlichen Abläufe nicht mehr wahrnehmen kann. Er kann nicht mehr unterscheiden, was richtig und was falsch ist. Er wird sich selbst zum Feind.

Wie verantwortungslos der Mensch mit Risiken umgeht, zeigt das Beispiel Japans. Dort wurden die Atomreaktoren bis zu Erdbeben der Stufe 8,25 auf der Richterskala gesichert. Aber im März 2011 ereignete sich ein Erdbeben der Stufe 9. Mehrere Reaktoren explodierten und gaben Radioaktivität frei. Das zeigt mir, dass die Menschen tun, was ihre Gedanken und Theorien ihnen sagen. Es bleiben aber in der Natur eine Menge Dinge, die sich der Mensch nicht vorstellen kann. Denn die Natur kennt keine Grenzen. Jede Kontrolle, die der Mensch über die Natur zu haben glaubt, ist eine Illusion. Ein solches Risiko ist unverantwortlich. Es gibt weltweit kein atomares Endlager. Atomkraft gehört gänzlich abgeschafft und weltweit durch Wind- und Solarenergie ersetzt. Muss zuerst eine weitere Katastrophe geschehen, damit die Menschen von diesen verbrecherischen Risiken abkommen?

Die Abläufe in der Natur zu beobachten, ist nicht schwer. Wenn du dich von dem negativen Verhalten befreist, öffnet sich dein Blick. Dann sagt dir die Natur alles, was du wissen musst. Dann spürst und fühlst und riechst du, was richtig und was falsch ist. Du lernst das Kommunizieren mit deiner Mitwelt, deinen Mitlebewesen. Das lernst du im Kleinen – ob das dein Garten ist oder deine Tiere, deine Landwirtschaft – und dann siehst du es auch im Großen: in der Gemeinde, der Nachbarschaft oder vom Flugzeug aus beim Blick über das ganze Land. Dann ist die Natur wie ein aufgeschlagenes Buch. Sobald du das feststellen kannst, hast du den Auftrag, dich für das einzusetzen, was du als richtig erkannt hast, auf Fehler hinzuweisen, sie zu verhindern oder gutzumachen.

Du sollst und kannst dich einklinken in die Perfektion der Natur. Dazu musst du bereit sein, dich von allem eingerosteten und eingeprägten Fehlverhalten und allen negativen Gedanken zu befreien. Du musst den Müll im Kopf entsorgen, damit du wieder Platz schaffst für die natürlichen Beobachtungen und Wahrnehmungen. Dann siehst du: Hochwasser, Dürre, Hungersnot, Seuchen, Wüstenbildung und Brandkatastrophen sind keine Naturkatastrophen, sondern logische Konsequenzen menschlichen Fehlverhaltens seit vielen Generationen.

© Steve Lovegrove

Menschengemachte „Natur"katastrophen: Waldbrand in Australien, Entwaldung in Schottland

Klima und Vegetation

Dieser Zusammenhang ist sehr gut am Zusammenspiel von Wald und Klima abzulesen. Die optimale Vegetation für gleichmäßiges Klima ist Mischwald, der Wärme, Licht und Wasser aufnimmt und langsam abgibt. Abholzung, Baumsterben und Überweidung führen zu heißem, blankem Boden und sind Risikofaktoren für das Klima. Was in den vergangenen Jahrzehnten an Urwaldabholzung in Afrika, Asien und Südamerika geschah, spüren wir heute bereits weltweit als Unwetter.

Denn was geschieht, wenn ein Wald verschwindet? Ein Mischwald ist voll mit Feuchtigkeit, er ist ein Garant für einen gesunden Wasserhaushalt. Holz, Laub, Boden, der gesamte Körper des Waldes ist ein Wasserspeicher und gibt es langsam nach vielfältiger Nutzung wieder ab. Der Wald speichert auch die Sonnenenergie, nimmt Licht und Wärme in jeder Höhe auf, setzt sie um in Wachstum, Vielfalt, Leben. Ein Mischwald ist ein fein abgestimmtes System, in dem alle Ressourcen der Natur genutzt werden. Jedes Teil nimmt, was es braucht, und gibt das Überschüssige wieder ab für den nächsten. Der Boden eines Mischwaldes ist von Pflanzen, Laub oder Nadeln bedeckt. Er ist beschattet und bleibt immer relativ feucht und kühl. Nur kühler Boden nimmt Regenwasser auf, denn wenn der Boden wärmer ist als der Regen, perlt das Wasser ab und dringt nicht ein. Ein gesunder Wald erzeugt um sich eine gleichmäßige Wärmeströmung.

Erosionsschäden durch Fichtenmonokultur, hier in den Alpen

(Foto: Ecomeda)

Folgen eines gestörten Wasserhaushaltes: Überschwemmungen, hier in Deutschland

Wenn eine große Fläche, auf der vorher ein Wald wuchs, abgeholzt wird, wenn der Boden also jetzt blank ist und die Sonne direkt daraufknallt, dann härtet der Erdkörper aus. Wo es früher feucht und kühl war, wird es jetzt heiß wie ein Kachelofen. Wo bisher der Wald das Wasser speicherte wie ein Schwamm, bildet sich jetzt trockene Hitze – kein Tau, keine Luftfeuchtigkeit, keine Wolken. Die abgestrahlte Wärme steigt direkt nach oben und durch die veränderte Thermik entsteht in den höheren Luftschichten eine völlig andere Luftströmung als zuvor. Wenn das auf großen Flächen geschieht – so wie im ganzen Mittelmeerraum oder den Tropen –, dann kann es zu heftigen Luftbewegungen kommen, zu Stürmen und Orkanen. Wetterkapriolen, plötzlicher Starkregen und Hagel mit faustgroßen Eisklumpen sind das Ergebnis der Austrocknung und Entwaldung großer Flächen. Es regnet, wo es sonst nicht geregnet hat, und es schneit, wo es vorher noch nie geschneit hat.

Stürme und starke Winde haben freie Bahn, sie werden nicht abgeschwächt, wenn keine Wälder da sind, die auf verschiedenen Höhen belaubt sind und die Winde bremsen. Starkwinde verfrachten die restliche Feuchtigkeit über weite Strecken.

Wenn wir das endlich merken, wünschen wir uns natürlich den Wald zurück. Wenn wir aber nun Bäume in Monokultur aufforsten, erreichen wir genau das Gegenteil. Eine solche Baumwüste hat keine Vitalität und wird schnell zum Opfer von Stürmen, Fraßinsekten oder Krankheiten. Sie sorgt auch nicht für einen gesunden Wasserhaushalt, sondern laugt den Erdkörper aus. Ihre überall gleich tiefen Wurzeln können die Feuchtigkeit nicht im Boden halten. Das rasch abfließende Wasser nimmt die restliche Feinerde mit. Wenn jetzt starker Regen fällt, kommt es weiter unten zu Überschwemmungen.

Wasser ist der Schlüssel

Der Schlüssel für Klimastabilität ist das Wasser. Ein naturbelassener Erdkörper tränkt sich mit Wasser und gibt es an alle Lebewesen ab, die es brauchen: Menschen, Tiere und Pflanzen. Wo die natürliche Bodenfeuchtigkeit zerstört wurde, muss der Mensch handeln, um die Fehler der Vergangenheit zu korrigieren. Er muss es tun, bevor das Land zur Wüste wird. Und er kann es tun, indem er dezentrale Wasserlandschaften auf naturgemäße Weise anlegt. Ein Wasserretentionsraum, also ein nach Vorbild der Natur angelegtes, nicht abgedichtetes Rückhaltebecken für Regenwasser, hat eine ausgleichende Wirkung auf das Klima. Er speichert das Regenwasser und ermöglicht es ihm, langsam wieder in den Erdkörper einzudringen.

Wenn die Sommersonne auf eine Landschaft aus Seen und Teichen brennt, erwärmt sich das Wasser zwar an der Oberfläche, aber in der Tiefe bleibt es immer noch kühl. In der Nacht gibt das Wasser die Wärme langsam wieder ab, durch Verdunstung und Taubildung entstehen Kühlung und Feuchtigkeit im ganzen großen Umkreis. Ein System aus Wasserretentionsbecken ist die Voraussetzung, quasi die Grundierung für den Aufbau von gesundem Mischwald, der – von unten mit ausreichender Feuchtigkeit versorgt – Wasser und Wärme in Energie und Wachstum umsetzt.

So gleicht eine Wasserlandschaft und ihre im Umfeld entstehende Vegetation auch große Hitze aus und bringt Gleichgewicht und Stabilität für das Klima.

Das gilt aber nicht, wenn ich eine große Wasserfläche ohne Vegetation habe, einen eckigen oder kreisrunden See ohne Tief- und Flachzonen oder einen zentralen Staudamm. Der erhitzt sich einfach und kühlt wieder ab, er hat keine ausgleichende Wirkung, da das Wasser sich nicht bewegt und kein erfolgreicher Temperaturaustausch mehr bewirkt wird.

Das Wissen über ein natürliches Wassermanagement wird auf Universitäten nicht gelehrt. Vieles, das ich erkläre und zeige, ist für Hydrologen und Wasserbauingenieure völlig neu und widerspricht jeglicher Lehrmeinung. Das ist kein Wunder, denn auf den Universitäten und Hochschulen behandeln sie das Wasser nicht als Lebewesen, in das man sich hineinversetzen soll, sondern nur als chemische Formel. Aber nur wenn ich Wasser als Lebewesen behandle, kann ich es verstehen, lenken und mit ihm kooperieren.

Die Nahrung soll unsere Medizin sein

Ich kann mich krank reden, aber ich kann mich auch gesund reden. Wenn ich die positive Energie unterstütze, dann wird sich eine Wirkung zeigen. Wenn ich allerdings die negative unterstütze, wird sich auch das auswirken.

Neben den dramatischen, sichtbaren Katastrophen auf der Erde sehe ich auch schleichende Entwicklungen. Eine davon ist der Verlust der Immunkraft. Die Widerstandskraft von Bodenleben, Tieren, Pflanzen und Menschen nimmt ab, und zwar durch die Belastung der Lebensmittel, durch chemische Zusätze, durch die Verwendung von synthetischen Pflanzenschutzmitteln und Düngern in der Landwirtschaft sowie durch genmanipuliertes Saatgut.

Ein geschwächtes Wesen ist anfällig für alles, ob Bakterien, Pilzerkrankungen oder Viren. Dieselbe Ursache kann bei dem einen zu einem Nierenproblem, beim anderen zum Hautausschlag führen. Bald wird man keinen Namen mehr finden für die vielen Krankheiten, die auftreten, man wird ihnen nur noch Nummern geben. In Wirklichkeit ist es immer die gleiche Ursache: Die Schwächung des Immunsystems.

Da die Gemeinsamkeit nicht auf den ersten Blick sichtbar ist, kann der wahre Grund lange verschleiert und schöngeredet werden: Es ist der Mangel an vitalen, gesunden Lebensmitteln. Die Nahrung soll deine Medizin sein. Doch heilende Nahrung – wo gibt es die noch? Die ist kaum noch zu finden, schon gar nicht in Supermärkten.

Wie oft frage ich mich, wieso ist der Mensch so dumm geworden, dass er sich selbst so zerstört. Diese Dummheit, Aggressivität und Depressivität können auch Folgen von lebloser Nahrung und sterilem Wasser sein, das die meisten Menschen zu sich nehmen müssen, da sie kein anderes haben. Wenn wir hier keine Alternativen schaffen, wenn wir nicht umkehren und anfangen, mit der Natur zu kooperieren, wird sich das immer mehr ausweiten und schließlich zum Kollaps dieses kranken Systems führen.

Die Lösung ist für mich immer dieselbe: Wir brauchen eine ökologische Gesamterneuerung des Planeten. Nicht verordnet von oben, sondern an vielen Orten, dezentral, selbständig und vielfältig. Der Mensch muss wieder lernen, natürlich zu denken, und das natürliche Denken soll sich ausbreiten wie ein Flächenbrand. Land- und Forstwirtschaft, Wassermanagement, aber auch Energieerzeugung, Städtebau, Straßenbau und vor allem das Erziehungswesen müssen sich grundlegend verändern.

Für die Vermeidung bzw. Abmilderung vieler drohender Katastrophen soll das brachliegende Land nicht der Spekulation dienen, sondern den Menschen zur Verfügung gestellt werden, die es bewirtschaften. Weltweit sollen Modellgemeinschaften und Musterlandwirtschaften entstehen, wo Lösungen für alle Klimazonen, für Stadt und Land, gezeigt und besichtigt werden können. So lange haben wir von der Landflucht geredet, bald werden wir Stadtflüchtlinge haben. Für sie braucht es Anlaufstellen, wo sie Anleitungen für das Leben in der Natur, für Kooperation und Selbstversorgung erhalten.

Ich stelle mir vor, dass weltweit die eintönigen Flächen, die Agrar- und Forstwüsten, die ausgeräumten Landschaften und abgewirtschafteten Güter nach und nach in Wasserlandschaften, Laubmischwälder und symbiotische Landwirtschaften verwandelt werden. Je vielfältiger, desto besser. Zunächst sind es nur Oasen in einer Wüste, in denen das Leben wieder zu Hause ist. Dann, wenn sie Erfolg haben, wenn die Menschen auch davon leben können, breiten sie sich aus und wachsen an zu so großen Flächen, damit sich das Klima ausgleichen kann. Ich habe an vielen Orten gezeigt, wie das geht. Die Erfahrungen dieser Arbeit habe ich in diesem Buch zusammengefasst.

Landeanflug auf die Erde

In der Natur zu lesen, beginnt bereits in der Luft, beim Blick von oben auf die Erde, vom Flugzeug aus oder auch bei Luftaufnahmen. Du siehst von oben sowohl die natürlichen als auch die vom Menschen gemachten Geländeausformungen. Du erkennst, was sich in den Jahrmillionen getan hat, wie sich Kessel, Schluchten, schroffe Felsen geformt haben und wo die Natur Wälder und Flüsse vorgesehen hat. Du siehst, wie das Wasser die Erde geformt hat, aber auch, wie der Mensch heute das Wasser vom Land verbannt.

Die Beratung beginnt oft schon aus der Luft.

Du siehst, was in den letzten Jahrhunderten falsch gemacht worden ist und wie verkehrt der Mensch eingegriffen hat. Wenn du gut hinschaust, dann verstehst du, warum es zu Katastrophen kommen muss. Überschwemmungen und Waldbrände, Wüstenbildung und Verlust der Artenvielfalt sind logische Folgen der Fehler, die der Mensch seit Generationen begangen hat.

Die Landschaften sind ausgeräumt, weil man durch Flurbereinigungen maschinengerechte Äcker machen wollte. Regionen, die noch vor einigen Generationen von großen Mischwäldern bedeckt waren, von Feuchtbiotopen, Sümpfen, Seen, Teichen, Hecken und Gärten, sind jetzt kahl oder bedeckt von Monokulturen und Agrarsteppen. Auf den Bergen werden die Wälder schütter, da das Wasser im Erdkörper fehlt. In den Tälern, die doch eigentlich Flüssen und Auenlandschaften gehören, verlaufen Schienen und Straßen, die mit ihren immensen Drainagesystemen dem Erdkörper Wasser entziehen. Entlang der Verkehrswege entstanden Dörfer und Städte – anstatt auf den Anhöhen, wo sie vor Fluten und Überschwemmungen geschützt wären.

Der Mensch tut alles, damit das Wasser so schnell wie möglich vom Land fließt: Überall siehst du Kanäle und versiegelte Flächen, überall wurden große Landflächen drainagiert, Wiesen trocken gelegt, Tümpel zugeschüttet. Durch die Wälder ziehen sich viel zu viele Forstwege und Lichttrassen wie offene Wunden. Von hier oben sieht das Land aus wie

Im Bild oben rechts ist ein Teil der Wildniskulturen am Krameterhof zu sehen. Oben: die Monokulturen der Nachbarn

Bodenerosion und Verlust von Artenvielfalt sind aus der Luft noch besser zu erkennen.

S. 17 oben: Folgen von Flurbereinigung: Ausgeräumte Landschaften

ein Körper, der an vielen Stellen aufgekratzt wurde und immer wieder neu aufgekratzt wird, ohne dass er zuheilen kann und die Haut sich schließen darf.

Die Entwässerung zieht großflächig die Feuchtigkeit aus dem Boden. Aber Wasser ist das Blut der Erde: Und wie der Menschenkörper, so braucht auch der Erdkörper sein Blut fein verteilt im ganzen Leib. Wenn es an einigen Orten konzentriert wird, fehlt es an anderen und der Unterboden leidet.

Nur bedeckter Boden schützt den Wasserhaushalt. Ist die Erdoberfläche nackt, versucht die Natur immer wieder, sie mit Vegetation zu überziehen. Vitale Pionierpflanzen und Bodendecker wuchern, um die Erde vor der Austrocknung zu schützen. Doch die Menschen nennen sie Unkräuter und vernichten sie durch Kahlschläge und Herbizide. Trifft der Regen nun auf diese ungeschützten Stellen, dann spült er die Feinerde aus. Es kommt zur Bodenerosion, bei der fruchtbarer Humus in großer Menge vom Land weggespült wird. Im Frühling siehst du, wie braune Flüsse durch das Land fließen.

Flüsse und Bäche aber wurden begradigt und haben keine Auslandungsflächen mehr, um die wertvolle Feinerde abzulagern. So verlanden die Flüsse mit Schlamm und Schlick und müssen kostspielig ausgebaggert werden. Die Äcker bleiben karg und nährstoffarm zurück. Jetzt setzt man Chemie ein, um dem Boden abzuringen, was er von selbst im Überfluss gegeben hätte, wäre es ihm nicht entrissen worden.

Das gestaute und kanalisierte Wasser der Flüsse aber wird zur Gewalt. Es tritt über die Ufer, überflutet Städte und ganze Länder. Um sich vor Wasserschäden zu schützen, betoniert man Hänge und Ufer. Aber Beton nimmt das Wasser nicht auf, sondern es rinnt immer schneller weiter nach unten. So wird die Gewalt von einer Gemeinde zur nächsten verlagert, von einem Land zum nächsten.

Du siehst vom Flugzeug aus auch runde oder rechteckige Becken, kleine und riesig große, einige sind sogar blau. Denn auch der Landbesitzer weiß, dass er nicht ohne Wasser auskommt. Die Staudämme und Reservoirs, die er dafür anlegt, sind allerdings völlig falsch gebaut. Sie sind isoliert und gleichförmig, in ihnen steht das Wasser bewegungslos. Es bildet sich Schlamm, es fault und stinkt. Schließlich muss man das Becken belüften und mit Chemikalien behandeln, damit die Brühe überhaupt noch verwendbar ist.

Wasser muss da sein, wo die Natur es vorgesehen hat: als Feuchtigkeit im geschützten Erdkörper und im Wald sowie als bewegtes Wasser in natürlichen Bächen, Teichen und Flüssen. Nur Wasser, das sich mit der Erde verbinden darf, das einsickern darf, mineralisiert sich und reift zu Trinkwasser. Nur Wasser, das mäandrieren und sich bewegen darf, reinigt sich. Solche Flüsse führen nicht zu Überschwemmungskatastrophen und nehmen auch nicht den Humus mit, sie sind ein Segen für das Land und bleiben es auch in jeder Jahreszeit.

Wie anders wird der Blick von oben aussehen, wenn die Menschen wieder gelernt haben, mit der Natur zu kooperieren. Sie erkennen die vielfachen Möglichkeiten, natürliche Wasserreservoirs zu schaffen. Die Täler werden dann wieder dem Wasser gehören und den Winterregen auf dem Land bewahren. Das Wasser versorgt die Vegetation mit Feuchtigkeit und steht als Trink- und Gießwasser zur Verfügung. Um die Wasserlandschaften herum werden Gartenterrassen verlaufen, auf denen die natürliche Fruchtbarkeit für üppiges Wachstum sorgt. Darüber, auf Hügeln und Bergen, wachsen gesunde Mischwälder. Die ursprüngliche Flora und Fauna stellt sich wieder ein. Das Paradies kann so wieder entstehen.

Ohne Wasser kein Leben, keine Fruchtbarkeit, kein Schutz vor Trockenheit und Bränden. Von hier oben aus kann dies jeder, der sich für die Natur öffnet, sehen und verstehen.

Auf alle Fragen hat die Natur eine Antwort

Man kommt ja auf die Welt um zu leben, um zu erleben und die Natur zu erfahren,
und da darf man sich keinen einzigen Tag wegstehlen lassen.

Es ist möglich, die Fehler der Vergangenheit zu korrigieren. Dazu sind allerdings große Schritte nötig, keine kleinen. Der wichtigste erste Schritt heißt: Du musst wieder der Natur vertrauen. Wem denn sonst? Die Natur ist perfekt. Da gibt es gar nichts zu verbessern. Sie hat in jeder Situation Rat und Hilfe für dich, wenn du sie fragst.

Es gibt eine Regel, die immer gilt, für mich ist es die wichtigste Faustregel: Versetze dich in dein Gegenüber hinein. Sieh dir den Baum an, der vor

Einer von vielen Wassergärten auf dem Krameterhof

dir steht, und stell dir vor, du wärest er. Versetze dich in die Kuh, das Schwein, den Regenwurm, den Marienkäfer, die Kapuzinerkresse oder die Sonnenblume, ja, auch in den Menschen dir gegenüber. Würdest du dich wohlfühlen an seiner Stelle? Wenn ja, dann hast du alles richtig gemacht. Aber wenn nein, dann finde heraus, was nicht stimmt. Wenn dir die Sonne oder der Schatten fehlt, wenn du merkst, dass deine Füße im Wasser stehen oder deine Bewegungsfreiheit eingeschränkt ist, dann musst du etwas verändern. Denn nur wenn die Lebewesen sich wohlfühlen, dann arbeiten sie gerne – und das ist für dich als Besitzer am besten.

Ich rede auch mit Bäumen. „Wie kann man mit einem Baum reden?", fragen die Leute oft. Und manche sagen auch: „Du spinnst ja."

Ja, wenn ich „Guten Morgen" sage, wird er es wohl kaum verstehen. Aber wenn ich durch den Wald gehe oder auf die Alm und wenn ich dabei mit einer bestimmten Absicht unterwegs bin, dann sehe ich zum Beispiel – so ist es bei mir oft der Fall – einen ganz knorrigen, richtig urigen uralten Baum. Vielleicht eine Zirbe auf der Alm. Oder in Portugal kenne ich einen 2.000 Jahre alten Olivenbaum. Oder einen Fels oder eine Quelle. Das sind Naturdenkmäler, und wenn du da vorbeikommst, ziehen sie dich an, sie faszinieren dich. Es sind Orte der Kraft, und du hast das Gefühl, da musst du verweilen, dich hinsetzen oder -legen.

Schau dir diesen Baum einmal an und stell dir vor, was er alles erlebt hat. Er ist vielleicht viele Hundert Jahre alt. Der Blitz hat ein paar Mal eingeschlagen, aber er wächst immer noch. Da kannst du dich ruhig einmal hinsetzen und ihm erzählen, was du loshaben möchtest. Und wenn du deinen Gedanken freien Lauf lässt, dann hast du das Gefühl, er zieht es dir direkt heraus – nach oben in die Äste und nach unten in die Wurzeln. Und nach einer gewissen Zeit fühlst du dich frei.

Dasselbe erlebst du, wenn du dich zu einem Felsen oder einer Quelle setzt. Lass dich von der inneren Stimme ein bisschen lenken. Was bei mir dann oft passiert, ist, dass ich einschlafe und genau von dem träume, über das ich so lange nachgegrübelt habe. Ich finde oft im Traum den Schlüssel für etwas, was ich machen wollte, aber von dem ich nie richtig wusste, wie. Je öfter ich so etwas erlebe und erfahre, desto empfänglicher und sensibler werde ich dafür.

Wenn ich natürlich nur herumirre, den Kopf voller Ärger, dann kann ich nichts damit anfangen. Dann ist kein Platz mehr da, um Wissen aufzunehmen. Dann fällt mir nichts mehr ein, sondern es fällt daneben. Das ist so wie bei einem Müllkorb. Wenn er voll ist, passt nichts mehr rein, dann muss ich ihn ausleeren, damit er wieder Platz hat. Um mein Hirn frei zu machen, kann ich alles, was mich beschäftigt, dem Baum erzählen. Das sind Möglichkeiten der geistigen Regeneration, der Verbindung mit der Natur und den Mitlebewesen.

Das Wohnhaus auf dem Krameterhof

Zur Entstehung der Holzer'schen Permakultur

Ich habe mich von klein auf durch die Natur leiten lassen. Den elterlichen Krameterhof von damals 24 ha auf einer Höhe von 1.100–1.500 Metern über dem Meeresspiegel übernahm ich mit 19 Jahren. Ich versuchte sogleich, auf dem Hof das umzusetzen, was ich als Kind und Jugendlicher in der Natur gelernt hatte. Doch ich stieß auf Widerstand, bei Nachbarn, Behörden, Neidern. Sie taten alles, um mir Knüppel in den Weg zu legen. Was auch immer ich baute, schon hatte ich Ärger: Das darfst du nicht, jenes auch nicht. Ich wurde von Behörden in viele Strafverfahren hineingezogen. Ich bekam in fast allen Fällen Recht. Aber es kostete viel Kraft.

Schwere Zeiten kann man nur durchstehen, wenn man diese positiven Erfahrungen in der Jugend und Kindheit gemacht hat. So ging es mir auch. Wichtig war es auch, dass die Familie voll und ganz hinter mir stand. Vor allem meine Gattin

Veronika, aber auch meine Eltern und meine Kinder haben mich auf meinem Weg voll unterstützt. So habe ich nach und nach meinen ganzen Besitz terrassiert und auf einer Länge von 25 km Weg- und Terrassenanlagen auf teilweise schwierigstem Gelände angelegt. Dadurch habe ich sehr viel erreicht, denn Terrassen haben Riesenvorteile: Das Regenwasser schwemmt die Erde nicht mehr weg, der Humus lagert sich ab, der Boden lässt sich leichter bearbeiten. Und so entstand ein Wachstum, über das man wirklich nur staunen kann. Dazu war natürlich Maschineneinsatz notwendig, das kann man nicht mehr mit der Hand machen.

Die Erfahrungen, wie so etwas geht und die mir die Sicherheit gaben, dass es funktionieren würde, sammelte ich nicht an der Universität und nicht in der Schule. Ich machte sie als kleiner Bub, als ich es im kleinen Maßstab im Garten auf meinem Steilhang ausprobierte. Es war damals ein Spiel, das ich in jeder freien Minute gespielt habe.

Wenn mich die Eltern für kleinere Arbeiten oder Botengänge suchten oder um nach den Tieren zu sehen, dann hieß es immer: Er ist bei seinem Tümpel. Oft wurde ich nach der Arbeit müde und schlief dort ein, und manchmal wurde es darüber finster. Oh, dann war was los. Dann habe ich dann erstmal eine Watschen gekriegt. Dieser Tümpel war für mich sehr wichtig. Und in der Schule hörte ich dann noch dies und das und so lernte ich. Ich erfuhr auf diese Weise, wie man auch in Steilhängen arbeiten muss, damit das Wasser gehalten wird, ohne dass der Boden abrutscht, ohne dass Schlammlawinen

Veronika Holzer bei der Heidelbeerernte

Sepp Holzer mit Schweinen in Russland

Besucher bei den Exkursionen auf dem Krameterhof

Luftaufnahmen vom Krameterhof

abgehen. Was ich damals mit den Händen gebaut und angelegt habe, ahmte ich später mit Maschinen nach. Dieser Umgang mit Wasser auf Steillagen ist eine von mir durch praktische Erfahrung entwickelte Art der Landbewirtschaftung.

Von 1962 bis in in die 1990er-Jahre hinein bezeichnete ich meine Landbewirtschaftung als Holzer'sche Spezialkulturen. Dann kamen Besucher der Universität Wien und der Permakultur Austria zu Besuch und besichtigten meine Bewirtschaftung. Sie waren fasziniert und begeistert und fanden, meine Arbeit sei die einzige funktionierende Permakultur in dieser Größenordnung in Europa. Sie baten mich, meine Arbeit in Permakultur umzubenennen.

Ich wusste mit dem Begriff Permakultur damals nichts anzufangen. Ich las dann ein Buch von Bill Mollison und David Holmgren (Erfinder der Permakultur aus Australien) und ein weiteres Buch von Masanobu Fukuoka (landwirtschaftlicher Pionier aus Japan) und war begeistert, weil sich sehr vieles mit meiner Arbeit deckte. Vor allem, was die Pflanzgemeinschaften und einige Arbeitsmethoden betrifft.

Schließlich benannte ich meine Arbeit um in „Holzer'sche Permakultur".

Weitere Lehrer und Professoren kamen zu Besuch, unter anderem auch der Universitätsprofessor Bernd Lötsch. Ich kannte ihn aus dem Fernsehen, ein international bekannter Biologe, ein Kämpfer für Natur- und Tierschutz, für die Hainburger Au, gegen Atomkraft. Das war eine ganz große Ehre für mich. Er brachte eine ganze Gruppe von Professoren und Assistenten mit, und es wurde ein Besuch, der viel bewirkt hat.

Bernd Lötsch sagte damals, was ich hier mache, sei praktische Wissenschaft. Ich kam mir damals ein bisschen komisch vor und dachte, ob das nicht etwas viel Lob ist, was er da ausspricht. Er fragte mich dann, ob ich nicht bereit wäre, ein Universitätsseminar auf dem Krameterhof zu halten. Jetzt wird es aber ernst, dachte ich mir. Ein Universitätsseminar bei uns am Hof! Und ich sagte: „Natürlich, da bin ich gern bereit, das können Sie machen, wenn Sie denken, dass es dafür geeignet ist."

So geschah es. Eine Gruppe von der Universität kam mit einem ganzen Laborbus für mehrere Wochen, über 30 Studenten und mehrere Professoren. Sie nahmen alles ganz genau unter die Lupe. Sie machten metertiefe Löcher, gruben Wurzeln aus und nahmen Untersuchungen vor. Sie untersuchten die Wechselwirkungen der Pflanzen und der Nährstoffe und die Tatsache, dass sich die Pflanzen gegenseitig mit Nährstoffen versorgen.

Die Symbiose der Wechselwirkungen

Damit hatte ich mich schon lange beschäftigt, hatte es beobachtet und diesem Phänomen auch einen Namen gegeben: Symbiose der Wechselwirkungen. Aber ich konnte es nie beweisen, da ich ja kein Labor besitze.

Was meine ich mit Symbiose der Wechselwirkungen? Das Phänomen ist bei Stickstoff bekannt, da Leguminosen über die Knöllchenbakterien an ihren Wurzeln Luftstickstoff aufnehmen und mit diesem dann bei der Wurzelverrottung den Boden

Böschungen in Mischkultur mit Urkorn und Heilkräutern

bereichern. Aber meine Behauptung, dass es ganz ähnlich mit Kalium und Phosphor geschieht, wurde immer wieder abgestritten. Jetzt konnte ich den Studenten zeigen, was ich beobachtet und wie ich mir das erklärt hatte: Warum ändert sich die Farbe bei den Pflanzen in einer entsprechenden Pflanzengemeinschaft? Warum bleibt zum Beispiel Rhododendron rot und wird nicht weiß, wenn er die entsprechenden Pflanznachbarn hat? Oder warum bleibt Radicchio rot und verfärbt sich nicht braun oder hell, wenn er in der entsprechenden Pflanzsymbiose steht?

Blattfärbung hängt von den Nährstoffen Kalium und Phosphor ab. Wenn die Pflanzen die Farbe nicht wechseln, sind sie damit ausreichend versorgt. Das war immer der Fall, wenn sie in Mischkultur, also in Gemeinschaft, standen.

Ich erklärte mir das so: Durch den ständig ablaufenden Verrottungsprozess der Wurzeln werden Nährstoffe freigesetzt und über die Regenwürmer und die Bodenbakterien, die den Boden ja aufarbeiten, anderen Pflanzen zur Verfügung gestellt. So kommt es in einer Mischkultur zur Symbiose der Wechselwirkungen: Jede Pflanze setzt bei ihrer Verrottung andere Nährstoffe frei und sie braucht andere Nährstoffe zu unterschiedlichen Zeiten, je nachdem, wann sie blüht, Früchte ansetzt usw. Und so kommt es zur wechselseitigen Versorgung der Pflanzen mit Nährstoffen. Auch über die Blätter ist dies möglich; sie schwitzen die Nährstoffe aus, die dann durch Tau oder Regen abgeschwemmt und den Wurzeln wieder zugeführt werden.

Diese Beobachtungen und Schlussfolgerungen wurden von den Studenten genau untersucht und am Ende des Seminars auch bestätigt. Das hat mich natürlich wahnsinnig gefreut. Stefan Rotter vom Humanökologischen Institut schrieb dann seine Diplomarbeit über den Krameterhof. Sie wurde mittlerweile Tausende Male verkauft, es war die erste von inzwischen dreizehn über meine Art der Bewirtschaftung.

Mit der Zeit wurde aber auch deutlich, dass es große Unterschiede darin gibt, was man unter Permakultur versteht. Was Bill Mollison und David Holmgren in Bezug auf Pflanzgemeinschaften und Tierhaltung schrieben, sehe ich ganz genauso. Aber meiner Meinung nach wäre es mit ihren Methoden von allein nicht möglich, in einer Extremlage wie dem Krameterhof eine so produktive Bewirtschaftung aufzubauen. Die Menschheit hat über Generationen flurbereinigt, begradigt, abgeholzt, drainagiert und kanalisiert. Ich kann nicht erwarten, diese Schäden mit dem Spaten wiedergutzumachen. Jetzt sind große Schritte nötig. Das hebt meiner Meinung nach die Holzer'sche Permakultur ab von der Permakultur nach Bill Mollison.

Ich habe mit meiner Arbeit viel Begeisterung und Anerkennung ausgelöst, aber auch Skepsis und Kritik, bis heute. Ich ließ mich aber durch Kritik oder üble Nachrede nie beirren, weil ich von Kindheit an immer Erfolg gehabt habe. Warum soll man sich ändern, wenn der Erfolg einem recht gibt? Wenn einem die Natur recht gibt, dann ist man auf dem richtigen Weg.

Wassergarten auf der Alm

Mulchen verbindet: Hier Maddy und Tim Harland, Verleger der Bücher von Sepp Holzer in England, sowie Leila Dregger, Koautorin

Was ist Holzer'sche Permakultur?

Holzer'sche Permakultur ist Landschaftsgestaltung – weit vorausdenkend, für Generationen.

Holzer'sche Permakultur heißt, die Fehler der Vergangenheit zu erkennen und sie wiedergutzumachen. Es heißt, zu diesen großflächigen Drainagierungen, Kanalisierungen, Monokulturen, dieser Ausbeutung von Wald und Wiesen, von Grund und Boden sowie zu dieser „Gierhaltung", in der man die Tiere nur noch als Ware behandelt, eine Alternative aufzuzeigen: eine natürliche, verantwortungsvolle Landbewirtschaftung und Tierhaltung, die man auch im großen Stil ausführen kann, auch auf einem Gutsbesitz mit Tausenden von Hektar.

Holzer'sche Permakultur heißt, unproduktive Flächen in Extremlagen produktiv zu machen, um auch in Trockenlagen, Steilhängen, Feuchtgebieten und sogar in Städten und auf Müllplätzen gesunde Lebensmittel erzeugen zu können – denn viele Erdenbürger haben heute keine Erde mehr, die sie bebauen können, aber sie müssen trotzdem essen.

Holzer'sche Permakultur heißt, weit vorauszudenken und die Natur und die Tiere für sich arbeiten zu lassen. Das tun sie, weil sie sich wohlfühlen; und wer dafür sorgt, dass sie sich wohlfühlen, hat den höchsten Ertrag.

Zwergrinderhaltung – alte Tierrassen finden auf dem Krameterhof eine neue Heimat

Holzer'sche Permakultur heißt, eine harmonische, mit der Fläche und den Gegebenheiten abgestimmte Bewirtschaftung zu betreiben, den Boden zu nutzen und nicht auszunutzen.

Holzer'sche Permakultur heißt vor allem, den Wasserhaushalt in Ordnung zu bringen.

Holzer'sche Permakultur ist eine symbiotische Landbewirtschaftung in Einklang mit der Natur, in Kreisläufen, wo alles eingeschlossen und nichts ausgeschlossen ist.

Holzer'sche Permakultur ist eine Landwirtschaft, wo der Bauer der Lehrer wird, der allen anderen zeigen kann, wie man im Buch der Natur liest.

Holzer'sche Permakultur kann heißen, schon vom Flugzeug aus mit der Beratung zu beginnen, weil dort im Großen zu sehen ist, wie die Höhenlinien verlaufen, wo die Natur verwundet wurde und wo die Natur Wasser vorgesehen hat. Und dann kann ich die entsprechenden Vorschläge machen, großflächig auf eine Region bezogen und nicht nur auf den eigenen Garten.

Holzer'sche Permakultur heißt zu verstehen: Wir können die Probleme der Erde nicht nur mit kleinen Schritten lösen. Wir müssen große Schritte machen.

Auf der 1500 m hoch gelegenen Bärenseealm ist Schneefall auch im Hochsommer keine Seltenheit.

Bärenseealm im Herbst

Die Grundierung

Im Kern jeder Renaturierung steht ein naturgemäßes Wassermanagement

Trinkwasserbrunnen auf dem Krameterhof

Ohne Wasser kein Leben

Die Erdoberfläche, der Mensch und alle Wesen bestehen zu rund 70 % aus Wasser. Ohne Wasser könnte es kein Leben geben. Wasser ist das Blut der Erde. Wenn ich über die Wichtigkeit von Wasser spreche, meine ich beides: das Trinkwasser und den Wasserhaushalt der Erde. Denn das Wasser nährt Tier, Pflanze und Mensch – und den Erdkörper.

Am Nächsten liegt uns natürlich das Trinkwasser. Trinkwasser ist das wichtigste Lebensmittel. Wer gesund bleiben und einen vitalen Geist behalten will, braucht frisches, lebendiges Wasser. Trinkwasser versorgt uns mit Flüssigkeit, aber auch mit Leben und Information. Trinke einmal eine Weile nur frisches, fließendes Wasser ohne Chlor, ohne

Chemie – du wirst feststellen, wie gut dir das tut. Das merke ich immer, wenn ich heimkomme. Wir haben vor unserem Haus am Krameterhof einen großen Holzbrunnen mit fließendem Wasser und im Haus die Anschlüsse. Wenn ich von einer Reise zurückkomme, ist dies das Erste, was ich tu: Ich halte meine Hände und mein Gesicht in dieses Wasser. Das regeneriert mich sofort, alle Schwierigkeiten und Anstrengungen sind wie weggewaschen.

Randbemerkung:
Auf Antrag Boliviens erklärte die UN-Vollversammlung am 28. Juli 2010 mit den Stimmen von 122 Ländern und ohne Gegenstimme den Zugang zu sauberem Trinkwasser und zu sanitärer Grundversorgung zu einem Menschenrecht. Einige Länder wie Südafrika oder Ecuador haben das Recht auf Wasser in ihre Verfassung übernommen.

Trinkwasser ist ein Grundrecht für alles, was lebt, für Mensch, Tier und Pflanze. Dennoch haben 1,1 Milliarden Menschen auf der Erde keinen Zugang zu sauberem Trinkwasser. Auch die wenigsten Menschen der reichen Länder können frisches, lebendiges Wasser trinken, denn wer hat schon eine Quelle vor dem Haus? Was aber passiert mit unserer Gesundheit, unserem Wohlbefinden, unserer geistigen Kraft, wenn wir statt frischem, fließendem Wasser nur noch eine tote Flüssigkeit bekommen? Dieser Zustand ist unhaltbar. Es sollte ein Politikum ersten Ranges sein, diese Situation zu verändern.

Es ist möglich, in jeder Region der Erde ausreichend Trinkwasser für Menschen und Tiere zu haben. Regenwasser einfach nur aufzufangen und in Tonnen oder Containern zu speichern, reicht dazu allerdings nicht aus. Denn Regenwasser ist noch kein Trinkwasser. Es kann nur zur Not, zur Überbrückung verwendet werden. Regenwasser ist durch Verdunstung destilliertes Wasser ohne jede Information, das beim Fallen Staubpartikel und Verunreinigungen aufnimmt. Unsere Körper brauchen aber mineralisiertes, informiertes und gereiftes Wasser zum Trinken. Um das zu erhalten, müssen wir es dem Regenwasser ermöglichen, sich mit der Erde zu verbinden. Denn erst wenn das Regenwasser in den Erdkörper einsickert, reinigt und mineralisiert es sich, es reift in verschiedenen Erdschichten nach und nach heran und erhält die Informationen, die wir als Menschen brauchen. Diese kostbare Substanz tritt an Quellen wieder an die Oberfläche oder kann durch Brunnen gewonnen werden. Um seine hohe lebendige Qualität zu erhalten, muss es in Bewegung bleiben und fließen können. (Auf den Seiten 94 ff. zeige ich mit dem System der Ringwasserleitung eine Möglichkeit, wie auch Städte und Gemeinden über frisches und chemisch unbelastetes Wasser verfügen können.)

Diesen Gesamtvorgang der Trinkwasserbildung muss ich im Blick haben. Er muss weltweit unterstützt werden, in jeder Region, dann werden wir auch überall Trinkwasser haben. Dort, wo dieser Kreislauf nicht mehr funktioniert, kann ich ihn reaktivieren, wenn ich das Regenwasser durch Retentionsbecken auf dem Land halte und ihm ermögliche, nach und nach in den Erdkörper einzusickern. Das kann ich überall tun, weltweit. Quelltäler müssen geschützt und gehütet werden, hier sind selbstverständlich alle Erdbewegungen, Baggerarbeiten und Abholzungen sowie alle Agrarchemikalien zu vermeiden. Es war kein Zufall, dass in alten Zeiten Quellen besondere, ja heilige, Orte waren. Die Indianer im Amazonas wissen um die Kostbarkeit des Trinkwassers und schützen diese Orte manchmal mit ihrem Leben.

Doch heute geschieht das Gegenteil: Wo etwas knapp wird, sind die nicht fern, die damit ein Geschäft machen. Wasser wurde zur Ware – und zu einem Mordsgeschäft. Landbesitzer werden weltweit enteignet, ihre Wasserquellen werden verstaatlicht und vermarktet, die Wasserrechte auf multinationale Konzerne übertragen. Wasser wird in Flaschen abgefüllt, vermarktet, chemisch konserviert. Da muss ich fragen: Kann man ein Lebewesen „haltbar machen"? Schon der Gedanke ist für mich absurd. Ein Lebewesen, das sich nicht bewegt, stirbt. Wasser, das zu lange in Flaschen und Leitungen absteht und keine neuen Informationen aufnehmen kann, verliert alle vitalen Kräfte. Trinkwasser, das durch die Fabriken und die Industrie gegangen ist, ist kein Informationsträger mehr. Wasser, das in Leitungen absteht, fault.

Nimm eine Flasche mit dem Etikett Mineralwasser. Das Wasser steht darin still in einem geschlos-

Bau eines Trinkwasserbrunnens mit Ausbildungsteilnehmern

senen Plastik- und Glasbehälter, wo es wochenlang alle Temperaturschwankungen aushalten muss. Es kann nicht mehr lebendig sein. Von allen vitalen Eigenschaften, die das Wasser so wertvoll machen, bleibt nun nur noch eine übrig: Es ist nass.

Erdkörper als Speicherorgan

Im großen Kreislauf des Wassers kommt dem Erdkörper als Speicherorgan eine besondere Bedeutung zu. So wie der Menschenkörper von einem Aderwerk durchzogen ist, das jedes Organ und Körperteil versorgt, so ist es auch beim Erdkörper: Es gibt nicht nur die unterirdischen Wasserreservoirs, die Seen und Grundwasserspeicher in mehreren Metern Tiefe. Bei einem intakten Wasserhaushalt versorgen feine und feinste Adern den gesamten Erdkörper bis in die kleinste Pore mit Feuchtigkeit. Eine gesunde Humuserde, zum Beispiel ein Waldboden, kann sich bis zu 90 % mit Wasser sättigen. Ein gut durchfeuchteter Erdkörper hat eine zentrale Bedeutung für die Trinkwasserbildung, für den Schutz vor Waldbränden und für die gesamte Fruchtbarkeit. Bodenfeuchtigkeit ist deshalb auch ein zentrales Thema des ganzen Buches. Mit allen Renaturierungsmaßnahmen will ich genau das erreichen: Dem Erdkörper seine Feuchtigkeit zurückgeben.

Warum ist das so wichtig? Was macht das Wasser im Erdkörper?

Feuchtigkeit macht aus dem Erdkörper erst das lebendige Wesen, den Gesamtorganismus, in dem sich die Symbiosen und Naturabläufe vollziehen. Wie tut es das? Wurzeln folgen der Feuchtigkeit mit ihren haarfeinen Verästelungen in alle Poren hinein. Wenn sie wie in einer Mischkultur in verschiedenen Tiefen wachsen, durchwurzeln, durchlüften und lockern sie den gesamten Erdkörper bis auf mehrere Meter Tiefe. Sie halten den Boden offen, so dass er weiterhin Regenwasser aufnehmen und speichern kann. Durch den ständigen Erneuerungsprozess der Wurzeln entsteht wertvolle Biomasse, und dieser Humus ist Nahrung für Pflanzen und alle Bodenlebewesen. Die Bodenlebewesen lockern den Boden und erhöhen die Speicherwirkung. So entsteht ein üppiges Pflanzenwachstum – eine Vegetationsdecke, die den Boden und das Klima schützt, Brände

verhütet und in ihrer symbiotischen Kraft für dauerhafte Fruchtbarkeit sorgt.

Wasser ist das Blut der Erde. Was aber geschieht, wenn ein Körperteil nicht gut durchblutet ist? Er wird schwach und krank. Wenn das Blut ganz wegbleibt, stirbt er ab. Auch die Erde ist nicht mehr gut durchblutet. Ihren Hilfeschrei hören wir seit einigen Jahren immer lauter. Es sind die so genannten Naturkatastrophen. Ein gesunder Wasserhaushalt ist der erste und wichtigste Schritt für die Landschaftsheilung. Wenn der Wasserhaushalt funktioniert, haben alle Wesen, was sie brauchen. Wenn der Wasserhaushalt aber gestört wird, hat das Land im Winter zu viel und im Sommer zu wenig Wasser.

Wenn ich auf das Thema Wasser schaue, regt sich in mir die Frage: Wie dumm kann der Mensch eigentlich noch werden? Wasser, Wind, Feuer, Sonne und Erde sind Geschenke der Natur. Wir haben die Aufgabe, diese Geschenke richtig zu lenken – zum Wohle aller. Ein Zuviel oder ein Zuwenig führt zu Schäden, manchmal zu Katastrophen. Wenn der Segen zum Fluch geworden ist, habe ich als Mensch einen Fehler gemacht.

Wasser ist mehr als H_2O. Wissenschaftler stellen fest, dass sich Wasser physikalisch und chemisch immer wieder anders verhält, als die Naturgesetze es erwarten lassen. Das ist kein Wunder, denn Wasser ist kein toter Körper. Wasser ist Leben. Wie behandle ich Leben? Der Mensch hat genau das verlernt: Eine Antwort auf diese Frage zu geben. Meines Erachtens verdient ein Lebewesen, dass ich mit ihm Kontakt aufnehme, mit ihm kommuniziere und mit ihm kooperiere.

Wenn wir den Wasserhaushalt einer Landschaft, eines Erdkörpers, einer Region wieder in Ordnung bringen wollen, wenn wir Katastrophen vermeiden und Wüstenbildung und Überschwemmungen umkehren wollen, wenn wir selbst gesundes und vitales Wasser trinken wollen, müssen wir lernen, mit dem Wasser zu kooperieren. Davon handelt dieses Kapitel.

Wüstenbildung verhindern und rückgängig machen

Das zeitgenössische Attika kann man nur noch als ein Relikt des ursprünglichen Landes bezeichnen. Von den Höhen ausgehend, fand eine ständige Bodenabtragung statt, und was von der Substanz übrig geblieben ist, gleicht einem durch Krankheit ausgezehrten Körper. Die gesamte fruchtbare Erde ist verschwunden und hat ein Land wie Haut und Knochen hinterlassen.

Als Attika noch intakt war, gab es auf den Bergen große Wälder und endlose Viehweiden. Die Menge des jährlichen Niederschlages ging nicht wie heute verloren, da man ihn über die kahle Oberfläche ins Meer fließen lässt, sondern er wurde von der Erde vollständig aufgenommen und so konnte das Wasser von den Höhen in Form von Quellen und Flüssen mit überreichlichen Wassermassen in die Täler abfließen und von dort das gesamte Tal bewässern.

(Platon, 4. Jh. v. Chr.)

Platon erkannte die Auswirkungen eines gestörten Wasserhaushaltes schon vor 2.500 Jahren. Auch die Wüsten, die sich heute so dramatisch weltweit ausbreiten, sind keine natürliche Landschaft, sondern das, was von einer Landschaft bleibt, wenn der Mensch alle Methoden angewandt hat, um möglichst schnell möglichst viel herauszuholen. Die verschiedenen Stadien der Wüstenbildung – der Verlust von Humus bis zur völligen Versandung, der Verlust von Artenvielfalt bis zur völligen Kargheit und der Verlust von Feuchtigkeit bis zur völligen Austrocknung – können in den verschiedenen Intensitätsstufen auf allen Kontinenten gefunden werden.

Die Fehler, die zur Wüstenbildung führen, bestehen aus naturfremdem Verhalten, das sich in Situationen labilen ökologischen Gleichgewichtes – so wie am Rande schon bestehender Wüsten – besonders gravierend auswirkt: die Abkehr von der naturverbundenen Landwirtschaft und der Intensivanbau von Exportgütern, der Einsatz von Kunstdünger und Herbiziden, die Versalzung der Böden durch falsche Bewässerung, das Anlegen von Tiefbrunnen, die das

Großflächige Erosionsschäden, hier in Ecuador

Wasser aus großen Flächen abziehen, Überweidung und industrieller Holzeinschlag.

Der Vorgang der globalen Wüstenbildung ist dramatisch. Weltweit, so schätzt die UNO, ging bereits ein Fünftel des Ackerlandes durch Wüstenbildung verloren. Regenwälder in Südamerika oder Indonesien werden schneller in Wüste verwandelt, als die dort lebenden Pflanzen und Tiere erforscht werden können. Heutige Wüsten waren auch einmal fruchtbare Regionen. Die Sahara war eine grüne Savannenlandschaft, in der Menschen gut leben konnten. Im Vorgang der Wüstenbildung verarmen die Vegetation und das Bodenleben, der Boden trocknet aus, der Grundwasserspiegel sinkt und der Abtrag von fruchtbarer Erde intensiviert sich so lange, bis kein Humus mehr da ist, sondern nur noch Sand. Die Bewirtschaftung wird immer schwieriger und die Bauern verlassen das Land.

Es geht auch anders. Vereinzelt erinnern sich Bauern an traditionelle Methoden – so wie der Bauer Yacouba Sawadogo aus Burkina Faso. Wie sein Großvater füllte er Viehdung in Pflanzlöcher, nur dass er diese tiefer machte als früher, und pflanzte einheimische, trockenresistente Bäume hinein. In deren Schatten gedieh die Hirse, sein Land warf wieder Ertrag ab, so dass er nicht nur seine Familie wieder ernähren konnte, sondern sich von dem Ertrag ein Moped kaufte. Er fuhr damit durch die nähere und weitere Nachbarschaft und berichtete überall von seinen Erfolgen. Tausende von Kleinbauern ahmen heute seine Methode nach. So können wir heute sogar vom Flugzeug aus erkennen, dass die Sahelzone wieder grüne Flecken aufweist.

Wenn schon solche verhältnismäßig bescheidenen Maßnahmen einen so umfassenden Erfolg haben, wie viel mehr kann bewirkt werden, wenn wir das volle Wissen über natürliche, symbiotische Anbauweise anwenden?

Die Sahara wächst nicht nur nach Süden, sondern auch nach Norden und übersprang bereits das Mittelmeer. Warum schreit niemand auf bei dieser Nachricht? Wie weit wird sich die Wüste nach Norden ausdehnen, bis wir aufwachen? Wer oder was soll die Wüstenausdehnung nach Norden stoppen? Wovon ernähren wir uns in Zukunft, wenn Europa zur Wüste wird?

Vielleicht geschehen die Veränderungen in Südeuropa zu allmählich, um viele Menschen aufzuschrecken. Vielleicht denken viele auch: Frankreich, die Schweiz, Deutschland oder England sind zu grün, hier kann das nicht geschehen. Doch der Verlust an Artenvielfalt, an sauberem Grundwasser, an Bodenleben ist auch in den gemäßigten Breiten zu spüren und Sahara-Sand wird bis in die Alpen verweht: All das sind Vorboten der Wüste.

In Portugal, Spanien, Italien und Griechenland nimmt das Drama seinen Lauf. Die Sommerdürre verstärkt sich. Durch Abholzungen, Baumsterben und Monokulturen sinkt die Wasserspeicherfähigkeit des Bodens. Die dezimierte Vegetation kann den Boden nicht mehr ausreichend beschatten. Jetzt ist der Boden heißer als das Regenwasser. Wenn es nun regnet, sickert das Wasser nicht ein, sondern perlt ab. Der Erdkörper härtet aus. Die starken Winterregenfälle können nicht mehr einsickern und schwemmen den fruchtbaren Humus in die Täler, in die Flüsse und ins Meer. Zurück bleiben Sand und Steine. Bäume sterben, Wälder brennen, Bauern geben ihre Höfe auf, ganze Landstriche werden verlassen. So entstehen die Geisterdörfer in Südeuropa.

Beispiel Griechenland

In Griechenland wurde ich von einem Kloster in der Nähe von Larisa zu Hilfe gerufen. Ihr Brunnen war versiegt. Was war geschehen? In den Pinienmonokulturen hatte sich der Pinienprozessionsspinner ausgebreitet. Von einem Hunderte Hektar großen Forst standen nur noch die Baumgerippe. Der Erdkörper hatte dabei seine Wasserspeicherkraft eingebüßt. Mehrere Hundert Hektar Land standen vor der Zerstörung. Was konnte man jetzt noch tun?

Oben in den Bergen zeigte man mir ein Tal mit einem Bachlauf von 20 Sekundenlitern. Das Wasser versickerte. Ich schlug vor, hier einen Wasserretentionsraum zu bauen, den Erdkörper wieder mit Feuchtigkeit zu versorgen und dann einen üppigen Mischwald aufzubauen. Es wäre so einfach gewesen. Solange die Baumgerippe der Pinien noch stehen, hätten sie den Neuaufwuchs geschützt und beschattet. Der Bürgermeister und die Klosterverwaltung waren begeistert, aber vom Landkreis und der Regierung gab es keine Genehmigung. Ein Jahr später hatte ich die weinenden Nonnen am Telefon, die mir berichteten, dass der ganze Berg abgebrannt sei.

Heute ist die ganze Region eine Steppe, in der die aufkommende Restvegetation von Ziegen abgefressen wird. Ein solches Erlebnis zeigt mir, welcher Faktor auch noch zur Wüstenbildung beiträgt: Nicht nur in Griechenland, sondern in allen EU-Ländern und darüber hinaus sind es immer wieder naturferne Menschen, die ein Land durch falsche Entscheidungen ruinieren.

Beispiel Türkei

Bei einer Beratungsreise ins Idagebirge (Westtürkei) im März 2011 sah ich dieselben Probleme

Beispiel Griechenland, Projekt für ein Kloster bei Larisa

heraufziehen wie in Griechenland. Auch hier hat man den ursprünglichen Wald gerodet und einen so genannten Nutzwald aufgeforstet: eine reine Pinienmonokultur. Der Prozessionsspinner breite sich bereits auf unzähligen Bäumen aus und eine Massenverbreitung wäre zu befürchten. Ein Vorteil hat diese Region jedoch: Es gibt hier sehr viele Wildschweine. Durch deren Arbeit wird der Waldboden aufgewühlt. So können sich auf den Parzellen, wo die Wildschweine ihre wertvolle Arbeit leisten, verschiedene Laubholzarten wie zum Beispiel Eichen und Kastanien gut vermehren und ein gesunder Mischwald kann sich unterhalb der Pinien entwickeln. Auf dem Großteil der Flächen bestehen allerdings reine Pinienmonokulturen ohne Unterwuchs, hier ist durch den Befall des Pinienprozessionsspinners absehbar, dass große Teile des Waldes in wenigen Jahren absterben, austrocknen und schließlich zum Opfer von Waldbränden werden, wie ich es in Griechenland erlebt habe. Schon jetzt war eine starke Erosion festzustellen, der Boden war auf weite Strecken bereits völlig sandig, die Wüstenbildung war schon zu sehen.

Was ist zu tun, um dieser Gefahr entgegenzuwirken und den Wald zu erhalten? Meine Empfehlung ist, zunächst biologische Schädlingsregulierung vorzunehmen, indem man die natürlichen Fraßfeinde fördert. Dazu gehören verschiedene Wespen wie die Schlupfwespe, die Erzwespe, die Brackwespe, aber auch der Wollschweber. Für diese Nutzinsek-

Türkische Gastfreundschaft bei Bauern

ten können unterhalb befallener Baumgruppen so genannte Insektenhotels aufgestellt werden, in denen sie sich geschützt vermehren können: Am einfachsten geht das mit hohlen Baumstämmen verschiedener Länge (0,5 m – max. 1 m), in die Röhren von Stroh, Bambus und anderen Halmen unterschiedlichen Durchmessers der Länge nach geschichtet werden. Dort legen die Nutzinsekten ihre Eier ab, ohne von Vögeln gestört zu werden, und vermehren sich entsprechend der Population des Prozessionsspinners.

Weiterhin soll man die Wildschweine fördern und unterstützen. Die landwirtschaftlichen Nutzflächen sind mit Elektroweidezäunen zu schützen. Nun kann man die Schweine an die Stellen im Wald locken, die von dem Pinienprozessionsspinner befallen sind. Das Lockfutter ist auf den Seiten 112 ff. ausführlich beschrieben. Im gleichen Arbeitsgang sollen Laubholzsamen ausgesät werden, die die Wildschweine durch ihr Wühlen in die Erde einarbeiten. So kann eine Naturverjüngung aufkommen. Um dies zu unterstützen, soll der Wald ausgelichtet werden, indem vor allem die befallenen Pinien gefällt werden. Schon dadurch werden die Raupen dezimiert, die Nester werden von den Wildschweinen gefressen. Durch die Auslichtung der geschlossenen Pinienwälder wird die Verbreitung der Schadinsekten vermindert und es entsteht Licht und Luft für das Gedeihen des Unterbewuchses. Das wäre eine sanfte, ökologische Forstpflegemaßnahme und

Auch hier hat der Pinienprozessionsspinner sein Zerstörungswerk begonnen; die Bodenerosion ist deutlich sichtbar.

Die Pinienmonokulturen werden von dem Prozessionsspinner heimgesucht und großflächig zerstört.

Die sprunghafte Entwicklung des Pinienprozessionsspinners ist eine Folgeerscheinung der Monokulturen und wird durch die Erderwärmung weiter begünstigt.

gleichzeitig der beste und nachhaltigste Katastrophenschutz. Aus meiner Sicht sind dies dringend notwendige Sofortmaßnahmen für die ganze Region.

Auch hier habe ich eine Gruppe junger Menschen getroffen, die mit viel Engagement ein verlassenes Bauerndorf revitalisieren und ein Beispielprojekt für natürliche Landwirtschaft aufbauen wollen. Die jungen Leute, unter ihnen auch Akademiker und ein Professor von der Universität Istanbul, stammen nicht nur aus der Türkei, sondern auch aus den USA, Frankreich und Deutschland. Wie in Russland könnte hier eine Bewegung von Stadtflüchtlingen entstehen, die sich wieder vor die Natur stellen und sie schützen. Ich war von ihrer Begeisterung sehr angetan und wünsche ihnen, dass sie alle Unterstützung von den Behörden und anderen Stellen erhalten, so dass sie ihr Projekt im vollen Umfang umsetzen können.

Bodenerosion und erster Befall durch den Pinienprozessionsspinner

Dann gibt es auch eine Chance, dass das Umweltbewusstsein erwacht, das in der Türkei wie in allen südlichen Ländern Europas sehr zu wünschen übrig lässt. Herumliegender Müll auf Ackerflächen und im Wald kann zur großen Gefahr werden. Tiere kommen zu Schaden, indem sie Plastik fressen oder in Scherben treten. Flaschen und Glas führen vielfach zur Selbstentzündung, so brennen in jedem Sommer große Waldflächen ab. Ein weiteres Problem sind die vielen ausgesetzten Hunde, die völlig abgemagert und in erbärmlicher Verfassung oft in Rudeln durch Dörfer und Landschaften streunen und dem Wild und auch dem Menschen zur Gefahr werden.

Völlig unverständlich ist mir, dass in der Nähe vieler Großstädte Waldstücke in enormem Ausmaß abgeholzt wurden. Gerade hier ist der Sauerstoffbedarf besonders hoch. Wenn statt Bäumen Industriegebiete die Metropolen umgeben, kommt es zu Hitzestaus, da der kühlende Effekt des Waldes fehlt, die Staubbildung nimmt zu und ihm Sommer leiden Menschen, Tiere und Pflanzen unter starker Smogbildung.

Beispiel Spanien und Portugal

Auch Spanien und Portugal leiden unter Baumsterben und Wüstenbildung. In Portugal werden mehr als 70 % der Lebensmittel importiert – und das in einer fruchtbaren Region, die von Wärme und Wasser verwöhnt ist. Der Vertreter einer nationalen Kommission gegen Wüstenbildung in Portugal war immerhin einsichtig: „Alle bisherigen Versuche, die Wüstenbildung aufzuhalten, haben im Grunde nichts bewirkt. Wir wissen, dass wir nichts wissen, und müssen noch einmal von vorne anfangen."

Bei den Korkeichen schält man die Rinde heute mit groben Geräten, manchmal zu oft und fast immer zu rücksichtslos. Ich sehe auch immer wieder, dass der Kork viel zu hoch oder zu tief im Stamm geschnitten wurde. Durch den guten Preis, den Kork erzielt, werden die Methoden immer rücksichtsloser. Sehr gewinnbringend scheint das nicht zu sein, denn immer mehr Bauern geben auf. Eine sanftere und vielseitigere Bewirtschaftung dagegen ist ökonomisch und ökologisch sinnvoll und nachhaltig.

Beispiel Portugal: Korkeichensterben, Überweidung, Bauernarmut und großräumiges Landschaftssterben – am Ende steht die Wüste

In Portugal wirken sich die Pinienmonokulturen wegen des Silikatgesteins besonders negativ aus, da der Waldboden viel schneller versauert. In den großen Landstrichen ist die Wüstenbildung schon sehr weit fortgeschritten. Da gehen die Füße schon durch, wie wir sagen: Man hat keinen Tritt, spürt keinen Widerstand mehr beim Gehen, weil der Boden keine Bindigkeit mehr hat und der Sand dem Fuß ausweicht. Die einzigen Bäume sind dort noch Eukalyptus, und der ist, wie ja bekannt, ein Wasserräuber und hoch brandgefährlich. Es ist sozusagen die letzte Station vor der Wüste. Wenn Eukalyptus dann noch abbrennt, dann ist alles weg.

Eine Landschaft ganz ohne Vegetation zu regenerieren, ist um ein Vielfaches aufwändiger, als wenn noch ein Restbewuchs an Bäumen und anderen Pflanzen vorhanden ist. Denn diese, so schlecht es ihnen gehen mag, haben eine Mutterfunktion. So wie die Mutter ihre Kinder schützt, so versuchen die Bäume und Sträucher, die Nachkommen zu schützen, bevor sie absterben: durch Beschattung, durch Windschutz, Taubildung; und in den Nischen leben Kleintiere und Humus lagert sich ab. Wenn aber die Mutter stirbt, haben auch die Nachkommen kaum eine Chance. Wenn es die älteren Pflanzen nicht schaffen, dann können die Samen oder der Wurzelausschlag nicht mehr keimen, weil sie der vollen intensiven Sonnenausstrahlung, dem Wind und dem Wetter und der Auswaschung des Bo-

dens ausgesetzt sind. Dann ist die Wüstenbildung kaum noch aufzuhalten und wird sich flächenhaft ausbreiten wie eine Epidemie. In diesen Ländern muss dringend gehandelt werden, bevor es zu spät ist. Der Zeitpunkt ist jetzt. Und wieder gilt: Nicht die Symptome bekämpfen, sondern die Ursachen verstehen. Renaturieren heißt, dem Erdkörper das Wasser, das ihm zusteht und das er in der intensiven Landwirtschaft und Monokulturforstwirtschaft verloren hat, wieder zuzuführen. Die wichtigste Maßnahme, die Wüstenbildung aufzuhalten und umzukehren, ist, den Wasserhaushalt in Ordnung zu bringen. Wasserretentionsbecken sorgen dafür, dass sich der Erdkörper wieder mit Wasser vollsaugen kann, dass sich gestörte Landschaften regenerieren, sich Bäume erholen und Quellen wieder fließen. Dass die Überweidung gestoppt werden muss, liegt auf der Hand. Auf dieser Grundlage können in kürzester Zeit wieder Naturparadiese entstehen; Anziehungspunkte für wilde Tiere und Pflanzen, Nahrung, Arbeit und Naturerlebnis für viele Menschen. In der Extremadura in Spanien und im Alentejo in Portugal können Besucher besichtigen, wie so etwas funktioniert und mit wie wenig Aufwand es möglich ist. (Diese Projekte werden auf den Seiten 56 und 68 ausführlich beschrieben.)

Portugiesische Landschaft in der Vorstufe zur Wüste

Ursache und Wirkung in Portugal sind leicht zu erkennen: Überweidung, negative Auslese der Vegetation, Verlust fruchtbaren Bodens und Baumsterben

Wenn sich die Wüste schon ausgebreitet hat

Was kann man tun, wenn ein Gebiet schon zur Wüste geworden ist? Jede Landschaft kann renaturiert werden, es ist aber eine Frage des Aufwands. Vielfach werden mit großem Aufwand Pionierpflanzungen angelegt, um Wüsten zu begrünen. Ob sie gelingen, hängt letztlich vom Wasserhaushalt ab.

Das ganz große Problem von Wüstengebieten in Küstennähe, z. B. in Ägypten oder in Israel, ist das Versalzen von Brunnen. Das geschieht, wenn man das Süßwasser aus den Brunnen zu tief und mit zu viel Druck auspumpt und das Meerwasser nachgesaugt wird. Wenn dies einmal geschehen ist, ist der Brunnen unwiederbringlich verloren – und damit auch das Land.

Der Erdkörper ist von einem Aderwerk durchzogen, ganz so wie ein Mensch oder eine Pflanze. Wenn ich unter die Rinde eines Baumes ein Rohr oder einen Strohhalm stecke, dann fließt sein Saft durch seinen Eigendruck heraus. Ich entziehe dem Baum so Wasser, dazu muss ich keine Pumpe anschließen. Der Erdkörper ist genauso lebendig. Wenn ich tiefe Brunnen bohre und das Wasser aus der Erde ziehe, dann sauge ich den Erdkörper aus und das Wasser fließt aus einer großen Fläche nach. Je größer die Pumpkraft und die Tiefe, in der ich das Wasser abziehe, desto größer die entwässerte Fläche. Und wenn der Brunnen kein Wasser mehr zieht, bohrt man neue, tiefere Brunnen, 500–600 Meter tief und schließlich 1.000 Meter.

Und was dann? Irgendwann ist das Grundwasser weithin abgepumpt, die Pumpe saugt weiter, aber das nächste Wasser kommt von der Küste, aus dem Meer. Eine Entfernung von 20–30 km spielt dabei überhaupt keine Rolle. Der Brunnen erhält eine Rückkopplung vom Salzwasser.

Zunächst hat der Landbesitzer ein wenig Salz im Brunnen und glaubt, damit noch zurechtzukommen. Aber dann ist es immer mehr, bis der Brunnen reines Salzwasser führt. Wenn das einmal passiert, dann ist der ganze Erdkörper versalzen und verloren. Salz im Erdkörper kriegt man nicht mehr raus. Der Mensch wandert dann weiter und geht zum nächsten Stück Land. So wird er zur Wanderheuschrecke und zerstört große Landschaften. So weit darf ich es nicht kommen lassen. Ich muss handeln, und zwar beim ersten Alarmzeichen, dem Versiegen des Brunnens.

Anstatt durch immer tiefere Bohrungen das Wasser aus dem Erdkörper abzuziehen, muss ich ihm im Gegenteil Wasser zuführen, damit sich seine unterirdischen Wasserreservoirs wieder füllen können. Es sind die Wasserreservoirs, die sich bei den seltenen Regenfällen in der Wüste gefüllt haben – unterirdische Speicherräume, die die Brunnen speisen und die nun entleert sind.

Wie kann ich ihm Wasser zuführen, wenn ich doch selbst keines für meine Kulturen habe?

Mein Vorschlag für viele küstennahe Gebiete ist, mit Windenergie Meerwasser herzuleiten. Auf dem Gelände sollen dann verschiedene Absetzbecken hintereinandergeschaltet werden: eine alte Methode zur Salzgewinnung. Das Salz setzt sich ab und das entsalzte Wasser fließt ins nächste Becken. Das Salz kann ich entnehmen, trocknen und reinigen und als Streusalz, Tiersalz oder Speisesalz nutzen. Und das entsalzte Wasser leite ich dann in ein Retentionsbecken. Wenn das entsalzte Wasser in den Boden sickert, füllt es den Speicherkörper der Erde und so entsteht ein Gegengewicht zur Versalzung der Brunnen und des Grundwassers. Wenn sich das Wasserreservoir im Erdkörper wieder gefüllt hat – in diesem Fall mit entsalztem Wasser –, dann erzeugt es den notwendigen Druck, der den Grund und den Boden vor dem Salz schützt.

Die höhere Feuchtigkeit sorgt für mehr Vegetation. Damit bildet sich wieder ein Wurzelsystem im Erdkörper und so kann sich diese bereits begonnene Wüstenbildung regenerieren. Der Aufwand ist allerdings recht hoch und es kann Jahre oder Jahrzehnte dauern. Deshalb ist mein dringender Aufruf zu handeln, bevor es so weit gekommen ist.

Spanien: Baumsterben als Ergebnis eines gestörten Wasserhaushaltes – oder: Nicht der Baum hat den Virus, der Mensch hat ihn

Auf der Iberischen Halbinsel, wo einst „ein Eichhörnchen durch die Baumwipfel von den Pyrenäen bis nach Gibraltar hüpfen konnte, ohne den Boden zu berühren", wie der griechische Geograph Strabon schrieb, ist es heute umgekehrt: Man kann vom Baskenland bis Andalusien laufen, ohne einmal in den Schatten eines Baumes zu treten.

(Aus dem Buch: *Wüstenbildung – Ökozid,* 1992)

Vor einigen Jahren wurde ich nach Spanien gerufen. Auf einem Grundstück in der Extremadura starben die Steineichen großflächig und die Besitzer waren kurz davor, das Gelände abzustoßen. In Portugal geschieht dasselbe, dort sind vor allem Korkeichen im großen Ausmaß betroffen. Es handelt sich in beiden Fällen nicht um die ursprüngliche Bewaldung. Die Römer und später die Spanier und Portugiesen selbst hatten diese schon vor Jahrhunderten abgeholzt, um Schiffe für ihre Flotten zu bauen und Platz zu schaffen für die landwirtschaftliche Nutzung – besser: Übernutzung. Jetzt sind nur noch Restbestände vorhanden und deren Zustand ist schlecht, man muss klug mit ihnen umgehen. Es reicht nicht,

Die letzten Bäume kämpfen ums Überleben, die Ursache ihrer Krankheit ist Übernutzung.

die letzten Bäume unter Naturschutz zu stellen, denn sie haben von selbst nicht die Kraft, sich zu regenerieren. Auch eine Aufforstung in Monokultur nützt nichts, es wäre nur Symptombehandlung, die mehr schadet als nützt.

Stattdessen soll man die Ursachen ergründen. Und die Ursache des großflächigen Steineichensterbens in Spanien kann man mit ein paar wenigen Stichworten benennen: Die Eichen sterben, weil Bäume und Böden übernutzt und ausgebeutet werden, in mehrfacher Hinsicht.

Zunächst durch Getreideanbau: Die Flächen unter den Steineichen werden mit Kultivatoren oder Pflügen beackert, um dort Getreide anzubauen und den Boden noch intensiver auszunutzen. Dabei wird großflächig Kunstdünger eingesetzt. Wenn Hügelland so intensiv bewirtschaftet wird, wenn der Boden geöffnet wird und während mehrerer Monate ohne Vegetationsdecke offen liegt, dann waschen die schweren Niederschläge der Regenzeit die Nährstoffe und den Humus aus. Der Boden erodiert, die Wurzeln ragen aus der Erde und geraten unter Druck. Man sieht dann förmlich die Steine wachsen.

Wie geht das? Warum können Steine wachsen? Das haben mich die anderen eingeladenen Experten auch gefragt und bei meinen Beratungen in der Extremadura und in Andalusien konnte ich es ihnen zeigen. Je intensiver eine Fläche bearbeitet wird, je mehr Boden abgetragen und ausgewaschen wird, desto mehr Steine sieht man oben auf den Äckern liegen. Wenn man sie genauer unter die Lupe nimmt, dann sieht man, dass sie mit Moosen und Flechten bewachsen sind. An den Seiten bilden sich Streifen, dunkelgrün bis braun. Da das Moos nur in der feuchten Jahreszeit wächst, kann man anhand dieser Streifen ganz ohne Labor mit dem bloßen Auge ablesen, was sich in den letzten 50–60 Jahren hier zugetragen hat. Man kann erkennen, wie

Eine Ursache der Bodenerosion ist die Überweidung.

die Erosion des Bodens sich beschleunigt, denn die Streifen werden von Jahr zu Jahr breiter, am Ende schon 3–5 cm. Die Moose und Flechten kommen gar nicht mehr hinterher, die Steine zu bewachsen. Wer Augen hat, in der Natur zu lesen, erkennt die dramatische Beschleunigung der Bodenerosion aufgrund der falschen Bewirtschaftung und der Überweidung.

Wenn aber die Erde immer schneller abgetragen wird, dann kommen die Bäume in höheren Lagen stark unter Druck, denn ihre Wurzeln können ja nicht flüchten. Die Wurzelhälse sind nun der Sonneneinstrahlung ausgesetzt. Dann werden sie noch durch das Ackern stark beschädigt. Aber es kommt noch schlimmer. Denn wenn alles braun und dürr geworden ist und Brandgefahr besteht, dann beginnt der Mensch nicht etwa, sein Vorgehen zu überdenken und zur traditionellen Bearbeitung zurückzukehren. Sondern jetzt kommt er mit den so genannten Brandschutzmaßnahmen. Dafür fährt man zwischen diesen Bäumen mit Scheibeneggen hindurch und macht die wenige Vegetation nieder, die sich vielleicht hier und dort bilden konnte, einschließlich der Verjüngung durch Samen oder Wurzelausschläge. Das wenige, das nicht schon von Schafen und Rindern durch Überweidung kahl gefressen wurde, wird nun noch mit den Scheibeneggen kaputt gemacht.

Dann ist der Boden wund und offen, er trocknet aus, wird hart und staubtrocken. Und dann kommt der Mensch mit der Motorsäge und beginnt, auch die dürr gewordenen Astwipfel noch abzuschneiden – als Brennholz. Dadurch entstehen große Wunden, die der Baum nicht mehr vernarben kann. Und dann kommt der Pilz.

Pilze sind überall in der Luft, und wenn der Baum Wunden hat und geschwächt ist, befallen sie ihn auch. Einmal befallen, wird der Baum in der Substanz geschwächt und zum Futter für verschiedene Holzkäfer. Diese legen in den Wunden ihre Eier ab und ihre Raupen durchbohren den ganzen Baum, am Ende hat er fingerdicke Löcher. Wenn die Raupen sich dann verpuppen und der junge Käfer ausschlüpft, fliegt er gleich nebenan zum nächsten Baum, denn der ist auch krank und lädt zum Besiedeln geradezu ein. So kommt es zu enormen Populationen von Holzkäfern, denn sie finden kranke Bäume in Massen vor. Jetzt ist der Baum

Zerstörte Landschaften und verlassene Bauernhöfe; hier in Spanien: Ergebnisse des gestörten Wasserhaushaltes

durchlöchert und in den Löchern und Höhlen finden Ameisen ein wunderbares Nest.

Ja, da frage ich mich, was soll der Baum denn noch aushalten?

Ein anderer Faktor der Übernutzung für so einen Baum ist die intensive Überweidung. Weidewirtschaft wurde in Spanien und Portugal traditionell extensiv betrieben, meistens mit Schweinen, die den Boden durch ihr Wühlen auch öffneten und pflegten. Durch die Prämienzahlungen der EU und durch andere Gewinnüberlegungen wurden die Bauern aber zur intensiven Tierhaltung verleitet.

Injektionen sollen die Steineichen retten.

Meistens sind es heute Schafe und Ziegen oder auch Rinder. So wird der Boden übernutzt und die Pflanzen werden dadurch selektiert. Denn natürlich fressen die Tiere zuerst die Pflanzen, die ihnen am besten schmecken. Wenn die Tiere zu lange auf derselben Weide stehen oder wenn zu viele Tiere auf einer Fläche stehen, dann haben die wertvolleren Kräuter keine Chance und sterben ab.

Die wertvollsten Pflanzen – Klee- und Kräuterarten – sind außerdem trittempfindlich. Wenn sie ständig dem schweren Tritt von Pferden oder Kühen ausgesetzt sind, sterben sie auch ab. Schwingelgräser oder Zähgräser überleben das leichter, sind aber auch minderwertiger.

Und so wird die Vegetation durch die Übernutzung selektiert und die heilenden und die tiefwurzelnden Pflanzen werden geschädigt und die minderwertigen gestärkt. So verarmt die Flora. Aber nur durch die unterschiedlichen Wurzelsysteme wird die Wasserspeicherwirkung im Boden erhalten und nur mit ausreichender Feuchtigkeit kann sich der Baum mit ausreichenden Nährstoffen versorgen.

Und jetzt stell dir vor, du bist eine Steineiche. Versetze dich in dein Gegenüber! Du stehst jetzt dort. Wie fühlst du dich als Baum? Du bist vielleicht 400–500 Jahre alt geworden, ja, es gibt auch 1.000-jährige Steineichen. Warum bist du denn so alt geworden? Es muss dir gut gegangen sein, sonst wärst du nicht so alt geworden. Und seit wann leidest du, seit wann bist du krank?

Auch das kannst du am Baum ablesen. An der Art des Wachstums, an den Jahrestrieben, den Flechten, den Moosen. Seit wann werden der Wipfel und die äußeren Äste dürr und trocken? Wie kam es zu dieser Entwicklung?

Dann merkst du, dass es die letzten Generationen waren, die letzten 60–100 Jahre, in denen die Bäume anfingen zu leiden, in denen sie unter Stress gerieten, denn da hat die Übernutzung stattgefunden. Man hat mehr Geld verdienen wollen, man hat die Region zur Getreidekammer machen wollen, die Kunstdüngerindustrie versprach hohe Gewinne.

Und jetzt frage ich dich, wie fühlst du dich, wenn du der Baum bist? Du stehst mit deinen Zehen im Trocknen, weil die Erde abgeschwemmt wurde. Deine Füße sind aufgerissen, zerfranst von den Scheibeneggen. Der Boden hat keine schützende Vegetation mehr, er ist nackt. Die flacheren Wurzeln sterben ab, nur die tiefen Wurzeln überleben, sie müssen den ganzen Nährstoffsaft bringen, der dich versorgt.

Wenn aber von unten zu wenig Saft kommt – du willst ja leben, du bist ja 500 oder 1.000 Jahre alt geworden und willst auch die Dummheit des Menschen überleben –, dann schreist du um Hilfe.

Wie schreit ein Baum um Hilfe? Er wirft die Blätter ab und wird dürr, und das beginnt von oben und von außen. Die äußeren Äste brechen ab, denn dann braucht er sie nicht mehr zu versorgen. Und innen am Stamm treibt er neue Äste aus. Innentriebe sind Nottriebe. Wenn deine Wurzeln unter Stress kommen, kommt auch deine Krone unter Stress. Und jetzt kommen die schon genannten Waldpflegemaßnahmen: die Motorsäge, die Wunden bis aufs grüne Holz, die Pilze und der Käfer.

Stell dir wieder vor, du bist der Baum. Du merkst, dass du stirbst. Jetzt versuchst du, noch einmal zu blühen. Du treibst eine Notblüte zu ungewöhnlicher Zeit – so etwas sehe ich oft, bevor ein Baum stirbt. Es kommen viele kleine Früchte, weil du dich ein letztes Mal vermehren willst. Aber das nützt dir nichts, denn wenn der Boden völlig nackt und trocken ist, kann nichts wachsen. Es gibt keine schützende Vegetation und die abgeworfenen Samen können nicht keimen. Wenn dann der Regen kommt, kommen die Schafe und fressen alles ab, was vielleicht doch noch gekeimt hat. Das ist dann das Ende.

All das kann man ablesen, all die Ursachen für die Krankheiten, wenn man sich hineinversetzt in den Baum, wenn man es fühlt, wenn man es eben wahrnimmt. Das ist nicht schwer. Und doch tun sie es nicht, weder die zuständigen Forstbeamten noch die verantwortlichen Behörden, die Berater, die Experten für Pflanzenmedizin.

Was tun sie stattdessen? Ich habe es selbst erlebt, und nicht nur einmal. Sie sagen: Wenn so viele Bäume krank sind, dann muss das ein Virus sein. Und so ist man da auf den Gedanken gekommen, die ganze Iberische Halbinsel sei mit einem Virus befallen und deswegen stürben die Kork- und Steineichen. Man hat angefangen, die Bäume vom Flugzeug aus gegen diese Viruserkrankung zu besprühen. Und an Stellen, die nicht besprüht werden konnten, beimpft man sie. Dazu bohrt man kleine Löcher in die Rinde, steckt Gummistückchen hinein und beimpft die Eiche gegen diesen geheimnisvollen Virus. Jeden einzelnen Baum! Dreimal im Jahr! Pro Impfung kostet das für den Besitzer drei Euro. Das sind 9 Euro pro Baum. Für einen Waldbesitzer kann dies der Ruin sein.

Ich konnte mir nur an den Kopf greifen. Dass so ein Blödsinn überhaupt möglich ist! Denn mir war sofort klar: Nicht der Baum hat den Virus, der Mensch hat ihn. Wie kommt es, dass er die einfachsten Dinge nicht erkennt? Er hat verlernt, sich in sein Gegenüber hineinzuversetzen. Er hat vergessen, mit der Natur zu kooperieren. Er sieht Pflanzen und Tiere nur mehr als Ware, die er ausnutzen kann, nicht als Gegenüber, als Lebewesen.

Im Fall der Impfungen muss man sich aber auch fragen, wer den Vorteil von diesem Unsinn hat. Der Bauer ist es sicher nicht. Diese Praktik treibt nicht nur Bauern in den Ruin, sondern zerstört unzählige Hektar wertvoller Landschaft. An den Impfstoffen verdient die Industrie, die sie herstellt, ihre Laboratorien und die so genannten Spezialisten. Wer da mitmacht, für den ist kein Schimpfwort zu schade.

Ich habe in Spanien kranke Bäume ausgraben lassen und die Wurzelstöcke genauestens untersucht. Und ich bin zu ganz anderen Schlussfolgerungen gekommen, was die Ursachen des Baumsterbens betrifft, und das habe ich den so genannten Fachleuten auch gezeigt: Die Wurzeln unten sind krank und deswegen ist die Krone krank. Und zwar durch die von Menschen verschuldete Bodenerosion, Übernutzung, fortschreitende Austrocknung, den Mangel an unterstützender Vegetation und die Aushärtung des Boden. Das sind die Gründe des großflächigen Steineichensterbens und so geht der Wasserhaushalt auf großen Flächen verloren.

Im Gespräch mit Experten in Spanien

An bisher drei Projekten in Spanien und Portugal habe ich gezeigt, wie das Baumsterben aufgehalten werden kann. Zuerst muss der Wasserhaushalt durch den Bau von Retentionsräumen und Wasserlandschaften in Ordnung gebracht werden. Die Täler gehören dem Wasser. Wenn das geschehen ist und der Erdkörper sich mit Feuchtigkeit gesättigt hat, dann gedeihen auf den Hügeln die Bäume wieder,

und zwar nicht nur Steineichen, sondern alle möglichen verschiedenen Baumarten. Zum Waldaufbau setze ich Schweine ein, das sind die besten Mitarbeiter, sie pflügen und düngen den Boden und bereiten ihn für den Neuaufwuchs vor.

Ein Grundstück von Nora von Liechtenstein, das kurz vor der Wüstenbildung stand, ist heute ein Feuchtgebiet, in dem Hunderte, ja Tausende von Vögeln nisten. Es gibt einen großen Gemüse- und Fruchtertrag, der sich in den kommenden Jahren noch steigern wird. Die sterbenden Steineichen waren nicht mehr zu retten, aber sie erfüllen ihre Mutterfunktion gegenüber den nachwachsenden jungen Bäumen und beschatten diese, bis sie selbständig sind. Ähnliches geschieht in Andalusien und im Alentejo. Wie das abläuft, habe ich auf den Seiten 34 ff. und 37 ff. ausführlich beschrieben.

Fluten und Überschwemmungen vermeiden

Wie die Wüstenbildung sind auch Überschwemmungen keine Naturkatastrophen, sondern logische Konsequenzen menschlicher Fehler. Überschwemmungen und Wüstenbildung zusammengenommen sind das dramatische Doppel-Symptom eines global gestörten Wasserhaushaltes.

Schaue ich mir die katastrophalen Fluten der letzten Jahre an – in China, Pakistan, auf den Philippinen, in Australien, Sri Lanka, Brasilien und Osteuropa –, fühle ich mich an die biblischen Beschreibungen der Sintflut erinnert. Unzählige Menschen und Tiere kamen um, Städte und ganze Landschaften versanken in Wasser oder Schlamm. Bis die Wassermassen endlich abfließen, haben sie Ernten und Vorräte ganzer Regionen vernichtet und hinterlassen Zerstörung und oft genug Seuchen. Doch wenn wir die Ursachen verstehen, können wir die Sintflut zu einer Sinn-Flut machen – und lernen, was wir überall tun können, im Großen und im Kleinen, um den Wasserhaushalt in Ordnung zu bringen.

Wie kommt es zu Flutkatastrophen? In allen genannten Ländern geschah mehr oder weniger dasselbe: Es begann mit der Abholzung ganzer Regionen, zum Teil für den Bau von Kriegsschiffen, für den Export und die Vermarktung, ebenso für die Verhüttung in der Schwerindustrie oder als Brennstoff. Man schlug das wertvollste Holz in den Wäldern, so dass nur noch das minderwertige Buschholz verblieb. Vielerorts wurde auch das noch gerodet oder durch Übernutzung zerstört, so dass jede Busch- und Waldvegetation verschwand und große kahle Flächen der Erosion preisgegeben wurden. Diese kahlen Flächen breiten sich aus. Ohne die Tiefenbewurzelung durch Bäume und Sträucher verfestigt und verhärtet sich der Boden, der Erdkörper verliert die Speicherkraft für Wasser.

Schluchtenbildung in Ecuador

Wenn aber das Wasser vom Erdkörper und der Vegetation nicht mehr aufgenommen und gespeichert werden kann, fließt der Regen sofort, schnell und in großen Mengen ab. Wenn das ablaufende Wasser erst einmal so schnell geworden ist, wäscht es in Wäldern und auf Äckern Humus und Feinerde aus und nimmt sie mit. Das führt weiter unten zu Erdrutschen und Schlammlawinen, die Dörfer und Restbestände von Wäldern mitreißen.

Diese Feinmaterialien landen in den Flüssen. Die Natur hat für diesen Fall vorgesorgt. Ein natürlich fließender Fluss hat Auslandungsflächen, wo das Wasser die Feinstoffe ablegen kann. Es sind dies die weit geschwungenen Mäander mit ihren seichten Ufern oder auch die Auen, die im Frühjahr Schmelzwasser aufnehmen. Solche Auslandungsflächen am Ufer sind besonders fruchtbar, da sie in der jährlichen Überflutung die Feuchtigkeit und den Humus erhalten, die die Pflanzen zum Wachsen brauchen.

Beginnende Erosion auf der Weide

Auf diesen Flächen sind eine üppige Vegetation und eine lohnende Produktion ohne jede Düngung möglich. Jeder kennt das Beispiel des fruchtbaren Nilschlamms, der in der Vergangenheit die Basis für den Wohlstand eines ganzen Volkes war.

Doch was ist inzwischen mit den Flüssen und Bächen geschehen? Sie wurden begradigt, kanalisiert, gestaut und betoniert. Man hat die Ufer befestigt und Dämme gebaut, um mehr Ackerland zu gewinnen oder weil man dort Häuser, Dörfer, Städte bauen wollte. Man hat die Flüsse ausgebaggert, Steine und Felsen beseitigt und überall für die gleiche Tiefe gesorgt, um sie schiffbar zu machen. Der Fluss wurde ins Korsett gezwängt – und das war genau der falsche Weg. Dem Wasser wurde der Platz genommen. So kann ein Fluss immer weniger schwingen, er verlandet, das Wasser verliert seine Lebendigkeit, kann sich nicht mehr reinigen und das Land nicht mehr befruchten.

Genau der falsche Lösungsweg: Durch das Betonieren der Hänge wird das Problem nur verlagert und verschlimmert.

Aber das Wasser lässt sich das nicht gefallen, es wird zornig und bricht aus. Wenn Wasser seine freie Bewegung nicht hat, schafft es sie sich selbst. Da wir ihm den Platz genommen haben, holt es sich den zurück, und zwar mit Gewalt. So kommt es zu den großen Überschwemmungen.

Schau dir ein Tier an, das verhält sich genauso: Wenn ich einen Hund oder eine Katze oder eine Kuh auf engem Raum einsperre und dann ein Tor öffne, durch das es in einen schmalen Gang laufen kann – was wird es tun? Es spaziert dann nicht langsam hindurch und schnüffelt mal hier und mal da, es legt sich nicht mal hier und dort hin und trottet dann ganz zahm weiter. Nein, es stürmt davon, es rast vor Panik, es sucht das Weite, es rennt alles über den Haufen und kann sich sogar selbst tot rennen. Genau das tut das Wasser auch.

Dagegen wird Wasser, das schön über Steine fließt und plätschern darf, nie einen Schaden anrichten. Es gibt in der Natur auch nie einen geraden Fluss oder Bach. Seine Ufervegetation, seine Mäander, seine Steine und Felsen und seine Auslandungsflächen sorgen dafür, dass das Wasser nicht in Panik gerät. Nur wo der Mensch die natürlichen Bewegungsabläufe verhindert, steigt das Wasser über die Ufer und verwüstet Häuser, Keller, ganze Städte.

Ein erstes Modellprojekt: Retentionsräume und Terrassenbau in Ecuador

Betonierungen ganzer Hänge, so wie ich es in Ecuador gesehen habe, sind Symptombehandlungen, die das Problem noch verstärken. Auch hier gilt: Nicht Symptome bekämpfen, sondern Ursachen verstehen und verändern. Um Überschwemmungen vorzubeugen, ist dasselbe zu tun wie bei Trockenheiten, Wüstenbildung und Waldbränden: Der Wasserhaushalt muss in Ordnung gebracht werden. Durch den Aufbau von Retentionsräumen und Wasserlandschaften geben wir zurück, was wir genommen haben: dem Erdkörper das Wasser und dem Wasser die Bewegungsmöglichkeit.

Am natürlichen Bachlauf und an einer Quelle können wir lernen, wie Wasser sich bewegen möchte.

Den Wasserhaushalt in Ordnung bringen, Wasserlandschaften anlegen

Die genannten Beispiele zeigen: Wasser ist das wertvollste Kapital einer Landschaft.

Ohne Wasser nützt dem Bauern auch der beste Boden nichts.

Wer ein Gelände bearbeitet und den Winterregen ablaufen lässt, handelt wie jemand, der immer fleißig Geld in einen Sparstrumpf steckt, aber nicht beachtet, dass dieser unten offen ist.

Bringe ich den Wasserhaushalt in Ordnung, ist schon 70 % der Arbeit getan, denn 70 % der meisten Lebewesen bestehen aus Wasser.

Wasserhaushalt verstehen – am Beispiel der Quelle

Wie ein gesunder Wasserhaushalt in der Natur funktioniert, können wir am Beispiel einer natürlichen Quelle sehen. Wie entsteht eine Quelle?

Wasser fließt immer den Weg des geringsten Widerstandes. Regen und Schneewasser auf einem Berg sickern durch Fels- und Steinschichten hindurch wie durch ein Sieb, weil sie durchlässig sind. Das Wasser sickert so lange nach unten, bis es zu einer dichten Schicht aus Ton und Lehm kommt. Dort staut es sich auf und der Erdkörper füllt sich. Es bilden sich unterirdische Wasserreservoirs – Erdfeuchtigkeit, Sümpfe, Tümpel, sogar ganze Seen in der Erde, wenn sich viel Wasser sammelt und der

Die Generation unserer Väter kannte noch die Kraft des Wassers und vertraute darauf.

Boden darunter dicht ist. Wenn das Reservoir gefüllt ist und sich durch Sedimente und Ausspülungen immer mehr verdichtet, dann kommt das Wasser unter Druck. Es ist der Druck des Wassers, das oben aus den Bergen immer weiter zusickert. Das Wasser will entweichen und sucht sich seinen Weg dort, wo sich keine Lehmschicht gebildet hat. Das ist manchmal erst am Gipfel der Fall. So steigt das Wasser hoch und sprudelt oben hervor, es entsteht eine artesische Quelle. Quellen sind nichts anderes als überschüssiges Wasser aus unterirdischen Wasserreservoiren, das unter Druck gerät, wenn diese voll sind.

Warum aber rinnt eine Quelle weiter, wenn es draußen trocken ist? Wegen des Wasserspeichers im Erdkörper. Ein Erdkörper mit einem Kleid aus Wald oder anderer Vegetation ist als natürliches Wasserreservoir vollgesogen wie ein Schwamm. Millionen von Wurzeln ergeben Milliarden von Tröpfchen. Der Erdkörper gibt das Wasser nach und nach ab, tröpfchenweise, und das noch sehr lange, auch wenn es ringsum nach dem letzten Regen schon trocken geworden ist. So fließt aus dem gesunden Erdkörper immer Wasser nach und die Quelle wird gespeist.

Praxistipp:
Nach Monaten der Trockenheit werden auch die besten Quellen schwächer, die Schüttung geringer. Im Februar und März, vor der Schneeschmelze, ist sie am niedrigsten. Jetzt muss man sie messen, um die Qualität einer Quelle zu bestimmen.

So sieht ein intakter Wasserhaushalt aus. Je konstanter die Schüttung im Jahreslauf ist, je gleichmäßiger sie fließt, umso wertvoller ist eine Quelle: Sie hat den größeren Speicherraum im Erdkörper. Und so wird sich auch eine Wasserlandschaft entwickeln, wenn sie natürlich gestaltet und in Vielfalt bepflanzt wird.

Renaturierung einer Landschaft bedeutet im Kern, dem Erdkörper die natürliche Feuchtigkeit zurückzugeben. Dazu muss ich Wasserretentionsräume anlegen. Das geht überall und ist in jeder Region, jeder Klimazone möglich und sinnvoll. Dann können sich Fauna und Flora üppig entwickeln und ich als Landbesitzer habe den größten Vorteil. Optimal ist es, wenn sich Teiche, natürliche Seen und Gräben zu ganzen Wasserlandschaften zusammenfügen.

Hierzu einige Hinweise, die in weiteren Kapiteln vertieft werden:

- Ein Wasserretentionsraum ist kein Stausee. Man könnte sogar sagen, es ist genau das Gegenteil: Ein Stausee zieht Wasser aus dem Land ab und führt es einer möglichst kleinen Fläche zu. Ein Wasserretentionsraum sorgt dafür, dass das Wasser dezentral auf dem Land bleibt.
- Die Natur hat in den meisten Landschaften Höhenunterschiede angelegt. Sie können die Tief- und Flachzonen eines Wasserretentionsraums bilden. In solchen leicht hügeligen Landschaften müssen keine Löcher gegraben werden, sondern nur mit relativ kleinen Eingriffen an der engsten Stelle Dämme gebaut werden, natürlich in Mäanderform. Dahinter staut sich das zufließende Regenwasser. So bildet sich ein See mit natürlichen Tief- und Flachzonen mit verhältnismäßig geringem Arbeitsaufwand, also geringen Kosten.
- Baue so wie die Natur! Wenn mir jemand sagt: Da hast du einen schönen See gebaut, dann habe ich einen Fehler gemacht. Aber wenn es so aussieht, als sei der See natürlich, als sei er schon immer da gewesen, dann habe ich es richtig gemacht.
- Die Täler gehören dem Wasser, die Straßen und Häuser sollen etwas höher im Hang verlaufen: So vermeide ich Wasserschäden.
- Die Beobachtungen der Bewegungsformen am Bachlauf sollen in die Gestaltung einer Wasserlandschaft einfließen. Ein See soll so ausgeformt sein, dass er die drei Bewegungsformen ermöglicht: Geschwungene Ufer für die Schlangenbewegung, Ausrichtung mit dem Wind für die Wellenbewegungen und Beschattung sowie Flach- und Tiefzonen, damit sich das Wasser durch die verschiedenen Temperaturen dreht. Ohne eine naturgemäße Gestaltung vegetiert das Wasser vor sich hin. Man muss aber dem Wasser das Leben lassen.
- Ein Wasserretentionsraum ist ein System der Vielfalt: Viele verschiedene Tiefen, viele Formen der Bepflanzungen und Terrassen, viele Lebewesen. Je vielfältiger ein System ist, desto stabiler ist es.
- Eine Abdichtung durch Folie oder Beton ist nicht nur überflüssig, sondern unerwünscht. Ich will ja gerade erreichen, dass ein Teil des Wassers in den Boden einsickert und den Wasserhaushalt in Ordnung bringt. Ein Wasserretentionsraum soll gar nicht absolut dicht sein, denn nicht Isolierung und Abdichtung, sondern Verbindung und Austausch gehören zum Wesen des Wassers. Dicht muss nur der Damm sein. (Wie sich dennoch selbst im sandigen Gelände das Wasser sammelt und nicht verschwindet, wird auf den Seiten 72 ff. beschrieben.)
- Bitte keine Experimente im Steilhang. Hier darf wegen der Gefahr von Erdrutschen nur ein geschulter Fachmann (oder Fachfrau) einen Wasserretentionsraum anlegen.
- In einer Wasserlandschaft aus mehreren Retentionsräumen entsteht eine Wechselwirkung: Die Seen helfen sich untereinander und erhalten sich gegenseitig, indem sie unterirdisch miteinander kommunizieren. So wird aus dem ganzen Erdkörper zwischen und unter ihnen ein Wasserspeicher. In einer solchen Wasserlandschaft aus Teichen, Seen und Uferterrassen, aus Gärten und Wäldern gleichen sich die Seen untereinander aus. Das Wasser sickert nicht mehr ganz weg, sondern in die unsichtbaren Seen, in das Wassersystem im Erdkörper. Von dort gleicht es den Wasserstand auch aus, so dass das Absenken im Sommer sich in Grenzen hält. Dann ist der Wasserhaushalt in Ordnung gebracht.
- Entsprechend des Wassers entwickelt sich die Vegetation, denn die Feuchtigkeit ermöglicht es wieder allen Pflanzen, zu wachsen und zu gedeihen. Die Morgentaubildung steigert sich, Fauna und Flora erholen sich. Die Bäume gesunden dann von unten: Wenn das Wurzelsystem wieder in Ordnung ist, dann kann sich der Baum wieder erholen. Wenn die Wasserreservoire im Erdkörper aufgefüllt sind, fangen auch die Quellen wieder an zu rinnen.

Aufbau von Wasserlandschaften in Kooperation mit der Natur: Die Bedeutung von Höhenlinien

Wer einen Teich, einen See oder eine ganze Wasserlandschaft in Kooperation mit der Natur anlegen möchte, sollte vor jeder Planung in der Natur lesen und den Traum der Landschaft erkennen. Wo hat die Natur hier einen Wasserretentionsraum vorgesehen? Wo hilft die Landschaftsformung mit, damit ich als Landbesitzer den geringsten Aufwand und die größte Harmonie habe?

Das anhand einer Geländeausformung zu erkennen, ist eine Frage von Erfahrung. Ich habe das von klein auf ganz spielerisch gelernt. Wenn ich heute als Berater auf ein Gelände komme, schaue ich mich hier und dort um, bis ich schließlich den zukünftigen See, das ganze System, das Paradies aus Wasserlandschaften schon vor meinem inneren Auge sehe. Es ist ja fast schon da, ich muss nur hier und dort noch Absperrungen bauen, hinter denen sich das Wasser sammelt. Den Rest macht die Natur. Durch meine Erfahrung erkenne ich schnell, wo ein Wasserretentionsraum hingehört. Diesen Blick kann aber jeder mit der Zeit lernen. Wer mit dem Wasser verbunden ist, wer es von klein auf kennt, hat sogar das Gespür, im Steilhang einen Teich zu bauen, ohne Schaden anzurichten.

Doch die meisten Menschen haben nicht die Gelegenheit, dies zu sehen. Heute geht es ja ohnehin meistens anders zu, da werden Teiche und Staudämme „nach Plan" gebaut. Der Natur wird also etwas aufgezwungen, die Geologie und der Aufbau des gewachsenen Bodens werden dabei nicht berücksichtigt. Mit großem Aufwand wird Folie eingelegt, betoniert, isoliert – dann ist vielleicht eine Weile Ruhe. Das aber ist letztlich nicht nur teuer und ineffektiv, sondern auf diese Weise sind auch die Katastrophen vorhersehbar – wie etwa bei den Beschneiungsteichen in den Alpen. Gegen die Natur gestautes Wasser kann enormen Schaden anrichten.

Mit der Natur zu arbeiten, ist komplexer, ich muss viel beobachten, hinschauen, wahrnehmen. Doch wer große Seen mit geringem Aufwand bauen will, sollte sich die Zeit nehmen, Feinheiten wahrzunehmen und zu berücksichtigen. Letztlich ist dieser Weg sehr viel effektiver und arbeitssparender.

Ich erkläre im Folgenden die wichtigsten Prinzipien, wie und wo Wasserretentionsräume aufzubauen sind. Es ist wichtig, diese Prinzipien nachzuvollziehen und selbst zu lernen, im Buch der Natur zu lesen. Denn jedes Gelände ist anders. Einen Kilometer weiter kann es ganz andere Verhältnisse geben. Das ist wie in einem Buch, da steht auch auf jeder Seite etwas anderes. Ein festes Rezept, das überall gilt, gibt es daher nicht, aber überall kann ich mit der Natur kommunizieren.

Vor jeder Planerstellung erfasse ich die Grunddaten eines Geländes: die Ausformung, die Geologie, die Bodenverhältnisse. Das Wichtigste ist das Wassereinzugsgebiet. Wie groß ist es? Wie hoch

Beobachtungen am Bachlauf sollen in die Gestaltung mit einfließen.

ist die jährliche Niederschlagsmenge? Wohin fließt es? Wenn ich all diese Daten kenne und mit der Geologie vertraut bin, kann ich abschätzen, wann in etwa der See vollläuft. Dabei muss man wissen, dass nur etwa 30–50 %. des Niederschlagswassers direkt in den Retentionsraum fließen. Der Rest wird vom Erdkörper aufgenommen und sickert im Laufe der Zeit zu.

Die Höhenlinien und Wasserzüge eines Geländes sind ein wertvolles Instrument für die Ausgestaltung und natürliche Abdichtung eines Wasserretentionsraums. Wer sie beachtet, macht sich die Tätigkeit des Wassers zunutze, Material zu sortieren und auf natürliche Weise wasserdichte Schichten aus Feinmaterial zu erzeugen. Mit anderen Worten: Wer Höhenlinien beachtet, spart Beton und Folie.

Wie kommt das? Beobachten wir wieder die Natur. So wie die Erde seit Jahrmillionen gewachsen ist, entstanden die Ausformungen der Landschaft: Berge, Mulden und Senken, Täler, Kessel, Schluchten und schroffe Felsen. Das wurde vermessen und in Höhenlinien- und Schichtenplänen aufgezeichnet. Warum hat die Natur es so geformt? Welche Einwirkungen waren es, dass sich diese Formen gebildet haben? Wie können wir sie nutzen für unsere Arbeit?

Es ist das Wasser, das die Erde so geformt hat. Das Wasser sucht stets den Weg des geringsten Widerstandes, es bohrt und dreht sich immer nach unten. Bei starken Regenfällen nimmt es Material mit sich: Steine, Geröll und Lehm oder Ton. Das grobe Material lässt es zuerst los, das bleibt weiter oben liegen. Je feiner das Material ist, desto weiter wird es mitgenommen. Lehm und Tonpartikel werden von den Höhenzonen ganz nach unten ausgewaschen und sammeln sich dort im Laufe der Jahrmillionen in den Tiefzonen an, die das Wasser dort hineinbohrt. Immer wieder wird Material angeschwemmt, die Tiefzonen und Mulden füllen sich, werden wieder abgeschliffen, überlagert, es entstehen Wälder und es bildet sich Laub und Holz. Das organische Material verrottet, wird zu Humus und darüber lagert sich dann wieder anderes Material. So entstehen Erdschichten, die durch die Witterung und Erosion im Laufe langer Zeiträume weiter bearbeitet werden.

Einer von 16 Wasserretentionsräumen in der Extremadura von Spanien, gefüllt ausschließlich mit Regenwasser

Es ist also das Wasser, das die Landschaft durch seine Bewegung formt. Es füllt sie entlang der Höhenlinien mit Schichten von verschieden feinem Material. Das Wasser sortiert das Material, so wie man es an jedem Strand beobachten kann, von grob bis fein. Damit nimmt es uns viel Arbeit ab, denn die tief gelegenen Schichten, die aus Lehm und Ton bestehen, sind auf natürliche Weise wasserdicht. Sie sind der beste Grund für meinen geplanten See.

Die Schichten aus grobem Material, Sand oder Geröll dagegen sind wasserdurchlässig, hier entstehen die Wasserzüge, die unterirdischen Bewegungsläufe des Wassers.

Wenn ich gelernt habe, in der Landschaft zu lesen, kann ich sehen, wo und wie die Schichtung des Bodens verläuft, wo die Tiefzonen, die Flachzonen und der Damm sein möchten. Berücksichtige ich diesen natürlichen Aufbau, ist ein Abdichten des Seegrundes nicht nötig. Sogar in sandigen Gebieten können Wasserlandschaften entstehen – so wie ich es in der Extremadura in Spanien gezeigt habe. Damals sagten Experten, diese Seen werden niemals voll, das Wasser ginge durch. Das war für mich wieder ein Fall für naturfernes Expertentum: Wohin soll das Wasser denn durchgehen? Zur Erdmitte? Nein, es geht immer nur bis zu der nächsten wasserdichten Schicht, der Tiefzone, die unterhalb der wasserführenden Schicht liegt. Von dort staut es sich auf und füllt im Fall der Extremadura heute die schönste Wasserlandschaft, die man sich vorstellen kann.

Ein Höhenlinienplan sagt mir, wie ich den Höchst- und Niedrigwasserstand eines Wasserretentionsraums ausführen kann, wie hoch ich den Damm bauen muss und wie viel Grund ich überstauen kann. Um sicher zu gehen, wo die richtige Stelle und Tiefe für den Damm ist, muss ich mir auch den Untergrund genau ansehen. Dazu lasse ich vor dem Bau eine Erdbohrung machen. Sie gibt genauen Aufschluss über den geologischen Aufbau des Bodens.

Beobachte ich also die natürlich gewachsenen Zonen einer Landschaft, dann sehe ich vielleicht eine lang gestreckte Mulde. Vorn wird sie immer tiefer, dahinter zieht sie sich vielleicht über mehrere Kilometer hin. Eine solche Geländeausformung ist optimal. Hier habe ich den geringsten Aufwand, ich brauche an der engsten Stelle diese Mulde nur „zuzumachen". So wie man bei einer Koppel das Tor zumacht, damit die Rinder nicht davonlaufen: Dem Gatter entspricht

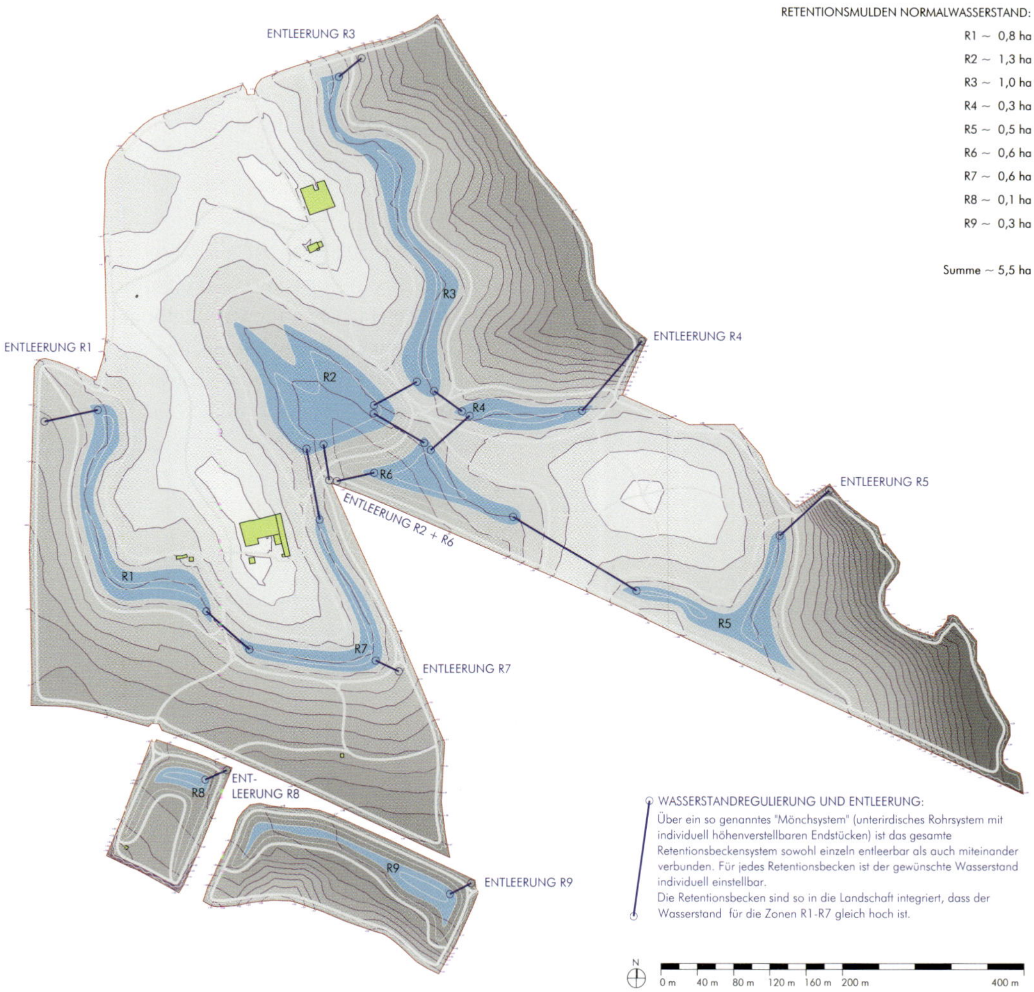

Der Plan vom Obstbaubetrieb Lehmann zeigt, wie anhand der Höhenlinien eine Wasserlandschaft optimal geplant wird. (Grafik von Jens Kalkhof)

der Damm, die Sperrschicht, die ich baue. Wenn ich durch beides – Landschaftsbetrachtung und Erdbohrung – erkannt habe, wo es dicht ist und wo die wasserführende Schicht ist, dann weiß ich auch, wo ich die Sperrschicht einfügen soll. Sperrschicht und Damm haben die Aufgabe, die Wasserzüge im Erdkörper zu unterbrechen. Dazu setze ich die Sperrschicht an der Lehm- oder Tonschicht an und verlängere sie. (Zum Dammbau mehr in der Praxisanleitung, S. 74 ff.)

Wenn ich die Höhenlinien und Wasserzüge aber nicht beachte, wenn ich die Sperrschicht an der falschen Stelle baue, unterspült das Wasser sie und dann hält kein Damm. Wenn ich gegen die Höhenlinien baue, zieht es mir das Wasser aus dem See förmlich heraus.

Landschaftsveränderungen erkennen und mit einbeziehen

Selten finde ich unveränderte und natürlich belassene Landschaften vor. Aber wenn eine Landschaft irgendwann in den vergangenen hundert Jahren vom Menschen stark verändert wurde, braucht es etwas mehr Erfahrung, um in der Natur zu lesen. Dann ist ein Höhenlinienplan wie ein Gemälde von Rembrandt, auf das Picasso ein anderes oben drüber gemalt hat. Da wird jeder erkennen, dass das nicht zusammenpasst.

Auch in der vom Menschen veränderten Natur finde ich solche Widersprüche oft. Dann sehe ich eine Landschaft oder einen Höhenlinienplan und erkenne: Das ist keine Harmonie, das muss in den letzten Jahrzehnten verändert worden sein, durch Abgrabungen, Aufschüttungen, Flurbereinigung. Wenn ich eine ganz flache Wiese sehe, dann schaue ich in die Umgebung und frage mich: Wie ist die Wiese so flach geworden? Es muss Erde weggenommen worden sein und das Material muss irgendwo sein. Wenn es oben fehlt, muss unten eine Wölbung, eine Kuppel sein. Wenn sie nicht da ist, hat jemand Material mit dem Caterpillar plattgeschoben. Das kann schon Jahrzehnte her sein. Wenn aber Material geschoben wurde, wurden Sand, Erde, Lehm und Steine vermischt. Dann habe ich Geröll, und das ist nicht dicht. Solcher Boden ist mit Vorsicht zu genießen.

Für einen Wasserretentionsraum brauche ich den gewachsenen Boden, der sich über Jahrhunderte gebildet hat, wo das Material durch die Kraft des Wassers sortiert wurde, so dass das Grobe liegen bleibt und das Feine immer weiter abgeschwemmt wird und ausflacht – da bekomme ich die natürliche Verdichtung.

Die Kraft des Wassers – Bauernwissen aus dem Lungau

Den Bauern im Lungau war die Eigenschaft des Wassers, Material zu sortieren, schon immer bekannt und sie wussten sie für sich zu nutzen. Ich erinnere mich an den Bau unseres neuen Wirtschaftsgebäudes im Jahre 1952. So ein Stallbau war damals schwere Arbeit. Allein die Vorbereitungen haben vier bis fünf Jahre gedauert; alles musste lange vorher geplant werden. Zum Mauern haben wir feinen Sand gebraucht. Und da es noch keine Straße auf den Berg gab, konnte man ihn nicht anliefern so wie heute. Wir hätten auch gar nicht das Geld dazu gehabt. Man musste ihn selbst erzeugen, so hat man es immer gemacht. Und da man ohnehin viel Arbeit hatte, wusste man die Kraft der Natur zu nutzen, so dass sie einem die Arbeit erleichterte.

Dazu hat der Vater einen ganz kleinen Graben am Berg gehabt, wo das Wasser von der Quelle herunterrann. In diesem Graben hat man Löcher ausgehoben. So entstanden Tümpel, in denen sich das Wasser staute. Der Sand setzte sich am Boden ab, die humose Erde blieb als Schwebestoffe im Wasser. Wenn dann ein starker Regen kam, kam das Wasser mit Wucht vom Berg und spülte die Erde weg. Der Sand aber blieb liegen. So haben wir die Erde weggekriegt und den Sand gewonnen, den wir für die Steine zum Mauern brauchten. Wie an einer Küste oder einem Flussufer wurde das Material vom Wasser separiert: Schotter, gröberer Sand und Feinsand lagen säuberlich hintereinander sortiert. Das Grobe haben wir zum Betonieren verwendet und das Feine zum Mauern.

Nach den stärkeren Regenfällen im Frühjahr und Herbst holten wir den Sand mit dem Ochsenkarren aus den Tümpeln. Ich erinnere mich daran, wie es war, wenn wir beim Essen saßen und ein starker Regen begann, da sind wir sofort aufgestanden, haben das Essen stehen gelassen und die Ochsen eingespannt, um den Sand zu holen. Meine Aufgabe als Bub war es, den Ochsen festzuhalten oder zu führen. Den Sand haben wir gesammelt und aufgeschichtet, über vier oder fünf Jahre hinweg, bis wir das Material für den Stallbau zusammen hatten. Die Erde ist natürlich aufgefangen worden und mit den Pferden wieder hinauf auf die Wiese gebracht worden.

Damals habe ich gemerkt, was das Wasser für eine Kraft hat. Aus dem kleinen Rinnsal wurde, wenn der Vater es am Hang oben aufstaute und einen stärkeren Regen abwartete, eine große Gewalt, die wir lenken und nutzen konnten. Damals wusste man, wie wichtig Wasser ist. Ohne Wasser geht nichts.

Eine Alternative zu den konventionellen Methoden des Talsperrenbaus

Mit gigantischen Staudammprojekten gräbt sich der Mensch weltweit selbst das Wasser ab. Landschaften wird im großen Umfang das Wasser entzogen, die Heimat von Menschen, Tieren und Pflanzen zerstört. Für die gewünschte Stromerzeugung und das Wasser, das nun über weite Strecken transportiert und verkauft werden soll, ist ihm kein Risiko zu groß.

Als ich im März 2011 ins Idagebirge in der Türkei zu einer Beratung eingeladen wurde, saßen wir mit den Projektträgern im Restaurant beim Mittagessen.

In den Fernsehnachrichten berichtete die Sprecherin von einem Vorfall: Ein Mann hatte sich in selbstmörderischer Absicht auf die Schienen der Eisenbahn gelegt, der Zugführer konnte den Zug knapp vor dem Mann auf den Schienen zum Stehen bringen. Als dieser merkte, dass der Zug stehen blieb, sprang er auf und verprügelte den Lokführer. Das sind sonderbare Sitten! Ich musste erst einmal herzlich lachen, dass es so etwas gibt.

Am selben Tag erfuhr ich, dass in diesem Tal, durch das eine geologische Bruchlinie verläuft und wo vor 60 Jahren ein Erdbeben ein ganzes Dorf komplett zerstörte, nun ein Damm für eine riesige Talsperre gebaut werden soll. Das ist, als wolle sich hier die Bevölkerung einer ganzen Region auf eine Eisenbahnschiene legen. Das nächste Erdbeben kommt bestimmt, nur diesmal wird es keinen Zugführer geben, der rechtzeitig eine Notbremsung einleitet.

Nicht nur in Erdbebengebieten sind Staudammprojekte ein Ausdruck menschlicher Dummheit und Zerstörungswut. Dabei gibt es so einfache Alternativen.

Oft werde ich gefragt: Ist ein Wasserretentionsraum nicht dasselbe wie ein Stausee? Meine Antwort ist: Nein, ganz und gar nicht. Eine Wasserlandschaft aus miteinander verbundenen, dezentralen Retentionsbecken sättigt den Erdkörper auf möglichst großer Fläche mit Wasser. Ein Stausee tut genau das Gegenteil: Er zieht das Wasser aus einer großen Fläche ab und konzentriert es auf einer möglichst kleinen.

Stauseen dienen nicht dem Wasserhaushalt, sondern zerstören ihn. Sie dienen der Stromerzeugung und der Bewässerung der Landwirtschaft in teilweise weit entfernten Regionen, indem das Wasser über lange Betonkanäle transportiert wird. So ist zum Beispiel der intensive Anbau von Obst und Gemüse in Südspanien vom Wasser der portugiesischen Stauseen abhängig. In Portugal exportieren sie das Wasser und importieren das Obst und Gemüse. Das ist für mich ein völlig absurder Weg, ein Weg der Abhängigkeit und Selbstzerstörung. Ökologisch und ökonomisch sinnvoller wäre es, wenn die Portugiesen und die Spanier statt zentraler Stauseen dezentrale Wasserlandschaften bauen und an den Ufern Obst und Gemüse in Überfülle wachsen lassen würden.

Ein Stausee ist ein isoliertes System, das sich nicht mit der ihn umgebenden Natur verbindet, sondern ein Fremdkörper bleibt. Er hat keine flachen, bewachsenen, offenen Ufer wie eine Wasserlandschaft und folglich auch keine produktiven und vitalen Überflutungszonen und Uferterrassen, an denen sich eine Fülle von Leben einstellt. Er hat steile und manchmal betonierte Ufer, die in vielen Jahrzehnten nicht grün werden, sondern kahl bleiben.

Ein Staudamm ist nicht nach den Höhenlinien gebaut, sondern nach dem Plan des Ingenieurs. Ein Stausee besteht meistens aus einem möglichst tiefen Becken, in dem das Wasser konzentriert wird, gestaut durch eine gewaltige Betonmauer, ein Fremdkörper in der Landschaft. Sein Abfluss orientiert sich am Bedarf von Wasser oder Strom, nicht an der Jahreszeit oder dem Rhythmus der Natur. Ein Stausee hat keine Tief- und Flachzonen. Sein Wasser wird nicht breit über dem Erdkörper verteilt, so dass es langsam einsickern kann. Fische und Pflanzen finden keine Kleinklimazonen, keine Temperaturunterschiede und deshalb keine für sie passenden Nischen zum Leben.

Ein Stausee ist auch nicht so ausgeformt, dass das Wasser in Bewegung bleibt, sich selbst reinigt und seine Ufer befruchtet. Das Wasser in einem Stausee steht. Durch all diese Eigenschaften zieht ein Stausee das Wasser aus dem Erdkörper heraus. Bei Niedrigwasserstand im Stausee entsteht sogar ein regelrechter Sog, der eine Region von vielen Quadratkilometern austrocknet.

Ich erinnere noch einmal daran, dass der Erdkörper nicht anders funktioniert als jeder Organismus, ein Mensch, ein Tier oder eine Pflanze: Sie alle haben ein weit verzweigtes Aderwerk, das alle Organe versorgt. Wenn ich das Wasser an einer Stelle abziehe und es einer anderen zuleite, dann fehlt es hier und dort habe ich zu viel.

Sehr schädlich für die darunterliegenden Flussläufe ist auch die unnatürliche Abflussregulation der An- und Überläufe in den großen Stauseen und Speicherkraftwerken. Das Problem ist, dass der Abfluss sich nicht am Rhythmus der Natur orientiert, sondern am Strombedarf. Eine größere Wassermasse außerhalb der entsprechenden Jahreszeit wird eine Ufervegetation, die sich auf eine niedrige Wasserführung eingestellt hat, immer wieder wegspülen und zerstören. Auf diese Weise kann die ganze Fauna und Flora unterhalb einer Talsperre vernichtet werden. Von den Kleinstlebewesen bis hin zu Krebsen und Fischen und den Nestern von Vögeln: Alles, was von

Vergleich eines zentralen Stausees mit einer Wasserretentionslandschaft: Der Stausee konzentriert das Wasser und entwässert die Landschaft. Die Wasserlandschaft mit ihren dezentralen Retentionsräumen belässt das Wasser in der Landschaft. Strom produzieren kann man mit beiden Modellen, wenn ein Mindestwasserstand eingehalten wird, ist die Wasserlandschaft viel ökologischer.

Grafik: Henry Baumann

der Ufervegetation lebt und dort Schutz sucht, wird mitgerissen.

Ein natürlicher See reguliert seinen Ablauf im Einklang mit dem Regen. Durch die dem Regen vorausgehende ansteigende Luftfeuchtigkeit ist die Natur darauf vorbereitet, dass eine größere Wassermenge kommt. Wenn ich zu einer Zeit, wo es normalerweise nicht regnet – zum Beispiel wenn alles in Winterruhe ist oder in der Sommerhitze – dem Erdkörper Wasser entziehe, dann leidet das Leben. Aber noch schlimmer wird es, wenn ich eine große Wassermenge unvorbereitet hinunterspüle, nur weil ich Strom brauche.

Stell dir vor, du bist ein Flusskrebs, der weiter unten am Ufer lebt. Es ist Winter, alles ist ganz ruhig, du stehst unter einem Stein und bist ganz auf die Winterruhe eingestellt – und auf einmal kommt das Wasser und spült alles weg.

Das Leben an Bachufern ist sehr wichtig für das gesamte Ökosystem einer Landschaft. Bauern mögen vielleicht denken: Mir gehört es doch sowieso nicht, ich habe nichts davon. Aber die Uferzonen und ihre Lebewesen haben auf das Wachstum ihrer Flächen das ganze Jahr über eine Auswirkung. Denn wenn Fische oder Insekten aussterben, werden Nahrungsketten unterbrochen. Wenn Uferpflanzen aussterben, folgen bald auch die Vögel. Mit dem Verlust der Vielfalt wird die Symbiose der Wechselwirkungen unterbrochen, den Pflanzen fehlen die Nährstoffe und auch die Regulation von Überpopulationen.

Jeder Mensch, ob Stromverbraucher, Bauer oder Betreiber eines E-Werkes, hat die Aufgabe, dazu beizutragen, dass es ganzjährig eine natürliche gleichmäßige Vegetation gibt – und nicht stoßweise die ganze Biologie zerstört wird. Es wäre höchste Zeit, die zentralen Staudämme abzubauen und durch dezentrale kleine und große, miteinander verbundene Retentionsbecken zu ersetzen.

Eine Alternative zum Stausee

Es gibt eine Alternative zum zentralen Stausee. Auch das ablaufende Wasser aus Retentionsbecken kann für die Stromerzeugung genutzt werden. Doch der Ablauf muss so reguliert werden, dass er den natürlichen Gegebenheiten entspricht.

Wie kann das aussehen? Statt eines zentralen Staubeckens kann man auf der ganzen Fläche des Einzugsgebietes mehrere dezentrale Wasserretentionsseen in verschiedenen Höhenlagen einrichten. Diese Retentionsseen sind so ausgeführt, dass bei normalen Niederschlägen die gleiche Menge an Wasser gespeichert wird wie im Stausee. In einer solchen Wasserlandschaft habe ich aber nicht nur den sichtbaren See als gespeicherte Wassermenge, sondern den ganzen darunterliegenden Erdkörper, der sich mit Feuchtigkeit vollsaugt, was die Fruchtbarkeit der umliegenden Ländereien erhöht. Diese Flächen können für landwirtschaftliche und gärtnerische Zwecke genutzt werden, auch die Ufer, Seen und Teiche können mit Fischerei und Wasserpflanzengärtnerei bewirtschaftet werden.

Die verschiedenen Wasserretentionsbecken sind je nach geologischer Situation durch Furten oder durch ein Rohrsystem verbunden, deren Zufluss reguliert werden kann. Am Überlauf des untersten Sees kann eine Turbine mit der gleichen Leistung angebracht werden wie im zentralen Stausee. Wenn jetzt Strom erzeugt werden soll, kann man das Wasser aus allen Seen dem untersten See zufließen lassen, indem die Schleusen oder Rohre entsprechend geöffnet werden. Durch das Absinken des Wasserspiegels in den Retentionsbecken sickert das unterirdisch gespeicherte Wasser aus dem angrenzenden Erdkörper zu. In den Retentionsbecken bleibt aber immer ein Mindestpegelstand bestehen, dieses Wasser gehört der Natur. Nur das zusätzliche Niederschlagswasser darf für die Stromerzeugung genutzt werden. Die Abflusssysteme müssen deshalb oberhalb dieses Mindestpegelstandes angebracht werden.

Die Uferböschungen der Retentionsseen sind sehr flach gestaltet, so dass sie auch starke Niederschläge und ungewöhnlich große Wassermassen aufnehmen können, bis hin zum Katastrophenfall. Die Ufer sind als Freibord ausgeformt – mit sehr flachen Böschungen. Diese Auslandungsflächen können zu fast allen Zeiten landwirtschaftlich genutzt werden, denn sie werden ja nur in Ausnahmefällen, nach außergewöhnlich starken Regenfällen überstaut. Diese gelegentliche Überstauung schadet der Vegetation wenig oder gar nicht, ja, sie kann je nach der Kultur, die ich dort anlege, sogar von Vorteil sein. Auenvegetation oder Reisanbau braucht sogar eine periodische Überflutung. Auch für die Fischereibewirtschaftung ist die Überstauung ein

Vorteil: Hier gedeihen Plankton und andere Wasserlebewesen als Naturfutter für die Fische.

Bei zentralen Stauseen müssen bei Extremniederschlägen die Schleusen geöffnet werden, weil so viel zusätzliches Wasser nicht aufgenommen werden kann. Ein dezentrales System kann im Gegensatz dazu auch ungewöhnlich hohes Niederschlagswasser aufnehmen, über lange Zeit speichern, große Schwankungen abpuffern und dadurch Katastrophen verhindern. Denn alles, was dezentral ist, entspannt sich und mindert die Gefahr. So gelenkt und aufgenommen, schadet Wasser nicht, sondern bringt Nutzen. Die Gesamtspeicherkapazität in der Wasserlandschaft ist größer und für die Erzeugung von Strom steht ein großes Wasservolumen zur Verfügung.

Ein solcher alternativer Stausee schont nicht nur die weiterführenden Bäche und Flüsse: Die gesamte Umgebung profitiert davon, weil sich der gesamte Erdkörper wieder mit Wasser sättigen kann. Dann stellt sich eine gesunde Vegetation ein, dann kommen die Vögel zurück und schließlich die anderen Tiere.

Beispielprojekt Portugal: Wasserlandschaft im Friedensforschungszentrum Tamera

Inmitten einer Landschaft in Südportugal, die sich Jahr für Jahr mehr in eine Wüste verwandelt, entsteht eine ökologische Oase: Das Gelände des Friedensforschungszentrums Tamera und seine wachsende Wasserlandschaft. In Tamera wird an einem Modell für eine ökologisch und sozial nachhaltige Lebensweise gearbeitet; überdies dient das Zentrum als internationale Experimentier- und Ausbildungsbildungsstätte. Auf den Uferterrassen der Seen und Teiche gedeihen Sonnenblumen; Mais, Gemüse und vielerlei Früchte wachsen. Der Wind und die Ausformung der Retentionsräume sorgen für stetige Wellenbewegung. Verschiedene Fischarten sowie Wasservögel und sogar einige Fischotter haben hier eine neue Heimat gefunden. Für viele Besucher sieht es so aus, als seien die Seen schon immer hier gewesen. Doch vor wenigen Jahren noch drohte dieses Tal in der Hitze zu verdorren und die letzten Bäume zu sterben.

Ein Teil der Wasserlandschaft von Tamera (Foto: Simon du Vinage)

Tamera lud mich im März 2007 zu einer Beratung ein. Die Frage war: Kann in einer trockenen Landschaft wie Südportugal auf einer Fläche von 150 ha ein Modell für eine Produktion von gesunden Lebensmitteln für 300 Menschen aufgebaut werden? Um es vorweg zu nehmen, meine Antwort war: Ja, mit Leichtigkeit. Ein solch schönes und fruchtbares Land sollte sogar mehr Lebensmittel produzieren können, als die Bewohner brauchen, so dass sie den Überfluss verkaufen oder den wilden Tieren lassen können.

Ich sah sofort: Die sommerliche Trockenheit, unter der Südportugal leidet, ist kein Naturphänomen, sondern ein Ergebnis falscher Bewirtschaftung, und zwar seit Jahrzehnten, wenn nicht seit Jahrhunderten. Die jährliche Niederschlagsmenge ist kaum niedriger als die in Deutschland oder Österreich, nur fällt fast der ganze Regen im Winter.

Gleich nach meiner Ankunft ging ich mit einer Gruppe von etwa 30 Leuten die ganze Fläche ab, alle wichtigen Entscheidungsträger waren dabei. Beim Gehen habe ich meine Beratungsvorschläge geäußert. Das Allerwichtigste war das Wasser. Tamera war staubtrocken. Das Wasser floss den Bach hinunter, das heißt, wenn überhaupt welches floss, und das geschah nur, wenn es regnete. Ansonsten war der Bach trocken, und rundherum war es braun. Der Wald auf den umliegenden Hügeln war schwer krank. Aber nicht nur in Tamera, sondern schon auf der Fahrt hierher hatte ich den Wald in einem extrem schlechten Zustand gesehen, ob Korkeichen, Steineichen oder Pinien. Ich bezog den Zustand des Waldes in Tamera und in der Nachbarschaft mit in die Beratung ein. Die Agrarsteppen in Portugal, die Monokulturen und auch die Tierhaltung berücksichtigte ich. Meine Idee war sofort, dass die Friedensgemeinschaft Tamera ein Beispielprojekt, ein Pilotprojekt, errichten sollte. Sie musste der Nachbarschaft und dem ganzen Land ein Beispiel geben und eine Alternative gegenüberstellen. Aber dazu musste sie größere Schritte tun.

Anfangs wurden meine Vorschläge als etwas zu weitgehend aufgefasst. Es gab einige Diskussionen, ein Für und Wider. Ich schlug ihnen dann vor, in der Natur zu lesen. Mit den Pflanzen und Tieren zu kommunizieren. Sie sollten versuchen, sich in ihr Gegenüber hineinzuversetzen. Denn in Tamera als einer Friedensforschungsgemeinschaft soll ja alles stimmig sein: Einheit mit den Tieren, mit den Pflanzen, mit Erde, Wasser, Luft, mit allen Elementen. Das habe ich immer wieder gesagt. Und schließlich wurde auch eine Übereinstimmung erreicht, so dass man mit den Arbeiten beginnen konnte.

Mein Vorschlag sah ganz grob so aus: Gleich am Anfang, wo sich der Eingang des Geländes befand, ging die Straße mitten durch das Dorf. Es war die tiefste Stelle des Geländes und die Straße war eine öffentliche Gemeindestraße mit Lehm- und Erdbedeckung. Wenn da ein Auto durchfuhr, gab es fast das ganze Jahr über große Staubwolken. Nur in der Regenzeit nicht, denn dann war dort so viel Matsch, dass man kaum durchkam. Eine öffentliche Straße

Auf dem „Damm“ des See 1 (Foto: Simon du Vinage)

An den Ufern der Wasserlandschaft gedeiht ganzjährig Gemüse, da das Wasser den Boden sättigt. (Foto: Simon du Vinage)

zu verlegen, ist natürlich nicht so leicht. Aber wo ein Wille ist, ist auch ein Weg. Diesen Zustand, dass Wege und Straßen immer durch die Talsohle geführt werden, habe ich in ganz Europa festgestellt, und gleich daneben werden die Häuser gebaut. Wenn dann in der kurzen Regenzeit die starken Niederschläge kommen, gibt es Hochwasserschäden an Straßen und Häusern. Straßen müssen dagegen auf die Hügel und Hänge, denn die Täler gehören dem Wasser; und wenn wir sie ihm nehmen, dann

Vor dem Seebau

holt es sie sich zurück – durch Fluten, Wasserschäden und Schlammschäden.

Es zogen dann alle an einem Strang und halfen mit, man bezog den Bürgermeister der Gemeinde mit ein und der Bau wurde in einer Sondersitzung vorläufig genehmigt, so dass wir beginnen konnten. Die Gemeindestraße verlegten wir oben in den Wald. Es gab einige Bedenken, denn die Bäume waren alle geschützt, es waren Korkeichen. Auch wenn sie schon fast tot waren, wie jeder es sehen konnte – aber so sind die Gesetze: Sie verhindern manchmal größere heilende Eingriffe, um etwas zu schützen, was gar nicht mehr zu retten ist. Doch einige einsichtige Beamte aus dem Naturschutz und vom Distrikt verstanden unser Vorgehen. Allerdings wurde nicht gleich alles bewilligt, da es ja in der Region keine entsprechenden Erfahrungen gab. Aber man hat die Arbeiten toleriert und so verlegten wir die Straße auf den Nordhang, damit man unten den See bauen konnte.

Mein Vorschlag war also, einen Naturdamm mit einer Sperrschicht zu bauen, beginnend gleich beim Eingang. Dahinter kann sich das Niederschlagswasser stauen. Tamera hat ein großes Wassereinzugsgebiet von mehreren hundert Hektar und 500–600 mm Niederschlag im Jahr. Ein Mitarbeiter stellt heute Besuchern oft die schöne Rechenaufgabe: Wenn man den jährlichen Regen auf dem Gelände von Tamera in Container von einem Kubikmeter füllen würde und diese hintereinander aufstellt,

Während des Baus

wie weit würde die Kette von Containern reichen? Bis ins Nachbardorf 5 km weiter? Bis in die nächste Kreisstadt Odemira? Oder etwa quer über die ganze Iberische Halbinsel bis nach Barcelona? Das Letzte ist richtig.

Man kann sich also vorstellen, was für Wassermengen hier ankommen. Von einem trockenen Land kann gar keine Rede sein. Ich war sicher, dass der See hier schnell voll werden wird. Und nicht nur der erste See, sondern mehrere. Das war mein Vorschlag von Anfang an: Eine Wasserlandschaft von mindestens zehn Retentionsbecken und Seen zu bauen. Das Wichtigste ist in diesen Trockengebieten, sie vor der Verwüstung zu schützen und ausreichend Retentionsräume für die Niederschlagswasser zu schaffen. Dazu wird die natürliche Geländeausformung nicht verändert. Die Seen werden nicht extra ausgebaggert, der Naturboden wird nur überstaut. Durch die gegebene Geländeausformung entstehen natürliche Retentionsbecken, den Höhenlinien entsprechend, die das Niederschlagswasser aufnehmen können. Auf diese Weise spart man Baukosten, arbeitet mit der Natur und zwingt ihr nicht an unpassenden Stellen Tümpel auf.

Für den ersten See wurde in der engsten und tiefsten Stelle eines Tals ein Damm aufgebaut, in geschwungener Form, der Landschaft angepasst. Dazu wurde in einer Tiefe von 5 m ein Graben ausgehoben und eine dichte Lehmschicht eingearbeitet: die Sperrschicht, die absolut dicht sein musste. An den Seiten reichte dieser Kern ebenfalls in die Hänge hinein und wurde anschließend von beiden Seiten mit Erde angeschüttet. Die spätere Hangneigung sollte nicht steiler als 1:2 sein, nur dann begrünt sie sich. Die Böschung wurde bepflanzt.

Der fertige See

Gesunde Pfirsiche an Uferterrassen – in Tamera wurden mehrere tausend Obstbäume gepflanzt.

Das Material für den Damm wurde aus dem Bereich des zukünftigen Sees entnommen. Durch den Aushub an einer Stelle entstand im späteren See eine Tiefzone, im Fall des „See 1" von Tamera ist sie 12,5 m tief. Die hier ausgehobenen Bodenschichten durften nicht vermischt werden, sondern wurden gleich beim Ausbaggern separiert: Für die Sperrschicht brauchte man das Material aus der Lehmschicht. Humus sollte nicht in den Damm. Er wurde später für die Anbauflächen verwendet.

Die Arbeiten für den ersten See waren im Herbst 2007 abgeschlossen. Der Winter- und Frühjahrsregen staute sich hinter dem Damm auf dem gewachsenen Boden. Zunächst versickerte das Wasser im Boden und füllte die unsichtbaren Reservoirs im Erdkörper. Obwohl zwei extrem trockene Winter folgten, bildete sich bereits der See und bedeckte nach und nach die Landschaft. Eine weitere Abdichtung war – trotz porösen Schieferbodens – nicht nötig.

Dem „See 1" von mehreren Hektar folgten in den nächsten Jahren weitere dezentral angelegte Wasserretentionsräume. Nach meiner Meinung sollte diese Arbeit viel schneller getan werden, denn erst wenn die ganze Wasserlandschaft fertig ist, hebt sich der Grundwasserspiegel, so dass sich die angrenzenden Grundflächen wieder regenerieren können. In diesem flachen Hügelland besteht sowieso keine Gefahr von Rutschungen oder Muren.

Inzwischen gedeihen die gepflanzten Obstbäume auf den Terrassen prächtig, ebenso wie die Beerensträucher und darunter wächst verschiedenstes Gemüse und Salat. Auf den teilweise 18 Meter breiten Terrassen mit Wegen wird sich ein wunderbarer essbarer Laubmischwald entwickeln. Man kann solche Terrassen gärtnerisch nutzen oder auch als Wanderweg, als Grünanlage, als Reitweg. An der talseitigen Böschung kann man auch schöne Laubentunnel wachsen lassen, so dass man mit Maschinen und Wagen hindurchfahren kann, um sie zu beernten. Das ist ohne Weiteres möglich, wenn man die Bäume oben nicht schneidet, sondern wachsen lässt und nur reguliert, wenn es notwendig ist. Dann hat

Wenn das Wasser da ist, stellt sich die Artenvielfalt schnell wieder ein (Fotos: Simon du Vinage)

man bei der enormen Sommerhitze mit zum Teil über 40 Grad ein geschütztes Kleinklima mit einem geschlossenen Windtunnel, wodurch unten ideale Bedingungen für den Gemüse- und auch Heilkräuteranbau entstehen. So lassen sich die Terrassen um den See herum traumhaft gestalten und nutzen.

Es ist ja ganz logisch, dass der Anbau auf den Terrassen vom See profitiert: die Sonnenabstrahlung, die Wassersättigung des Erdkörpers, der erhöhte Morgentau und die Luftfeuchtigkeit wirken sich sehr positiv auf das Pflanzenwachstum aus. In den intensiven Gemüsekulturen, die man im Sommer trotz allem bewässern muss, geschieht dies mit Tropfschläuchen und Gräben, das Wasser wird gleich aus dem See gepumpt.

Beim ersten Rundgang habe ich auch bereits darauf aufmerksam gemacht, dass die Wasserflächen selbst hochproduktive Wirtschaftsflächen sein können. Wasserflächen können wertvoller sein als Ackergrund. Man kann sie für Fischerei, Wasserpflanzengärtnerei, biologische Geflügelhaltung, Haltung von Wasserbüffeln, aber auch für sanften Tourismus und sportliche Aktivitäten nutzen. Für die vegan lebende Gemeinschaft von Tamera kommt die Fischerei zwar nicht in Betracht, trotzdem wurden Fische, Enten und Gänse eingesetzt, um das Biotop zu bereichern. Hier sammelten die Betreiber auch einige Erfahrungen, wie man es nicht machen sollte – anfangs wurde das Geflügel zu wenig vor verwilderten Hunden geschützt. Doch Fehler sind wertvoll, wenn man daraus lernt.

Wie man heute sieht, sind die Seen bereits unverzichtbar. Man kann sich kaum noch vorstellen, wie Tamera ohne die Seen und Teiche wäre, wenn immer noch diese Staubstraße an der tiefsten Stelle verlaufen würde. Dabei ist erst der Anfang von dem realisiert, was wir vorhaben. Geplant ist eine Wasserlandschaft, die alle zur Verfügung stehenden Retentionsräume nutzt, Regenwasser zu speichern. Das heißt, dass auf der gesamten Fläche von 150 ha ca. 10–15 kleinere und größere Seen mit einer Gesamtfläche von 25–30 ha Wasserfläche vorgesehen sind. Damit entsteht ein Gesamtsystem, das alles verbindet: die Wasserfläche, die Terrassen rundherum, eine Versorgung mit frischem Trinkwasser.

Ich bin regelmäßig in Tamera, gebe Seminare und Ausbildungen in Holzer'scher Permakultur. Es kommen Menschen aus vielen Ländern, die lernen wollen, wie man mit der Natur und unter Menschen in Frieden lebt. So lernten zum Beispiel Bewohner von Favelas aus Sao Paulo und Slums aus Kenia, wie man auch auf Müllplätzen seine eigene Nahrung anbauen kann. Dieses Wissen ist sehr wertvoll.

Auch das Interesse aus Portugal selbst ist enorm: Die Führungen durch die entstandene Wasserlandschaft, die mehrmals im Jahr stattfinden, sind immer ausgebucht. Wenn nur die Arbeit etwas schneller vorangehen würde, wäre ein Ort wie Tamera ein Beispiel für die Modelle, die in jeder Region entstehen sollten: Damit die Menschen wieder lernen, mit der Natur zu kooperieren.

Einladung und Aufruf zur Mitarbeit

Das Ökologie-Team von Tamera möchte, dass die Arbeit von Sepp Holzer bekannt wird und viele Menschen – Ingenieure, Landwirte, aber auch Laien – lernen und verstehen können, dass das Land zu heilen ist. Schon seit einigen Jahren gibt es mehrmals im Jahr einen Offenen Tag mit Führungen durch die Wasserlandschaft und der Möglichkeit, Fragen zu stellen. Dieser Tag wird von Interessenten, Fachleuten und Familien aus

ganz Portugal genutzt, um Tamera und seine Projekte kennenzulernen. Zur Vertiefung finden Seminare statt sowie eine Ausbildung im Rahmen des „Globalen Campus" mit Sepp Holzer und dem Ökologie-Team von Tamera.
In Tamera soll ein Institut für Holzer'sche Permakultur entstehen. Das große Interesse an dem Land zeigt uns, wie sehr dies gewünscht ist. Gemeinsam mit engagierten Naturschützern, Spezialisten und Praktikern könnte jetzt ein Kraftschluss geschehen – ein Bündnis für die Renaturierung des Landes. Nur gemeinsam können wir die Wüstenbildung aufhalten und das Land wieder grün machen.
Möge es gelingen!

Silke Paulick (Ökologie-Team von Tamera)

Andalusien – von der Spinne lernen

Im Südwesten Spaniens erstrecken sich Obstbaubetriebe bis an den Horizont. Avocados, Orangen, Granatäpfel, Oliven und andere Südfrüchte gedeihen unter der spanischen Sonne, auf dem fruchtbaren Boden und bei dem reichen Niederschlag bestens. So war es jedenfalls so lange, bis auch hier der Virus der Gier und der Übernutzung sein Zerstörungswerk begann: Die Folgen von industriellem Anbau, Überdüngung, falscher Bewässerung und Monokulturen haben den Boden verarmen lassen und machen den

Friedrich Lehmann in seiner Avocado-Plantage

Anbau immer weniger wirtschaftlich. Viele Besitzer geben auf oder kämpfen ums wirtschaftliche Überleben.

Das ist für mich nicht verwunderlich, wenn ich sehe, wie wenig die konventionellen Betriebe in der Lage sind, die Geschenke der Natur zu lenken und zu nutzen. So wird der Segen zum Fluch. Diese Region hat über 1.000 mm Niederschlag pro Jahr, der ausschließlich im Winter fällt. Wenn ich allerdings nicht in der Lage bin, das Wasser sinnvoll zu nutzen und zu speichern, wird es zum Problem. Es sorgt für Staunässe oder fließt ab und wäscht den Boden aus.

Bild links:
Planungszeichnung der Wasserlandschaft auf dem Betrieb Lehmann.
Der Normalwasserstand ist mittelblau, Tiefwasserstand dunkelblau markiert.
(Zeichnung: Jens Kalkhof)

Bild gegenüber:
Schnittzeichnung der Wasserlandschaft beim Betrieb Lehmann
(Zeichnung: Jens Kalkhof)

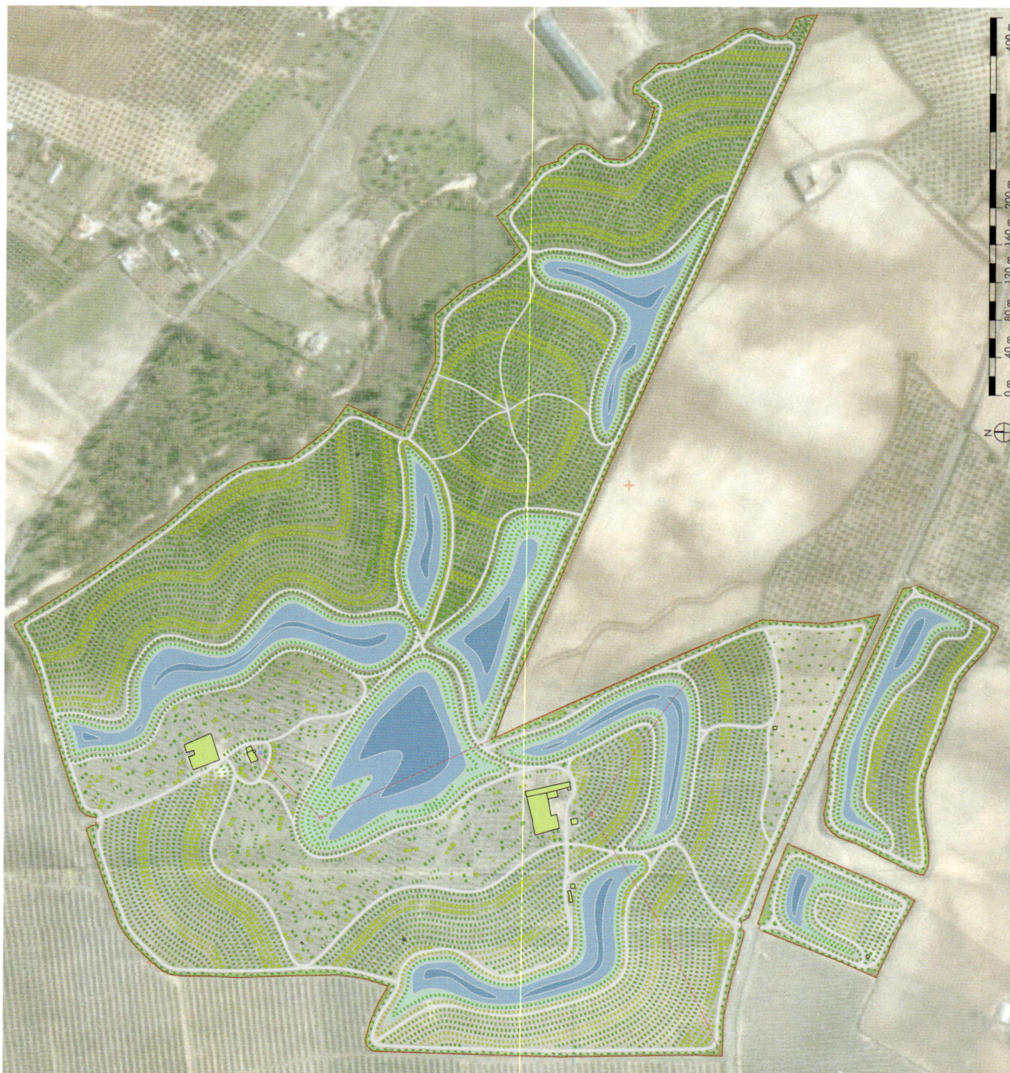

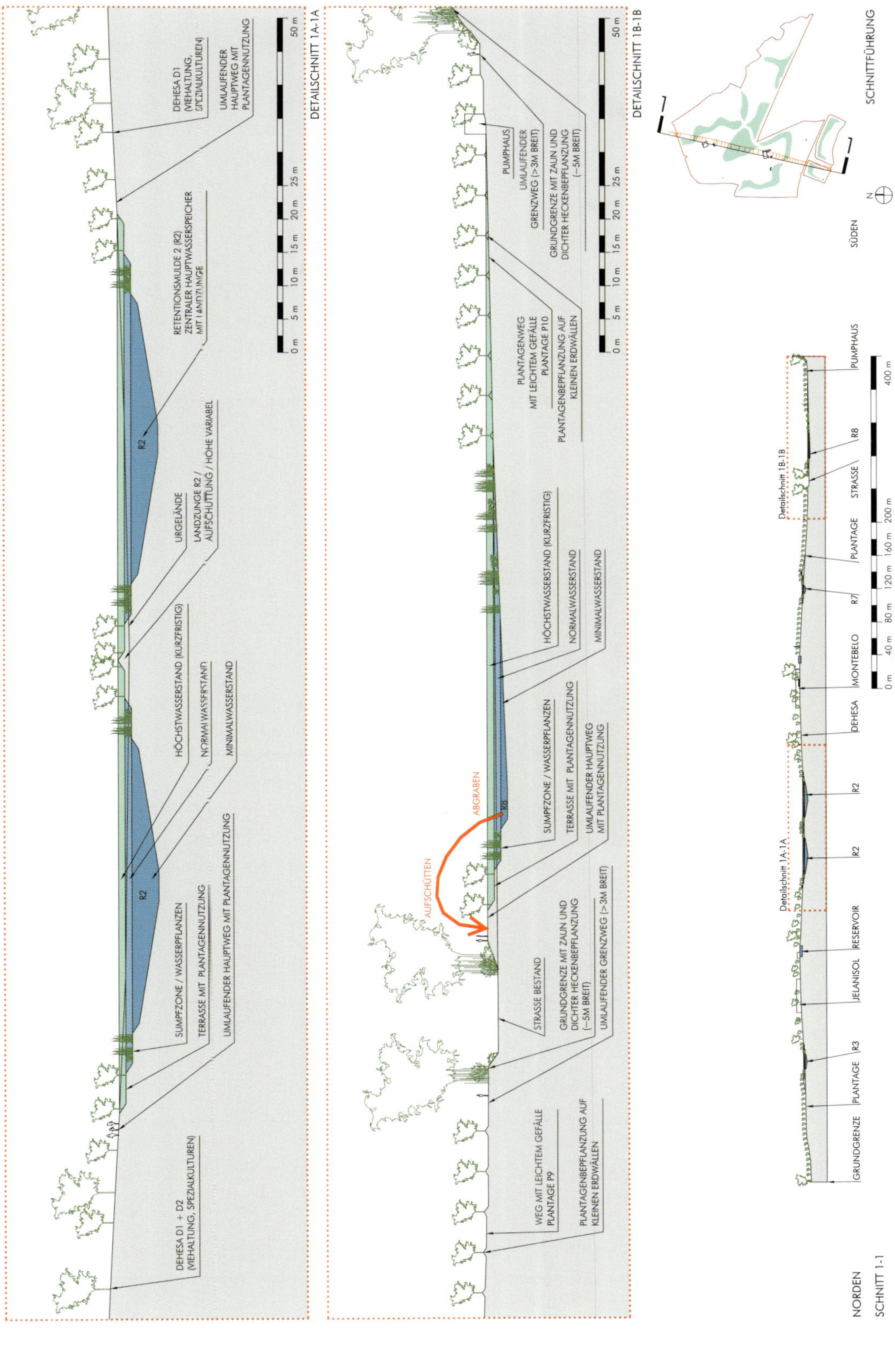
DETAILSCHNITT 1A-1A
0 m 5 m 10 m 15 m 20 m 25 m 50 m
DEHESA D1 (VIEHALTUNG, SPEZIALKULTUREN)
UMLAUFENDER HAUPTWEG MIT PLANTAGENNUTZUNG
RETENTIONSMULDE 2 (R2) ZENTRALER HAUPTWASSERSPEICHER MIT LANDZUNGE
R2
URGELÄNDE
LANDZUNGE R2 / AUFSCHÜTTUNG / HÖHE VARIABEL
HÖCHSTWASSERSTAND (KURZFRISTIG)
NORMALWASSERSTAND
MINIMALWASSERSTAND
SUMPFZONE / WASSERPFLANZEN
TERRASSE MIT PLANTAGENNUTZUNG
UMLAUFENDER HAUPTWEG MIT PLANTAGENNUTZUNG
DEHESA D1 + D2 (VIEHALTUNG, SPEZIALKULTUREN)
DETAILSCHNITT 1B-1B
PUMPHAUS
UMLAUFENDER GRENZWEG (>3M BREIT)
GRUNDGRENZE MIT ZAUN UND DICHTER HECKENBEPFLANZUNG (~5M BREIT)
PLANTAGENWEG MIT LEICHTEM GEFÄLLE PLANTAGE P10
PLANTAGENBEPFLANZUNG AUF KLEINEN ERDWÄLLEN
HÖCHSTWASSERSTAND (KURZFRISTIG)
NORMALWASSERSTAND
MINIMALWASSERSTAND
ABGRABEN
R8
AUFSCHÜTTEN
SUMPFZONE / WASSERPFLANZEN
TERRASSE MIT PLANTAGENNUTZUNG
UMLAUFENDER HAUPTWEG MIT PLANTAGENNUTZUNG
STRASSE BESTAND
GRUNDGRENZE MIT ZAUN UND DICHTER HECKENBEPFLANZUNG (~5M BREIT)
UMLAUFENDER GRENZWEG (>3M BREIT)
WEG MIT LEICHTEM GEFÄLLE PLANTAGE P9
PLANTAGENBEPFLANZUNG AUF KLEINEN ERDWÄLLEN
SCHNITTFÜHRUNG
SÜDEN
N
PUMPHAUS
R8
STRASSE
Detailschnitt 1B-1B
PLANTAGE
R7
MONTEBELO
DEHESA
R2
R2
Detailschnitt 1A-1A
RESERVOIR
JELANISOL
R3
PLANTAGE
GRUNDGRENZE
0 m 40 m 80 m 120 m 160 m 200 m 400 m
NORDEN
SCHNITT 1-1

Auf den Hängen fehlt dann der Humus und damit die Nährstoffe. Um sie zu ersetzen, wird massiv mit Agrargiften gedüngt. Im Sommer aber trocknet der Boden komplett aus, so dass aus den portugiesischen Staudämmen für viel Geld Wasser angeliefert werden muss.

2009 habe ich die erste Beratung bei der Firma Lehmann gemacht. Der biologisch-organische Obstbaubetrieb hat 47 ha mit 20.000 Obstbäumen: hauptsächlich Orangen, Avocados und Granatäpfel. Auf Experimentierflächen gedeihen auch Lychees, Mangos und Papayas. Der Besitzer Friedrich Lehmann hat mehrere Betriebe in verschiedenen Ländern und betreibt einen globalen Handel mit Bioobst. Diese Finca aber produzierte seit 20 Jahren rote Zahlen und es war klar, dass sich etwas ändern musste, ansonsten würde er den Betrieb abstoßen.

Aufgeplatzte Früchte sind ein Zeichen für einen schlechten Wasserhaushalt.

Er lernte mich dann auf einem Vortrag kennen und lud mich ein. Nachdem wir zwei Tage lang den ganzen Betrieb bis ins Detail besichtigt und besprochen hatten, machte ich ihm Vorschläge für die Umgestaltung.

Was ich dort gesehen hatte, verwunderte mich sehr. Aus meiner Sicht boten die sanfte Hügellandschaft und ihr vielfältiges Kleinklima beste Voraussetzungen für eine Produktion von besten und gesunden Lebensmitteln. Aber die komplette Anlage war falsch gebaut. Beim Wegenetz und den Plantagen hatte man sich nur um die maschinelle Bearbeitbarkeit gekümmert und die Witterungsverhältnisse, die geologischen Gegebenheiten und die Geländeausformung völlig ignoriert. Die Pflanzbeete und Terrassen waren entgegen der Höhenlinien angelegt, sie führten also von oben nach unten. So konnte das Wasser des Winterregens nicht einsickern, sondern floss ab und wusch dabei den Boden aus: Die Erosion wurde also noch gefördert. Statt oben am Hang die Bäume zu ernähren, lag der Humus unten meterhoch in den Bächen wie Abfall und düngte das Spanische Rohr, das an den tiefsten Stellen wie Unkraut wuchs.

Die Zäune um das Gelände boten keinen ausreichenden Wind- oder Frostschutz. Hecken gab es fast nirgendwo, so trocknete der heiße Südwind im Sommer die Pflanzen und den Boden aus. Auch vor Frost, der hier manchmal im Winter auftritt, gab es keinen Schutz. Die großen Abstände der Bäume und ihre Ausrichtung führten dazu, dass jeder Baum dem Klima einzeln standhalten musste. Dieser Stress war ihnen anzusehen. Die Obstbäume in den Hanglagen kümmerten im Wuchs. Es gab sowohl Trockenschäden als auch Frostschäden. Aufgeplatzte Zitrusfrüchte deuteten auf einen gestörten Wasserhaushalt. Blätter aller Obstarten waren zudem stark mit Mehltau befallen, der durch die ständige Nebelfeuchtigkeit der Sprühberegnung in 50 cm Höhe entstand. Eine solche Beregnung ist auch wirtschaftlich sehr ineffektiv, denn nur ein Teil des Wassers landet wirklich bei der Wurzel.

Ich hatte Bedenken, dem Besitzer Friedrich Lehmann all diese Fehler aufzuzählen. Hier war ja so gut wie gar nichts richtig: die Düngung, das Schneiden der Bäume, die Ausrichtung der Wege und Beete, die Bewässerung. Aber ich habe mich dazu entschlossen, es ihm so zu sagen, wie ich es festgestellt hatte, ohne auf etwaige negative Reaktionen von ihm Rücksicht zu nehmen. Ich stieg mit ihm auf das Dach des Verwaltungsgebäudes und bat ihn, sich ein Spinnennetz vorzustellen, das sich auf die 50 ha seines Grundstückes erstreckt. Sein Wirtschaftsgebäude wäre in der Mitte, die Querfäden verliefen rundherum. Wenn er sich dieses Netz vorstellt und seine Terrassen genauso anlegt, dann sind sie aus meiner Sicht richtig angelegt: nämlich genau nach den Höhenlinien und nicht dagegen. Nur so kann das Niederschlagswasser auf den leicht talseits geneigten Terrassen in den Erdkörper einsickern. So kann sich Humus bilden und Biomasse ablagern und die gesamte Fläche ist vor Erosion ge-

Der erste Retentionsraum ist angelegt, aber noch nicht gefüllt.

schützt. Solche Terrassen mit den Höhenlinien ermöglichen auch ein leichteres Bewirtschaften, weil man keine großen Steigungen überwinden muss.

Entsprechend den Geländeneigungen, so sagte ich ihm, sollten in den Senken und Tiefzonen Wasserretentionsräume entstehen, die das abfließende Regenwasser sammeln, das von dort in den Erdkörper sickert und den Wasserhaushalt und die Bodenfeuchtigkeit regeneriert. Durch eine andere Ausrichtung der Bäume, eine Pflanzung „auf Lücke", durch eine Einfriedungshecke, durch größere Vielfalt sowie ein geeignetes Mulchsystem durch Pflanzgemeinschaften würde der Wind gebremst werden und die Pflanzen könnten sich gegenseitig schützen und beschatten. Frostempfindliche Obstsorten wie Mango und Papaya könnten vor der Morgensonne geschützt werden – die wichtigste Maßnahme gegen Frostschäden. Es entstünde eine Art Waldklima, in dem die Bäume sich wohlfühlen und ihr Stress ein Ende hat.

Bei all meiner Kritik dachte ich, jetzt wird er mich wohl mehr oder weniger freundlich hinauswerfen. Doch entgegen meiner Erwartung oder Befürchtung reagierte er spontan positiv. „Sepp, das ist bei mir angekommen", sagte er immer wieder. Was ich sagte, klinge für ihn verständlich, natürlich und logisch, und er sei mir sehr dankbar, dass ich das so in aller Deutlichkeit gesagt habe.

Herr Lehmann hat in der Zwischenzeit auch die Projekte in der Extremadura und Tamera in Portugal besucht, wo er sich davon überzeugen konnte, dass meine Arbeit auch im großen Umfang funktionieren kann. Sein Wunsch war jetzt: Wir sollten möglichst bald mit dem Projekt beginnen.

Die ersten Arbeiten wurden gleich in Angriff genommen: der erste Retentionssee angelegt, Terrassen und Hügelbeete gebaut, Neupflanzungen vorgenommen, Windschutzhecken gepflanzt, ein alter Brunnen wieder aktiviert, die Bewässerung umgestellt und Mischsaaten von Getreide und Leguminosen eingesät, um den Boden vor der Auswaschung durch den bevorstehenden Winterregen zu schützen. Nach Fertigstellung des ersten Bauabschnittes besuchte ich ihn.

Voller Stolz und Begeisterung zeigte Friedrich Lehmann mir zusammen mit seiner Frau und seinem Verwalter den Erfolg, der schon durch die ersten Maßnahmen zu sehen war: Er hatte die Sprenklerberegnung abmontiert und durch eine Bewässerung mit auf dem Boden liegendem Tropfschlauch

Wenn wie hier die Terrassen parallel zur Hangneigung verlaufen, wird das abfließende Regenwasser nicht gebremst. Es fließt sehr rasch bergabwärts und reißt die Humuserde mit sich. Diese fehlt auf den Plantagen und sammelt sich in den Tälern. Durch ihre Fruchtbarkeit wächst hier reichlich und ungenutzt das Spanische Rohr (auch Riesenschilf genannt – Arundo donax).

ersetzt. Er hatte jegliche Düngung unterlassen und stattdessen mein Mulchsystem mit Mischsaaten eingeführt. Zwischen den Obstreihen wachsen jetzt so viele Wurzelgemüse, die den Humusaufbau unterstützen und das Bodenleben aktivieren, dass der Verkauf von Gemüse ein eigener Produktionszweig werden könnte. Aber sie können auch einfach untergepflügt werden und sind bestes Futter für die Kleinstlebewesen, die die Fruchtbarkeit erhöhen. Nicht nur Dünger, sondern auch jegliche Pflanzenschutzmittel wurden weggelassen. Ich war selbst verwundert, dass sich innerhalb der kurzen Zeit die zum Teil sehr kranken Bäume so gut erholt hatten. Das war feststellbar an den gesunden Terminaltrieben und am üppigen Ertrag gesunder Früchte, besonders bei den Avocados und Orangen. Mehltau gab es überhaupt nicht mehr. Auch ökonomisch ist die Umstellung der Bewässerung ein Vorteil: Schon jetzt, in der Übergangsphase, spart der Betrieb über 30 % der Wassermenge der Bewässerung ein.

Friedrich Lehmann erzählte mir, dass der Berater der Organischen Landwirtschaft ihn aufgesucht hatte und wie immer die Bestellungen für biologische Spritz- und Düngemittel aufnehmen wollte. Sie gingen die ganze Liste durch und immer hieß es: Das nicht und dies auch nicht, das verwende er alles nicht mehr, er arbeite jetzt mit der Holzer'schen Methode. „Und schauen Sie meine Kulturen an, wie gut sie aussehen!" Daraufhin packte der Berater seine Listen wieder ein und sie gingen gemeinsam zum Mittagessen.

Das Gesamtprojekt wird schrittweise umgestaltet, die nächsten Baumaßnahmen sind in Planung. Die Familie Lehmann und der Verwalter sind von den ersten Ergebnissen des Umbaus begeistert und werden die Arbeit auf dem gesamten Betrieb und auch auf die anderen Betriebe ausweiten und verstärkt umsetzen. Es gibt bereits Ideen und Pläne, die Liegenschaft vielseitig zu nutzen: Sanfter Tourismus in der Wasserlandschaft, kombinierte Tierhaltung, vielleicht sogar der Aufbau eines Lehr- und Schulbetriebes für symbiotische Landwirtschaft sind Stichworte dazu. All das bedeutet eine enorme Aufwertung der Immobilie – und das bei einem Besitz, der fast abgestoßen worden wäre. Es ist für mich eine große Freude, so eine positive Resonanz bei so einem großen Besitz mitten unter konventionellen Obstbaubetrieben in Spanien zu erfahren.

Rückveredelung auf Wildfruchtbäume – am Beispiel der Avocado

Eine besondere Beobachtung konnten wir bei den Avocados machen: Am Rande der normalen Plantagen hatten sich einige Wildformen durch Selbstaussaat gebildet, die der Verwalter stehen gelassen hatte, weil sie dem Verwaltungsgebäude Schatten spendeten. Es sind große, schöne und vitale Bäume, nicht veredelt, mit wunderbar großen Früchten. Diese Naturzufallszüchtungen mit unterschiedlichen Formen und Ausprägungen erinnern an die Optik und die Qualität verschiedener bekannter Sorten, sind aber eindeutig anders.

Verkostung von Eigensorten der Avocado

Mit der Entdeckung einer solchen Mutation kann ein Produzent sogar seine eigene Sorte entwickeln: mit den vitalen Eigenschaften einer Wildfrucht, hoher Qualität und auch sehr gutem Ertrag. Wie geht das?

Es kommt vor, dass ein Fruchtgehölz, das ich im Garten oder in der Plantage stehen habe und das auf einen Sämling oder eine andere Unterlage veredelt wurde, eine schlechte Qualität hat, für das örtliche Klima ungeeignet ist oder zu viel Arbeit macht. Damit gebe ich mich nicht zufrieden.

Manchmal wachsen gleich in der Nähe wurzelechte Wildfrüchte, deren Inhaltsstoffe, Aroma und Qualität die veredelten Früchte übertreffen – so

Sepp Holzer und Friedrich Lehmann, in der Mitte der Verwalter Manolo Baez Lozano

wie in unserer Beobachtung die wilden Avocados. Wurzelecht – das bedeutet: nicht veredelte, sondern aus den Samen gezogene Pflanzen. Ihr Saatgut entstand durch natürliche Bestäubung und deshalb fächern sich die Merkmale in der nächsten Generation genetisch auf, die Qualitätsmerkmale sind vielfältig. So kann es zu genießbaren oder ungenießbaren Früchten kommen, zu besonders hochwertigen oder zu solchen, die kaum als Wildfutter taugen. Natürliche Auswilderungen sind Entwicklungen der Natur, die immer wieder vorkommen und aus meiner Sicht viel zu wenig Beachtung erfahren. Es lohnt sich, die Natur rund um das eigene Grundstück gut im Blick zu haben. Denn gerade unter diesen Sorten können sich die wertvollsten und widerstandsfähigsten Fruchtbäume finden.

Wenn ich nun im Garten eine veredelte Obstsorte habe, die für mich nicht die gewünschte Qualität bringt, kann ich sie auf die gewünschte Wildform rückveredeln. Dies kann Kirsche, Birne, Apfel oder Pflaume sein, es gilt für jedes Fruchtgehölz.

Dazu schneide ich von den wurzelechten Wildformen Edelreiser und pfropfe sie nach den bekannten Methoden der Veredelung auf den minderwertigen veredelten Obstbaum. Das nenne ich Rückveredelung auf einer wertvollen wurzelechten Wildfruchtunterlage. Diese Erfahrung ist in den üblichen konventionellen Obstbautechniken nicht bekannt.

Nach Sepp Holzers Anleitung entstand die neue Avocado-Sorte „Lilian".

Eine Beobachtung am Rande: Beim Rundgang sahen wir, dass einige dieser Wildfrüchte angeknabbert waren. Direkt daneben stehende, veredelte Sorten blieben dagegen unberührt. Als wir die wilden Früchte selbst probierten, war es nicht schwer, den Grund dafür festzustellen: Sie schmeckten einfach besser, frischer und würziger. Diese Feststellungen habe ich immer wieder gemacht, ob Getreide, Gemüse, auch bei Obst: Gerade Wildtiere – Vögel, Mäuse, Ratten, Wild – haben einen besonderen Riecher für hohe Qualität und wertvolle Früchte mit besonderen Inhaltsstoffen.

Durch solche Beobachtungen lerne ich sehr viel, um die Gesundheit zu erhalten. Auch für die Sortenauswahl ist eine Kooperation mit Tieren durchaus sinnvoll.

Bei der ersten Beratung: Das Land drohte, zur Wüste zu werden.

Bau eines Retentionsraums

Rekordernte durch Mischkultur und stufenweisen Aufbau

Mit Gift oder Fallen gegen Wildtiere vorzugehen, ist überflüssig, ja, es gehört aus meiner Sicht verboten. Mit Wildscheuchen dagegen mache ich sehr gute Erfahrungen, vor allem wenn ich sie unauffällig hinter einem Strauch oder Gebüsch anbringe, da dann der Gewöhnungseffekt nicht so schnell einsetzt. (Beispiele für selbstgebastelte Wildscheuchen, die mit Wasser oder mit Wind funktionieren und Lärm erzeugen, auf Grafik/Fotos, S. 159.)

Zusätzlich soll in den Randzonen eine möglichst große Vielfalt an Futterpflanzen gedeihen. Das sind Ablenkflächen, die den Verbissdruck auf meine Kulturflächen in Grenzen halten. Wenn ich die Wildtiere nicht bekämpfe, sondern lenke, fügen sie mir auch keinen Schaden zu, können wohl aber oft von Nutzen sein.

Beispielprojekt Spanien: Wasserparadies statt Wüste

Bei Nora von Liechtenstein in der spanischen Extremadura

Auf dem Gelände Valdepajares del Tajo in der Extremadura in Spanien mit ca. 300 ha sanfter Hügellandschaft gab es sehr starke Symptome von Austrocknung und Wüstenbildung. Die Stein- und Korkeichen starben großflächig. Im Sommer dörrte das Land völlig aus und wurde zur braunen Wüste. Das Gelände gehört Prinzessin Nora von Liechtenstein. Einer ihrer Berater war ein Professor aus Vorarlberg, der den Kontakt zu mir vermittelte. Mit mir hatte sie eine ganze Gruppe von Experten eingeladen.

Bei meinem Besuch dort brachte ich den Vorschlag ein, eine Wasserlandschaft mit verschiedenen Seen und Teichen zu bauen. Das war das erste Projekt einer Wasserlandschaft in dieser Größenordnung und so konnte ich noch keinen sichtbaren Nachweis anführen, dass es funktionieren würde. Für mich war es gar keine Frage, aber die Experten griffen sich an den Kopf. Wo sollte das Wasser denn herkommen? Es gibt keinen Tropfen Zufluss und der durchschnittliche Jahresniederschlag beträgt nur 400 mm. Aber immerhin habe ich damit rund 4.000 Kubikmeter Wasser pro Hektar und Jahr. Bei 300 ha sind das 1,2 Millionen Kubikmeter – eine Menge! Wenn ich das auf dem Gelände halte, wenn ich es nicht den Bach hinunterlaufen lasse, dann dient das Wasser

Vom Wüstengebiet zum Naturparadies: Drei von 16 Seen, die nur durch Regenwasser auf sandiger Erde voll wurden.

für die Renaturierung und die Regeneration des Erdkörpers und die Natur kann sich erholen. Die sterbenden Steineichen würde ich nicht retten können, aber für einen neuen Waldaufbau wäre die Grundierung gelegt.

Es ging eine Weile hin und her und Prinzessin Nora von Liechtenstein sagte schließlich: „Jetzt haben wir den Holzer schon mal hergeholt, nun soll er zeigen, was er kann." So wurden meine vorgeschlagenen Renaturierungsmaßnahmen, die Wasserretentionsräume, durchgeführt. Auf so einem Gebiet konnte ich nicht nur einige Teiche und Tümpel setzen, hier musste die Renaturierung im großen Stil geschehen. Gleichzeitig wurde beschlossen, die Beweidung auf ein Minimum zu reduzieren, damit wieder Vegetation entstehen konnte und Wiederaufforstung möglich wurde.

Im Herbst 2006 begannen wir. Auch hier ließ ich keine Teiche ausbaggern, sondern legte in der natürlichen Geländeform Absperrungen an, hinter denen sich das Wasser staute. Die Dämme wurden in Mäanderform ausgestaltet, die Abläufe und Furten mit Natursteinen ausgelegt, so dass es ganz natürlich wirkte. Jeder, der das zum ersten Mal sieht, glaubt, es sei immer so gewesen. So soll es auch sein, und zwar nicht nur wegen der Landschaftsästhetik: Die Natur hilft dann am besten mit, wenn ich nach ihren Vorgaben arbeite und sie beachte.

Am Anfang gab es einige Schwierigkeiten mit den Baggerfahrern, ich fühlte mich da oft sabotiert.

Mit Prinzessin Nora von Liechtenstein und Ausbildungsteilnehmern

Schließlich aber taten sie, was ich ihnen sagte, und es ging gut voran.

Die Experten bei der Beratung waren der Meinung gewesen, hier könnte man keine Seen oder Teiche bauen, denn der Untergrund besteht an vielen Stellen aus Felsen und es gäbe zu wenig Erde. An anderen Stellen wäre es zu sandig, da würde alles versickern. Man müsste also entweder sprengen oder betonieren, sonst würde alles auslaufen. Sie waren sicher: In fünf Jahren wäre da noch kein Tropfen Wasser drin.

Aber was geschah? Die ersten acht Seen, die kleineren, hatte ich im Herbst 2006 gebaut. Schon im Januar 2007 rief mich die Prinzessin ganz begeistert an und sagte, alle seien voll. Im folgenden Jahr haben wir dann die restlichen Seen gebaut – alle so angeordnet, wie die Natur es uns anbot. Jetzt gibt es dort 16 Seen mit insgesamt 27 Hektar Wasserfläche – und alle sind voll. Der größte See ist 700 m lang, 400 m breit und 10 m tief. Sie nennen ihn dort Holzers Ozean.

Wie kommt es, dass man auf Fels und in Sand Seen bauen kann, ohne sie künstlich abzudichten? Wichtig war zu erkennen, dass unter dem Sand eine dichte Erdschicht folgt, die das Wasser hält. Wenn man die geologischen Gegebenheiten beachtet, wie sie sich in den Höhenlinien widerspiegeln, kann man diesen Effekt ausnutzen. (Das habe ich ausführlich auf Seite 49 beschrieben.) Der Speicherraum besteht dann nicht nur aus dem sichtbaren See, sondern der größere Teil des Wassers wird unterirdisch vom Erdkörper selbst gespeichert. Und das will ich ja auch erreichen: Die Durchfeuchtung des Erdkörpers ist die Voraussetzung für Fruchtbarkeit.

Die Seen von Valdepajares del Tajo sind in einem Kreis angeordnet und bilden ein Gesamtsystem, das den Wasserhaushalt des ganzen Geländes in Ordnung bringt. Die verschiedenen Seen unterstützen sich gegenseitig und gleichen sich unterirdisch aus wie kommunizierende Röhren. So kann die Austrocknung im Sommer reduziert werden.

Um dieses Projekt rund zu machen und abzuschließen, wären nach meinem Plan noch zwei letzte Seen zu bauen, die ich als See 1 und See 18 bezeichne. Sie sollen unterirdisch unter der Zufahrtsstraße durch ein Rohr verbunden sein. Von See 18, dem tiefst gelegenen See, könnte durch eine bereits größtenteils verlegte Rohrleitung mittels einer kombinierten Wind-Solar-Pumpe überschüssiges Wasser in den höchst gelegenen See gepumpt werden. Da diese Seen nur einen geringen Höhenunterschied haben werden, ist der Energieaufwand minimal. Der große Vorteil ist, dass der Wasserstand bei allen Seen gehalten bzw. reguliert werden kann. So wird das Wasser erst dann aus dem System herausfließen, wenn alle Seen bis zum Maximum gefüllt sind. Ein Absinken des Wasserstandes bei den kleineren Seen kann vermieden werden, indem es durch die

Topinamburernte im ersten Jahr

größeren Seen ausgeglichen wird. Damit wird das Projekt fertiggestellt sein und seine volle Wirkung für das Land erfüllen.

Schon heute wirkt das Gelände wie ein großes Wasserparadies, das schon immer dort gewesen ist. Tausende von Vögeln bauen Nester in den umstehenden Bäumen, verschiedenste Enten und Kormorane, Reiher, Seeadler und andere Wasservögel. Die unterschiedlichsten Fische leben in den Seen – eine traumhafte Fauna und Flora. Am Ufer säten wir Gemüse, Erdnüsse und Urkorn aus. Es gibt viel mehr Ertrag, als sie brauchen und nutzen können, das Übrige wird untergepflügt und dient dem Bodenaufbau.

Eine wichtige Maßnahme war, den intensiven Beweidungsdruck zu reduzieren. In dieser Region kommt es zu einer Übernutzung der Weideflächen durch Rinder, Ziegen und Schafe, die die Vegetation beeinträchtigt und die wertvollen Pflanzen herausselektiert, was die Austrocknung des Bodens beschleunigt. In den Trockenzeiten verweht der Wind den Humus und die Feinerde und im Winter schwemmt der Regen sie ab. So härtet der Boden aus und die Vegetation kommt unter Druck.

Ich schlug vor, stattdessen Schweine zu halten. Das Nahrungsangebot durch die Steineichen und Korkeichen war groß, außerdem helfen die Schweine bei der Bodenbearbeitung und beim Waldaufbau, wie es auf den Seiten 111 ff. ausführlich beschrieben werden wird. Diese Empfehlung wurde aufgenommen. Um die ersten Versuche mit Schweinen zu starten, bauten wir einen Erdstall aus Maroni-Holz, in dem die Tiere sich vor zu großer Hitze schützen könnten.

Die Furten sind mit Natursteinen gesichert.

Heute ist es ein Anziehungspunkt für Menschen aus aller Welt.

Jedes Jahr kommen mittlerweile viele Menschen hierher, die sich über naturgemäße Landbewirtschaftung und über natürliche Maßnahmen gegen die Wüstenbildung informieren wollen. Auch über dieses Projekt wurde eine Diplomarbeit geschrieben. Natürlich ist keine Rede mehr davon, das Land abzustoßen. Es ist eine Oase inmitten einer Trockenregion geworden – ein Wunder, wie viele jetzt sagen. Für mich ist es aber kein Wunder, sondern nur das Ergebnis der Kooperation mit der Natur.

Wie wird ein Teich oder See dicht? Praxisanleitung Verdichtung und Dammbau

Auf jedem Seminar und bei jedem Vortrag wird die Frage gestellt, wie denn ein Wasserretentionsraum, ob Teich oder See, abgedichtet werden kann. Doch schon in der Frage befindet sich der Irrtum: Er soll ja gar nicht absolut dicht sein. Denn der Wasserspeicher ist die Erde selbst. Das Wasser soll nach und nach in den Erdkörper einsickern und ihm die Feuchtigkeit zurückgeben, die er braucht. Eine absolute Abdichtung eines Teiches ist daher gar nicht erwünscht. Das Einzige, was dicht sein muss, ist die Sperrschicht des Damms.

Die Betonierung eines Teiches ist immer falsch. Das Wasser fängt nach kurzer Zeit an zu faulen.

Beton oder Folien benutze ich überhaupt nicht. Nicht nur, weil sie zu teuer und zu umständlich sind, sondern weil abgeschlossene Systeme, wie absolut dichte Teiche, nicht ihren vollen Sinn als Biotop erfüllen.

Im Folgenden führe ich aus, wie ich in hügeligem Gelände, in der Ebene und am Steilhang vorgehe.

In hügeligem Gelände

Wie in vorangehenden Kapiteln beschrieben, ist es in hügeligem Gelände ein Leichtes, ohne großen Aufwand auch sehr große Wasserretentionsmulden zu bauen.

Der erste Schritt ist das Hinschauen, das Lesen in der Landschaft, das Betrachten der Formung, Höhenlinien und Wasserzüge. An den tiefen Stellen, wo das Wasser aus einem größeren Einzugsgebiet zufließt, haben die Wasserretentionsräume, Seen und Teiche ihren Platz, wie ich es ausführlich auf den Seiten 49 ff. beschrieben habe. Viele Täler sind oft so ausgeformt, dass sich dort, wo das Wasser abfließt, eine engere Stelle befindet. Das ist der geeignete Ort für den Erd-Damm. Hier soll er aufgebaut werden, nicht eckig, sondern geschwungen, der Landschaft angepasst. Seine Aufgabe ist es, die wasserführende Schicht des Erdbodens zu unterbrechen. Dazu muss er an den wasserdichten Schichten ansetzen und auf sie aufbauen.

Zunächst wird ein Graben für die Sperrschicht ausgehoben.

Praxis-Anleitung Dammbau

Hierzu eine Bemerkung: Patentrezepte gibt es in der Natur nie. Durch meine Erfahrung von klein auf habe ich das nötige Augenmaß erlangt. Wer diese Erfahrung nicht hat und größere Wasserretentionsräume anlegen möchte, braucht die Hilfe eines Fachmanns. Allerdings gibt es nur wenige Fachleute, die mit der Komplexität des Wassers und der Natur umgehen können. Die meisten möchten die Verantwortung nicht übernehmen und empfehlen, Folien oder Beton einzusetzen. Doch durch das Isolieren ist das Problem nur aufgehoben, das ist keine natürliche und verantwortungsbewusste Lösung.

Was ich empfehlen kann, ist, selbst mit kleinen Modellen anzufangen und durch eigenes Experimentieren die nötige Erfahrung mit den Materialien vor Ort zu sammeln. Auch durch die Mitarbeit oder durch Praktika bei anderen Projekten kann Erfahrung gesammelt werden. Auf meinen Ausbildungen können die Teilnehmer ebenfalls wertvolle Informationen erhalten.

Der Damm besteht aus einem Lehmkern – der Sperrschicht, die absolut dicht sein soll – und der äußeren Böschung, die der Statik dient, aus verschiedenem Material bestehen kann und bepflanzt wird. Die Sperrschicht ist so etwas wie das Fundament beim Hausbau. Sie ist aus einem bindigen oder lehmigen Material zusammengesetzt, das mehrere Meter tief in die Erde eingearbeitet wird.

Der Graben wird mit Feinmaterial gefüllt.

Diese Sperrschicht wird angefeuchtet, festgefahren und gewalzt.

Dazu schiebe ich als erstes an der Stelle, wo der Damm entstehen soll, das vorhandene Material beiseite. Den Humus, die oberste Schicht des Bodens, trage ich ab und separiere ihn. Es handelt sich um sehr wertvolles Material, das nicht mit anderen Bodenschichten vermischt werden darf, sondern auf die Pflanzbeete gehört. In der Sperrschicht hat Humus nichts verloren. Wenn ich nicht direkt Gebrauch dafür habe, kann ich ihn zur Seite legen und ihn zwischenlagern.

Dann grabe ich mit dem Bagger zunächst einen Schlitz in den Erdboden, um zu sehen, welche geologischen Verhältnisse im Untergrund bestehen. Die Breite des Baggerlöffels von 60–80 cm reicht dafür völlig aus. Die Tiefe des Schlitzes ergibt sich aus der geologischen Beschaffenheit des Erdkörpers. Wenn ich auf einen dichten Unterboden oder sogar Lehm oder Ton stoße, kann ich feststellen, wo ich mit dem Aufbau der Sperrschicht beginnen muss.

Mit dem Bagger grabe ich jetzt einen Graben in den gewachsenen Boden hinein, und zwar über die ganze Länge des Damms bis hinunter zur dichten Schicht. Die Stärke, also die Dicke der Sperrschicht, richtet sich nach der Größe des Dammes, dem Wasservolumen, den geologischen Verhältnissen und dem erwarteten Wasserdruck. Die Dammbreite soll immer überdimensioniert werden, um auch einem Jahrhundertregen gewachsen zu sein. Bei einem großen See kann es notwendig sein, die Sperrschicht 4 m und breiter anzulegen. Diese Sperrschicht wird in die bergseitigen Böschungen eingebunden, damit sie sich dort mit der dichten Schicht im Unterboden verbindet.

Den Graben fülle ich dann mit dichtem Material auf. Damit die Schichten sich verbinden, verwende ich dasselbe Material wie in der dichten Unterschicht, baue also Gleiches mit Gleichem auf, da ich auf eine Ton- oder Lehmschicht nicht Braun- oder Schwarzerde aufbauen kann, das würde unterspült werden und der Damm würde brechen. Nur wenn ich Gleiches mit Gleichem zusammenbringe, verbindet es sich und der Damm ist dicht.

Woher erhalte ich das Material für den Lehmkern des Damms? Aus der Tiefzone des späteren Sees. Denn damit habe ich einen Mehrfachnutzen: Erstens habe ich das Material für den Damm und muss es nicht von weit her transportieren. Und zweitens: Indem ich es von der Fläche des entstehenden Sees nehme, schaffe ich zugleich eine Tiefzone. In Form eines verkehrten Schneckenhauses graben die Bagger sich im Nahbereich des zu bauenden Dammes nach unten. Die Tiefzone kann bis zum Grundwasser reichen, in einem größeren See ist eine Tiefzone von 12–14 Metern von großem Vorteil.

Das Material zur Befüllung der Sperrschicht stammt aus der späteren Tiefenzone des Sees.

Die Tiefzone füllt sich bereits mit Sickerwasser. Dieser Damm dient gleichzeitig als Straße.

Im gewachsenen Boden finde ich natürlich die verschiedensten Bodenschichten. Da ich für die Sperrschicht nur das Feinmaterial – Lehm und Ton – brauche, muss ich die ausgehobene Erde entsprechend der Zusammensetzung und ihrer Eigenschaften separieren. Dazu hole ich zuerst den Humus heraus, verwende ihn gleich oder lagere ihn in einer Miete. Dann nehme ich das Material vom gewachsenen Boden darunter und schütte es steil auf, so dass sich ein kleiner Berg bildet, immer von oben. Das Grobmaterial rollt nun nach außen ab und das Feinmaterial bleibt in der Mitte oben liegen. So trennt sich das Material so weit, dass ich innen ausreichend Feinmaterial vorfinde. Damit erhalte ich die Füllung für die Sperrschicht.

Mit diesem Feinmaterial fülle ich also den Graben, von einigen Metern unterhalb des späteren Teichbodens bis ganz oben über den späteren Wasserstand hinaus und baue so Lage für Lage die Sperrschicht auf. Diese Lagen werden mit dem Bagger aufgetragen und, falls notwendig, befeuchtet, damit sie verdichtet und festgedrückt werden können. Bei breiten Dämmen, wo die beladenen LKW versetzt fahren können, reicht dies zur Verdichtung meistens aus. Andernfalls setze ich eine Walze zum Verdichten ein.

Auf diese Weise entsteht der dichte Lehmkern, die Sperrschicht des Damms. Gemeinsam mit der Sperrschicht wird beidseitig der Damm aufgeschüttet und festgewalzt. Dazu kann ich das Restmaterial aus dem Aushub nehmen, es hat ja nur die Aufgabe, den Damm statisch zu stützen. Die entstehende Böschung soll eine Neigung von nicht steiler als 1 : 2 haben – das heißt: Auf einen Meter Höhe kommen mindestens zwei Meter in die Breite – also eher eine flache Böschung.

Wenn es nun regnet, staut sich das Wasser hinter dem Damm. Zunächst wird es in den Boden einsickern, bis es auf den dichten Untergrund trifft. Dort wird es sich aufstauen und schließlich bildet sich ein See oder Teich und bedeckt den Grund. Es kann Jahre dauern, bis sich der angrenzende Erdkörper mit Feuchtigkeit sättigt und sich die unsichtbaren Hohlstellen im Untergrund wieder mit Wasser füllen.

Bepflanzung des Damms

Selbstverständlich soll der Damm bepflanzt werden. Hier ist ebenfalls, wie beim Dammaufbau, praktische Erfahrung notwendig, um zu erspüren, bei welchen geologischen und klimatischen Verhältnissen und welcher Dammbreite welcher Bewuchs den Damm stabilisiert und wo Pfahl-, Tief- und Flachwurzler oder Sträucher eingesetzt werden sollen. Auch ob der Damm später mit schweren Fahrzeugen befahren werden wird, spielt für die Bepflanzung eine wichtige Rolle. Allgemein ist immer die Vielfalt wichtig, damit sich das System selbständig entwickeln, miteinander verwachsen und sich in allen Tiefen stabilisieren kann. Auch die Pflanzenwurzeln bilden eine symbiotische Gemeinschaft.

Obstbäume werden zu dicht am Ufer nicht gedeihen, wenn ihre Wurzeln während mehrerer Monate ins Wasser oder in wassergesättigte Erde ragen; Weiden und Erlen haben damit weniger Probleme. Pfahlwurzler am Fuße der Dammaußenseite wirken wie Nägel, die den ganzen Aufbau des Dammes stabilisieren. Auf der Spitze des Dammes aber sind sie nicht zu empfehlen: Dort können sie bei Sturm niedergerissen werden und Schaden anrichten. All das ist von Fall zu Fall zu entscheiden. Auf alle Fälle muss darauf geachtet werden, dass die Tiefwurzler nicht in die Sperrschicht hineinwachsen und sie schädigen können. Deshalb: Tiefwurzler gehören nur auf den Damm, wenn er eine genügend große Aufschüttung hat.

Teichbau auf ebenem Gelände

Der geeignete Ort für einen Teich liegt meistens, den geologischen Verhältnissen entsprechend, in Talsohlen und natürlichen Tieflagen. Wenn auf absolut ebenem Gelände ein Teich gewünscht wird und die Landschaft dazu kein Tal und keine Mulde anbietet, muss eine Grube ausgehoben werden. In diesem Fall muss ich sehen, wo das Wasser herkommt; ohne Wassereinzugsgebiet werde ich das Wasser zuführen müssen. Wenn das Grundwasser nur wenige Meter unter der Oberfläche liegt, soll die tiefste Stelle des Teiches identisch mit dem Grundwasserniveau sein. Das Wasser wird von unten zulaufen.

Für die Wahl des Ortes auf ebener Fläche kann ich auch die Vegetation beobachten und sehen, ob irgendwo feuchtigkeitsliebende Pflanzen wachsen.

Gemeinsam mit der Sperrschicht wird der Damm geschüttet und festgewalzt, die Hangneigung soll etwa 1:2 betragen.

Das sind z. B. Röhrengräser, Wollgras, Moose oder Schilfarten oder auch Erlen, Weiden oder Moorbirken. Suttenbildung – also das Entstehen untergründiger Feuchtstellen – ist ebenfalls ein Hinweis auf Stellen, wo auch die Natur am ehesten eine Wasserfläche haben will: Da spürt man schon beim Gehen, dass der Untergrund „schwappt".

Verdichtungsmethode „Rütteln"

Gewachsener Boden ist in den meisten Fällen von Natur aus nicht dicht, es sei denn, es handelt sich um Lehmboden. Wenn ich keinen reinen Lehmboden, aber Lehmanteile darin habe, dann kann ich ihn durch „Rütteln" verdichten.

Das habe ich von den Schweinen gelernt, als ich beobachtet habe, wie sie Suhlen bauen. Schweine brauchen bekanntermaßen Schlamm, weil ihre Haut keine Schweißdrüsen hat und sie ohne Schlamm einen Sonnenbrand bekommen. Deshalb ist für sie das Bad in einer Schlammsuhle ein tägliches Grundbedürfnis. Wie aber helfen sie sich selbst, wie kommen sie an das Wasser, wenn sie in der Natur schalten und walten dürfen?

Ich habe beobachtet, dass dort, wo meine Schweine den Boden aufwühlen und sich wälzen, das Wasser stehenbleibt und Schlammgruben entstehen. Durch das Wälzen wird der gewachsene Boden verdichtet, das Regenwasser sammelt sich in diesen Mulden, die Lehmpartikel verschmieren die Poren, es entsteht eine dichte Schicht.

Das wollte ich nachahmen, aber wie? Ein Bagger kann sich schließlich nicht auf dem Boden wälzen. Ich habe hin und her überlegt. Die Antwort kam mir wieder in einem Traum, der mir ein Verfahren zeigte, die Tätigkeit der Schweine maschinell zu imitieren. Es ist die Technik des Rüttelns: Bei der Anlage eines neuen Teiches auf gewachsenem Boden lasse ich nach dem Rohbau des Teiches Wasser ein, und zwar ca. 50 cm tief, so dass der Bagger noch gut darin fahren kann. Der Baggerfahrer montiert nun den schmalsten Löffel von 60–80 cm Breite, so dass er tief in den Boden hineinstechen kann und den Unterboden in 1 m Tiefe und mehr durch Rütteln mit dem schmalen Löffel zerrührt. Dadurch sinken die Feinteile im Wasser zum Unterboden und verschlicken und verdichten ihn.

Dies funktioniert natürlich nur, wenn genügend Feinanteile, Lehm oder Ton im Boden vorhanden sind oder ich diese zusätzlich einbringe. Ein Rütteln in einem sterilen Sand- oder Schotterboden wäre sinnlos.

Praxis-Tipp:

Was, wenn ich keinen Bagger habe? Bei kleineren Flächen oder einzelnen undichten Stellen im Gartenteich kann dieses Verfahren mit etwas Übung auch mit einer Spitzhacke, einer Hacke oder ähnlichen Werkzeugen nachgeahmt werden.

Wie finde ich die undichten Stellen in einem Teichboden? Wenn Sie mit dem bloßen Auge nicht gleich sehen, dann schütten Sie ein Glas Milch ins Wasser – oder, wenn Sie keine Milch verschwenden möchten, Mehl oder Kalkstaub. Durch die Färbung können Sie den Lauf des Wassers gut verfolgen und die betreffenden undichten, also wasserführenden, Stellen erkennen.

Wie erkenne ich, ob ein Boden Lehmanteile hat? Nehmen Sie ein wenig Erde zwischen die Finger: Je mehr sie schmiert, um so lehmhaltiger ist meist der Boden. Wenn Sie noch kein Gespür dafür haben, lösen Sie etwas Erde in einem Glas Wasser auf: Je mehr sich das Wasser eintrübt und je länger die Trübung anhält, desto mehr Lehmanteile hat der Boden.

Sondersituation Teiche am Steilhang

Auf dem Krameterhof habe ich mehr als 20 Seen und Teiche im Hang angelegt – bis hinauf auf die Alm. Teiche im Steilhang anzulegen, noch dazu auf steinigem Boden, fordert ein besonderes Können. Hier war es zum Teil notwendig, den Teichboden durch Rütteln mit dem Bagger zu verdichten, damit das Wasser nicht versickert. Jeder Fehler kann sich hier verhängnisvoll auswirken. Deshalb sollte hier kein Laie experimentieren. In dieser Situation muss ein Fachmann für Bodenmechanik zu Rate gezogen werden, aber unbedingt einer mit praktischer Erfahrung.

Ab- und Überlauf und die Erfindung des schwenkbaren Mönches

Aufgaben werden dir im Leben gestellt, damit du sie löst und nicht, damit du sie dramatisierst und dadurch unlösbar machst.

Der Damm soll auch bei starken Niederschlägen nicht überspült werden. Deshalb wird ein breit ausgeformter Katastrophenüberlauf gebaut, der das überfließende Wasser schadlos am Damm vorbeiführt. Diesen Überlauf führe ich nach Möglichkeit über gewachsenen Boden und nicht über den geschütteten Damm. Ist das aber wegen der Geländeausformung direkt nicht möglich, so muss ich den Katastrophenüberlauf gesondert gegen Bodenerosion und Auswaschung schützen: Durch eine Rohrleitung oder durch eine mit schweren Steinen ausgeformte Mulde.

Auch die Zuläufe lege ich mit möglichst schweren Natursteinen in Muldenform aus, dazwischen pflanze ich verschiedene Wasserpflanzen. So werden einerseits die Seitenwände gestützt und andererseits wird das Eintragen von Erdmaterial ins Wasser verhindert: Dieses würde bei jedem stärkeren Regen das Wasser des ganzen Sees auf Wochen hinaus trüben.

Der Holzer-Mönch

Ein Mönch, wie er in der Fischereiwirtschaft üblich ist, dient zur Regulierung des Wasserstandes und zum Ablassen eines Teiches. In einem Teich, in dem ein Mönch installiert ist, kommt der Katastrophenüberlauf nur dann zum Einsatz, wenn der Mönch durch Äste oder Blätter verlegt und verstopft ist und die Wassermassen deshalb nicht aufnehmen kann.

Was ist ein Mönch? Es ist eine Ablaufvorrichtung. Sie besteht aus einem Schacht, der mit U-förmigen Eisen begrenzt wird. In deren Falz werden die Staubretter eingesetzt. Hinter ihnen staut sich das Wasser. Durch das Herausnehmen der Staubretter kann das Wasser abgelassen werden. Für die professionelle Fischzucht ist ein Mönch unabdinglich, damit der Teich abgelassen werden kann. Trotzdem verursachen sie viele Probleme, wie z. B. das Einfrieren, vor allem in höheren Lagen. Außerdem verklemmen die Staubretter leicht, dann lässt sich der Wasserstand nur schwer regulieren. Wenn dann am Staubrett geruckelt wird, kommt oft ein ganzer Wasserschwall heraus, der dann die Ufervegetation am Auslauf schädigt. Auch Betonmönche haben mir schon Schwierigkeiten bereitet.

Dieses System war für mich nicht zufriedenstellend. Durch langes Experimentieren bin ich auf ein anderes Verfahren gekommen: den schwenkbaren Mönch. Mit einem senkrechten, schwenkbaren Standrohr, das mit einem waagrechten Ablaufrohr verbunden ist, kann ich den Wasserstand stufenlos, einfach und sehr präzise regulieren. Das langsame Absenken des Teiches schädigt die Ufervegetation nicht und ich kann den Teich behutsam völlig entleeren.

Da es meine Erfindung ist, wird er auch Holzer-Mönch genannt. Er kann selbst mit einfachen Mitteln gebaut werden. Da ich auch ein frostbeständiges System brauchte, kam ich auf die Idee, Kunststoffrohre zu verwenden. Meine Vorgehensweise ist folgende: Durch die tiefste Stelle des Damms hindurch wird fast waagerecht – mit minimaler Neigung nach außen – ein Ablaufrohr eingelegt. Dieses Horizontalrohr ragt etwa 2–3 m vom Fuß des Dammes in den Teich hinein. An sein Ende wird ein rechtwinkliger Rohrbogen angekoppelt, in das wiederum das Vertikalrohr gesteckt wird. Um den Wasserstand regulieren zu können, muss dieses Vertikalrohr unbedingt schwenkbar sein.

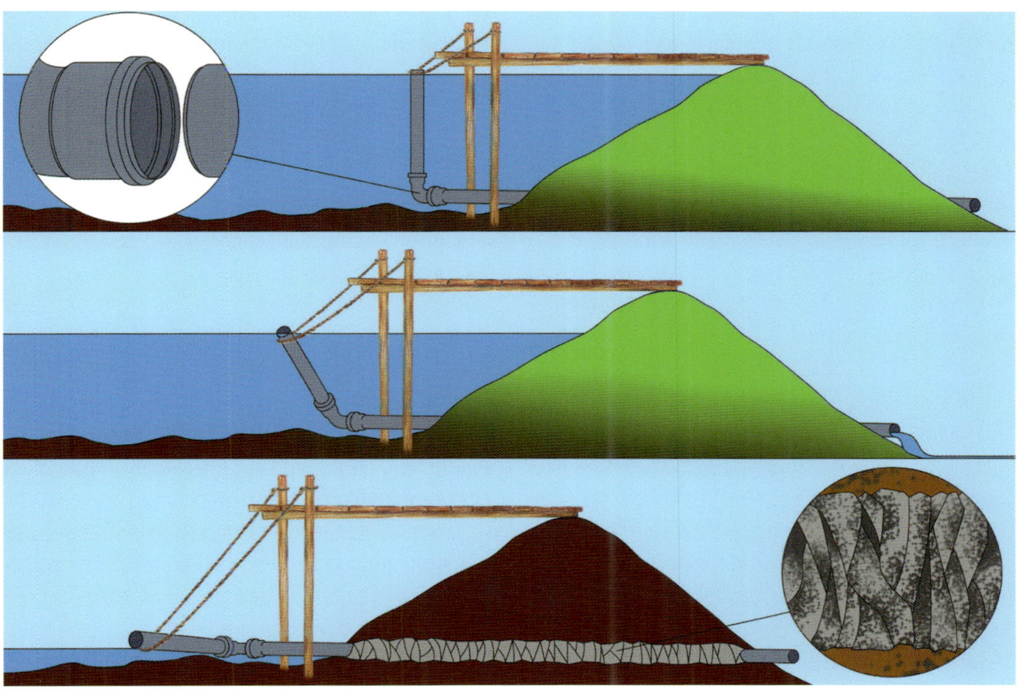

Der Holzer-Mönch bei Höchstwasserstand, mittlerem Wasserstand und Niedrigwasserstand: Das schwenkbare Rohr macht reguliertes Ablassen des Wassers möglich. Oben: Entfernung des Dichtringes in der Rohrverbindung. Unten: Mit Blitzzement umwickeltes Rohr zur Verhinderung der Ausspülung. (Grafik: Henry Baumann)

Die größte technische Herausforderung lag darin, die Verbindung der Rohre gleichzeitig dicht und schwenkbar zu machen. Um Rohre mit Dichtungsring aneinanderzukoppeln, verwendet man normalerweise Schmierseife. Diese wird nach einer Weile ausgewaschen und die Rohre sind wieder starr und unbeweglich. Wenn ich die Dichtungen entnehme, bleibt das Rohr zwar schwenkbar, aber es ist nicht dicht, sondern es läuft ständig Wasser aus.

Die Lösung erhielt ich durch die Verwendung großdimensionierter Trinkwasserdruckrohre von 15–20 cm Durchmesser. Warum verwende ich die teuren (blauen oder grauen) Wasserdruckleitungsrohre und nicht die günstigeren (orangefarbenen) Kanalrohre? Weil sie lange Anschlussstücke (Muffen) besitzen und viel stabiler sind als Kanalrohre. Die lange Muffe ist notwendig für die Verdichtung. Wenn ich ihren zwei- bis dreistufigen Dichtungsring beim Verbindungsstück von Horizontalrohr und Rohrbogen herausnehme und die Rohre ineinanderstecke, bleibt der Rohrbogen beweglich und das Vertikalrohr schwenkbar.

Wie bekomme ich das Rohr trotzdem dicht? Das erreiche ich mit grobfaseriger Torferde, Sägemehl oder Pferdemist. Ich lasse einige Gabeln davon außen um das Rohr herum langsam im Wasser absacken. Diese faserigen Feinteile saugen sich in die undichten Stelle der Muffe hinein und verdichten den durch die Entfernung des Dichtungsrings entstandenen Spielraum in der Muffe komplett. Dann tritt kein Wasser mehr aus, und das Rohr bleibt beweglich. Das funktioniert bei dem geringen Druck unter 1 bar, der im Teich herrscht, bestens. In einer Druckwasserleitung wäre dieses Verfahren allerdings nicht möglich.

Praxis-Tipp

Das horizontale Ablaufrohr ist außen glatt. Dadurch besteht die Gefahr, dass die Außenwände des Rohrs im Inneren des Dammes im Laufe der Zeit nach und nach wasserführend werden. Nur raue Außenwände verbinden sich gut mit Erde und bleiben deshalb dicht. Wie bekomme ich also ein raues Rohr? Ich bandagiere das Rohr mit einer Lage Bauvlies oder Jute, die ich in Streifen schneide und rund um das Rohr wickle. Damit sie halten, tränke ich sie zuvor mit schnellbindendem Zement (Blitzzement, z. B. Biberabit). Das hält am Rohr wie geschweißt und bildet eine raue, grobe Außenstruktur, die sich bestens mit der Erde verbindet.

Für Extremfälle mit hohem Wasserdruck, z. B. in Extremlagen oder bei schwierigen geologischen Verhältnissen, sind darüber hinaus gehende Sicherungsmaßnahmen erforderlich, deren Ausführungen den Rahmen dieses Buches sprengen würden. In solchen Situationen sollte ohnehin kein Laie experimentieren, sondern unbedingt ein Fachmann hinzugezogen werden.

Der Holzer-Mönch bietet außerdem viele Vorteile und Zusatzfunktionen für die Teichbewirtschaftung und die Fischzucht. Ein Vorteil ist, dass die Jungfische und Krebse langsam mit dem ablaufenden Wasser mitgehen können und so nicht zu Schaden kommen. Wenn ich nun an der Außenseite des Dammes eine Kupplung an das Wasserdruckrohr anschließe, kann ich die Fische schonend abfischen, da sie ganz von selbst in bereitgestellte Behälter schwimmen. Es ist eine Alternative zum Abfischen mit Netzen.

Der Holzer-Mönch kann auch zum Reinigen eines Teiches verwendet werden: Wenn zu viel Laub, Schwimmpflanzen oder Algen im Teich sind, kann ich dies mit dem schwenkbaren Mönch bestens regulieren. Dazu schließe ich an das vertikale Rohr mit einem Übergangsstück ein biegsames Rohr oder einen Feuerwehrschlauch an: Durch den Höhenunterschied entsteht ein Unterdruck und ein Sog, mit dem ich unter Wasser arbeiten kann wie mit einem Staubsauger und Laub, Algen oder Wasserpflanzen aus dem Teich absauge.

Auf die gleiche Weise kann ich den produktiven Schlamm oder Faulschlamm absaugen, der sich in jedem Teich oder See im Laufe der Jahre bildet. Produktiver Schlamm ist ein sehr wertvoller Dünger. Dafür wird unterhalb am Ende des Horizontalrohrs eine ca. 1 m tiefe Grube im Teichboden ausgehoben. Dort sammelt sich beim Ablassen des Dammes der Teichschlamm. Von dort kann ich ihn absaugen und in einem Fass oder in einem anderen Behälter aufbewahren, um ihn für die Düngung einzusetzen.

Das Rohr-in-Rohr-System

Jeder Mönch braucht eine Ablaufsicherung, damit die Fische nicht mit dem auslaufenden Wasser wegschwimmen können. Im herkömmlichen Mönch wird dazu den Staubrettern ein Schlitzlochblech vorgeschaltet. Im Holzer-Mönch übernimmt diese Funktion das Rohr-in-Rohrsystem: Dazu bringe ich in einem Rohr, das ca. 5 cm größer im Durchmesser ist als das Vertikalrohr, mit der Flex Schlitze an. Sie sollen so groß sein, dass die Fische meines Teiches aufgehalten werden. So entsteht ein Siebrohr, das außen um das Vertikalrohr eingelassen, mit einem Bauvlies oder Mull unten stabilisiert und mit einem Abstandhalter befestigt wird. Das Siebrohr soll das Vertikalrohr um mindestens zehn Zentimeter überragen. Unten wird es mit Mull abgedichtet, damit keine Fische hineinkommen. Nun kann von allen Seiten Wasser eindringen, die Fische werden aber zurückgehalten.

Dieses Rohr-in-Rohr-System ist gleichzeitig ein Schutz gegen die Verlegung des Mönches mit Laub und Algen: Denn wenn die Schlitze sich im oberen Teil verdichten, kann das Wasser immer noch unterhalb in den Zwischenraum der Rohre eindringen, befreit das Siebrohr durch den Gegendruck vom Laub und kann ungehindert ablaufen.

Die richtige Ausformung von Seen und Teichen, Ufern, Tief- und Flachzonen

Fließendes Wasser fault nicht, Türangeln rosten nicht; das kommt von der Bewegung.

(Lü Bu Wei, chinesischer Kaufmann, Politiker und Philosoph 300 v. Chr.)

Alles, was lebt, will sich bewegen. So geht es auch dem Wasser. Durch Bewegung bleibt es lebendig und erneuert sich immer wieder selbst.

Durch Bewegung wird Sauerstoff eingetragen und das Wasser reinigt sich.

Wie will sich das Wasser bewegen?

Wie wir bei einem Tropfen beobachten können, der die Scheibe herunter rinnt, bewegt sich Wasser nie geradeaus. Ebenso gibt es keinen schnurgeraden Flusslauf.

Berücksichtige ich die natürlichen Bewegungsformen des Wassers und unterstütze sie durch die

Selbstreinigungskraft durch Wasserbewegung: Die Wasserpflanzen halten die Schmutzpartikel fest und nutzen sie als Nährstoffe.

Wasser bewegt sich in drei unterschiedlichen Formen:

- Wie eine Schlange in Mäandern.
- In Wellen, die durch Luft und Wind entstehen.
- Und seine dritte Bewegungsform kommt zustande, wenn Welle und Schlangenform zusammenkommen: Es ist die Drehung in Form von Wirbeln und Spiralen.

richtige Ausformung des Sees oder Teiches, dann werde ich immer lebendiges und sauberes Wasser haben. Ist aber ein See oder Teich quadratisch oder rechteckig ausgeführt, mit geradlinigen Uferböschungen und gleichmäßiger Tiefe, dann habe ich ein stehendes Gewässer – es fault, veralgt und beginnt zu stinken.

Beobachtungen am Bachlauf

Die Bewegungsformen des Wassers kann ich an einem Bachlauf studieren. Setz dich einmal ans Ufer eines natürlichen Laufes und schau hin. Was siehst du? Der Bach fließt durch sonnige und schattige Plätze, einige Uferzonen sind bewachsen, andere nicht. An einigen Uferstellen ist das Wasser tief und kühl, hier liegen auch gröbere Steine. Zum Baden sind diese Stellen meistens ungemütlich. Doch gibt es auch Uferstellen mit flachem, wärmerem Wasser und Sandboden. Wie kommt es zu diesen Unterschieden?

Dort wo Bäume oder Sträucher am Bachufer wachsen, beschatten sie die Wasseroberfläche. Hier bleibt das Wasser kühl. Wo kein Bewuchs ist, wo die Sonne direkt auf das Wasser scheint, erwärmt es sich. Wenn Wasser warm wird, verliert es seine Energie, es wird träge, seine Haltekraft nimmt ab und es lässt die Schwebestoffe los, die es mit sich trägt. An diesen warmen Stellen lagert sich das Material ab, zuerst Schotter und grober Sand, dann immer feinerer Sand, ganz am Ende der Letten – so nennen wir Feinsand. So wird der Bach oder Fluss an dieser Stelle flach und es entstehen kleine Strände und seichte Ufer. Dies sind die beliebten Badestellen eines Baches.

In den kühlen, beschatteten Teilen des Baches aber hat das Wasser viel Energie und damit Tragkraft. Es beginnt, sich zu drehen und zu wirbeln, und gräbt sich immer tiefer in den Grund ein. Hier gibt es tiefe Stellen und einen gröberen Untergrund.

Wenn du nun einen Stein in den Bach legst, entsteht um ihn herum ein Wirbel. Das Wasser fräst sich in den Boden und spült den Sand unter dem Stein weg. Dort wird das Wasser immer tiefer. So kannst du mit Steinen, wenn du sie in strömendem Wasser auslegst, auch die Tiefe eines Bachbetts gestalten. Denn durch die Eigenenergie des Wassers gräbt sich der Bach selbst sein Bett. So kommt es zu der natürlichen und lebendigen Vielfalt eines Wasserlaufes. Durch Bewegung reinigt sich das Wasser selbst und vitalisiert sich. In den Nischen entstehen außerdem viele Kleinklimata und damit unterschiedliche Lebensräume für Pflanze und Tier. Das Wasser eines solchen Baches wird immer reicher an Informationen und Sauerstoff, es wird immer klarer und besser, je länger es fließt.

Ein regulierter Bachlauf oder ein gerader Kanal, mit Ufern, die beiderseits gleich kahl oder mit Monokulturen bewachsen sind, der überall gleich tief ist, hat auch überall dieselben Bedingungen und Temperaturen. Das Wasser kann nicht schwingen und sich nicht drehen: So ein Wasser kann sich nirgendwo regenerieren. Es ermüdet.

Die Selbstreinigungskräfte eines Baches waren uns Bauern schon immer bekannt. Wir sagten: „Rinnt das Wasser über drei Stein, ist es wieder rein." Das ist sicher übertrieben, aber das Prinzip stimmt. Wenn auf der Alm eine Kuh ihren Mist in einen Bach fallen lässt, ist 100 m weiter unten das Wasser wieder klar.

Wie kommt das? Kies, Sand und hineinragende Pflanzen sind natürliche Filter für Schwebestoffe. Man muss nur schauen, wie die Uferränder aussehen. Wenn Wind und Wellen Blätter, Blütenstaub oder andere organische Substanzen ans Ufer treiben, lagern sie sich dort an Wasser- und Uferpflanzen ab. Diese haben so ihren Dünger. Das Wasser aber wird geklärt. So reinigt sich das System selbst. Durch die Vegetation entstehen dann auch die Laichplätze für Fische und die Brutplätze für Vögel.

All diese Beobachtungen sollen in die Gestaltung einer Wasserlandschaft, eines Teiches oder eines Sees mit einfließen.

Die Ausformung eines Wasserretentionsraums

Grundsätzlich gilt: Wenn es so aussieht, als sei der Teich schon immer hier gewesen, wenn er also natürlich aussieht, dann ist es es richtig gemacht. Ich vermeide deshalb künstliche, eckige oder kreisrunde Formen und steile Ufer und wähle die Formen der Natur – geschwungen und mäandrierend.

Die Form des Teiches oder Sees soll

1. die Selbstreinigungskraft des Wassers unterstützen: Selbstreinigung beruht auf dem biologischen Abbau organischer Verbindungen durch Mikroorganismen. Für diesen Vorgang wird Sauer-

stoff benötigt. Bei guter Sauerstoffversorgung ist auch eine hohe Selbstreinigungskraft gewährleistet. Je stärker und häufiger sich das Wasser bewegt, umso mehr wird es mit Sauerstoff angereichert. Bei richtiger Ausformung eines Teiches oder Sees ist das Wasser durch Wellengang fast immer leicht in Bewegung, reichert sich mit Sauerstoff an und reinigt sich so selbst.

2. eine Vielfalt an Kleinklimazonen und unterschiedlichen Lebensbedingungen schaffen, damit viele verschiedene Pflanzen und Tiere ihren Platz finden. Je größer die Vielfalt von Fischen, Insekten, Schnecken, Krebsen und Vögeln, desto stabiler das ökologische Gleichgewicht im und am Teich, desto selbständiger wird das Gesamtsystem. Der Teich oder See soll deshalb Flach- und Tiefzonen haben.

3. die drei Bewegungsformen des Wassers unterstützen: geschwungene Ufer für die Mäanderbewegung, die Ausrichtung mit dem Wind für die Wellenbewegungen, Uferbepflanzungen wegen der Beschattung sowie Flach- und Tiefzonen, damit sich das Wasser durch die verschiedenen Temperaturen umwälzt.

Ausrichtung des Sees nach dem Wind

Ich richte den See der Länge nach in der Hauptwindrichtung aus. In den meisten Fällen ist dies West-Ost. Eine Y-Form eignet sich besonders gut. Dann bilden sich auf der Wasseroberfläche möglichst lange Wellen, selbst beim leisen Lufthauch. Jede noch so kleine Welle trägt Sauerstoff in den See ein.

Die Wellen tragen dann das ganze Feinmaterial – Blütenstaub, Humusteile, Blätter und andere Schwebeteile – an die Uferzonen. Wäre das Ufer glatt und kahl, würden sie mit dem nächsten Wind wieder zurückgetragen werden. Wenn ich aber dort, wo Wind und Wellen die Schwebstoffe hintreiben, Seerosen, Schilf, Rohrkolben oder andere Ufer- und

Ausrichtung eines Sees nach dem Wind in West-Ost-Richtung, am besten in Y-Form. (Foto: Nigel Dickinson)

Wasserpflanzen anpflanze, dann halten diese es da fest. Die Schwebestoffe setzen sich ab, verrotten und dienen den Uferpflanzen als Nährstoff – und der See ist sauber.

Ufergestaltung

Um die mäandrierende Eigenbewegung des Wassers zu unterstützen, soll die Ufergestaltung nicht gerade sein, sondern geschwungen und natürlich. Mit Wurzelstöcken, Felsen oder großen Steinen im Wasser und am Ufer kann ich Widerstände errichten, die die Eigenbewegungen des Wassers verstärken.

Die Böschungen sollen eine Neigung von nicht mehr als 1:1,5 oder 1:2 haben: Dort säe ich bodendeckende Pflanzen an, die die Erde vor dem Auswaschen beschützen und sie festhalten. Diese Pflanzen gehören zum Selbstreinigungssystem des Wassers und sind gleichzeitig Futter und Schutz für Fische und Kleintiere.

Steine in der Ufergestaltung: Neben der Ästhetik sorgen sie für Temperaturausgleich.

Sumpfpflanzen und Schwimmpflanzen in den Ufer- und Flachzonen

Stabilität und Vielfalt durch den Kühlschrankeffekt der Tief- und Flachzonen

Wer im Sommer durch einen See schwimmt und einen Fuß nach unten hält, spürt es: Das Wasser bildet eine Wärme- und Kälteschichtung. Die Sonne wärmt die oberste Schicht auf, aber unten bleibt es kühl. Warmes Wasser steigt nach oben, abgekühltes sinkt nach unten. Indem ich Tief- und Flachzonen im See anlege, kann ich diesen Effekt nutzen und den so genannten Kühlschrankeffekt bewirken, einen Temperaturausgleich. In der Tiefzone habe ich zu jeder Jahreszeit eine etwa gleichbleibende Temperatur, die Erdtemperatur. Bei extremen Temperaturschwankungen bewirkt der Kühlschrankeffekt einen Ausgleich, so entsteht Stabilität.

Der Kühlschrankeffekt funktioniert bei den bisher angelegten Wasserretentionsbecken bestens. Diese Beobachtung ist nicht unbedingt auf Naturseen mit großen Tiefen zu übertragen. Dort bilden sich stabile Schichten, die sich nicht mehr bewegen.

Mit Tief- und Flachzonen kann sich aber auch jedes Tier das Umfeld suchen, in dem es sich wohlfühlt. Wer einen vielfältigen Fischbesatz haben möchte, besonders in heißen Gebieten, kann auf Tiefzonen allerdings nicht verzichten.

Tiefzonen

Die Tiefzonen sind dunkel und frei von Pflanzenbewuchs und ein Refugium für einige Fischarten, wie z. B. Forellen und Saiblinge. Da der Sauerstoffgehalt des Wassers direkt von der Temperatur abhängt und bei kühlem Wasser höher ist, bietet die Tiefzone diesen sauerstoffliebenden Fischen auch in heißen Sommern gute Lebensbedingungen.

Wie auf den Seiten 72 ff. bereits beschrieben, grabe ich dazu im Nahbereich des aufzuschüttenden Dammes ein Loch in Schneckenform aus. Je

Teichgestaltung mit bewachsenen Ufern

nach Beschaffenheit und Größe des Sees kann das 10–15 m tief sein. So habe ich das notwendige Schüttmaterial für den Damm und gleichzeitig eine Tiefzone im See.

Praxis-Tipp

Ich führe bei vielen Seen die nördliche Uferzone steiler aus als die südseitige, lege hier ufernah eine weitere Tiefzone an und bepflanze das Ufer zusätzlich mit schattenspendenden Bäumen.
Damit fördere ich eine leichte Drehbewegung des Wassers bei Tag und bei Nacht und dadurch den Kalt-Warm-Austausch.

Uferzonen

Die Uferzonen wärmen sich im Frühjahr als erstes auf. Dies sind die hochproduktiven und nährstoffreichsten Teile des Sees. Hier sollten Schilf, Binsen, Simsen und andere Uferpflanzen wachsen. Sie dienen als Uferbefestigung, Beschattung, Laichplatz und Schutz für Jungfische sowie auch als Schutz für Wasservögel.

Flachzonen

Flachzonen bieten optimale Bedingungen für Schwimmblattpflanzen sowie Seerosen und Teichrosen. Auch diese Pflanzen dienen als Versteck und Schutz für Jungfische, als Nahrung und Beschattung und verlangsamen die Wasserbewegung.

Als Fische für Ufer- und Flachzone kann ich zum Beispiel empfehlen: Karpfen, Schleie, Barsch, diverse Weißfische wie Karauschen, Rotfedern und dergleichen. Auch die Raubfische Hechte, Zander und Wels sind für die Flachzonen geeignet, da sie dort ablaichen. Für eine ökologische, extensive Bewirtschaftung können sie eingesetzt werden, um den Bestand zu regulieren.

Überstaute Vegetation auf dem Seegrund

Oft kommt die Frage auf, was denn mit der Vegetation geschehen soll, die bei einem Wasserretentionsraum überstaut wird. Soll man die zu überstauende Fläche roden, bevor der Regen kommt? Meine Antwort ist: Nein, lassen Sie sie einfach stehen. Wo Vegetation überstaut wird, verrottet sie langsam und tauscht sich mit der Zeit aus: Es bildet sich eine neue Vegetation aus Unterwasserpflanzen, Schwimmpflanzen und in den Flachzonen verschiedene Röhrengräser, Schilf und Rohrkolben.

Vieles wird sich in kurzer Zeit von selbst ansiedeln, während das andere verrottet. Lassen Sie also die alte Vegetation ruhig stehen, sie ist der Dünger und der Schutz für die neue. Überstautes Dickicht wie zum Beispiel Brombeeren wird auch unter Wasser noch einige Zeit als Laichplatz für Zander seinen Dienst tun. An den Ufern ist das Gestrüpp ein Schutzraum für Enten und Hühner – der Fuchs lässt sie hier in Ruhe. An zeitweise überstauten Gräsern und Blättern der Flachzonen bilden sich Kleinalgen: Ein hervorragendes Naturfutter für viele Fische.

Umfeldgestaltung

Soll der See oder Teich ein reiner Retentionsraum sein, dann brauche ich nicht weiter gestalterisch einzugreifen: Die naturgegebenen Formen sorgen für eine harmonische Uferumgebung. Aber Uferzonen sind auch hochproduktive Zonen der Natur und ihr Umfeld eignet sich sehr gut für die Produktion von Gemüse, Obst, von Gärten und Erholungsgebieten. Wenn ich das vorhabe, sollen die Ufer als Terrassen gestaltet werden. Terrassen haben große Vorteile: Humus und Feinerde, die bei Starkregen von den Hängen abgespült werden, bleiben liegen und landen nicht im See. So verbessern sich der Boden und das Nährstoffverhältnis immer mehr und der See bleibt gleichzeitig sauber.

Neu gestalteter Regenwasserfall mit Ententeich

Die Sonnenreflexion von der Wasseroberfläche erhöht Licht und Temperatur, so dass Pflanzen optimale Bedingungen vorfinden. Alles gedeiht hier: Obst, Gemüse, Blumen, Landschaftsgärten, und in etwas geschützteren Lagen kann ich es auch mit frostempfindlicheren Pflanzen probieren.

Steine und Felsen sind ganz besonders willkommene Gestaltungselemente in Uferzonen – im Wasser und am Land: Sie speichern die Sonnenwärme wie ein Kachelofen und strahlen sie über Nacht wieder ab.

Die Terrassen können so breit angelegt werden, dass sie mit dem Kultivator gut bearbeitet werden können und so ein professioneller Anbau von Obst und Gemüse möglich ist.

In den meisten Fällen ist eine zusätzliche Bewässerung nicht nötig, denn durch den Kapillardruck zieht der Erdkörper das Wasser selbst aus dem See nach

Gestaltung eines künstlichen Wasserfalls

oben. Auch der Morgentau ist in Ufernähe besonders groß. Wo aber – etwa bei Gemüseintensivanbau und großer Sommerhitze – doch eine Bewässerung notwendig wird, ist das Gießwasser nah. Das Seewasser kann auch mit einer Solarpumpe hochgepumpt werden und eine Tropfbewässerung speisen.

Die Nähe zum Wasser ergibt die Möglichkeit vieler symbiotischer Effekte. Dafür gibt es viele Beispiele – zum Beispiel gedeihen am Wasser viele Arten von Wassergeflügel, die die Schnecken im Garten regulieren.

Zur Ökonomie von Wasserlandschaften

Oft wird die Frage gestellt: Wie viel Prozent eines Grundstückes sollen dem Wasser zur Verfügung gestellt werden, damit der Wasserhaushalt in Ordnung kommt? Natürlich ist jedes Gelände anders und die Antwort hängt vom Klima, vom Boden, von der Geländeausformung und vom Wasserzufluss ab. Aber wer den Weg der Renaturierung ganz gehen und den Wasserhaushalt in Ordnung bringen will, der sollte nach Möglichkeit von 10 % ausgehen, je nach Geländeform und Nutzung der Fläche auch mehr.

Dann kommt natürlich meistens ein Einwand von den Bauern und Landbesitzern. Sie sagen: Ja, für die Natur mag es gut sein, Teiche, Seen und Wasser-

Bau eines Teiches, der mit Regen- und Dachwasser gespeist wird.

landschaften anzulegen, aber ich muss schließlich auch auf mein Einkommen schauen. Ich kann mir nicht leisten, so viel Grund nicht zu bewirtschaften. Dieses Argument nehme ich sehr ernst. Natürlich soll jeder Bauer von seinem Grund leben und seine Familie ernähren können, er soll selbständig sein können und nicht am Topf der Förderungen und Subventionen hängen müssen.

Trotzdem möchte ich sehr deutlich darauf hinweisen: Hier liegt ein Denkfehler vor. Denn Wasser ist eine Kulturfläche und ein Bauer kann gut von ihr leben. Wasser ist je nach Bewirtschaftung sogar wertvoller als Grund. Wenn ich weiß, wie, bringt eine Wasserfläche mehr Ertrag als der beste Ackergrund und macht am wenigsten Arbeit.

Wie produktiv eine Wasserlandschaft ist, zeigt das Beispiel des Krameterhofes. Den Einheitswert des Krameterhofes hat das Finanzamt im Vergleich zu früher auf das Zehnfache festgesetzt. Die Projekte in Spanien und Portugal produzieren auf den Uferterrassen mehr Gemüse mit weniger Arbeitsaufwand und damit weniger Kosten als vorher auf der ganzen Fläche. Eine Wasserlandschaft bringt also immer einen ökonomischen Gewinn, da sich die Fruchtbarkeit der Uferflächen verbessert. Noch besser wird die Bilanz, wenn ich nicht nur die Ufer, sondern auch den See oder Teich selbst ökonomisch bewirtschafte. Landbesitzer und Bauern, die flexibel und kreativ denken, können mit geringem Aufwand einen guten Gewinn machen. Wie intensiv sie das Wasser bewirtschaften möchten, entscheidet jeder selbst. Ein hauptberuflicher Landwirt wird natürlich danach trachten, möglichst viel zu produzieren, auf dem Wasser sowie auf seinen anderen Kulturflächen. Einen guten Ertrag zu erzielen und gleichzeitig die Natur zu schützen, ist dabei überhaupt kein Widerspruch, im Gegenteil: Die Bauern leben ja von der intakten Natur, sie haben also ein eigenes Interesse, sie zu schützen.

Auch in der Ökonomie: Vielfalt statt Einfalt

Den besten und nachhaltigsten Ertrag erhalte ich nicht durch Spezialisierung und Intensivierung einer einzigen Produktion, sondern durch die Vielfalt der Nutzung. Je vielfältiger ein System ist, umso stabiler ist es.

Denn was macht der Bauer, der sich ganz auf ein Produkt spezialisiert? Er nimmt das Tier oder die Pflanze aus all ihren Kreisläufen heraus, isoliert sie und muss sie versorgen, weil sie von ihm abhängig ist. Er muss nun für alles aufkommen, was das Tier oder die Pflanze in einem natürlichen System von selbst erhält. Für die Spezialisierung musste er hohe Investitionen tätigen, die sich in den meisten Fällen gar nicht rechnen. Und nun hat er sich auf ein Produkt festgelegt. Wenn jetzt etwas Unvorhergesehenes geschieht – ein Preisverfall, eine Klimaveränderung oder eine Tier- oder Pflanzenseuche –, dann hat er einen großen Verlust. Deshalb ist Spezialisierung eine sehr unsichere Sache.

Ein natürliches, vielseitiges System wie eine Wasserlandschaft gibt mir viel mehr Möglichkeiten. Ich stehe damit auch ökonomisch auf mehreren Beinen, nicht nur auf einem. Ich muss mir zwar Nischen suchen, wenn ich einen guten Preis erzielen will. Ich kann aber auch vorausschauend denken, damit ich auf den Markt reagieren und mir offen halten kann, schnell auf andere Produkte umzusteigen. Während die Konkurrenten bei Schadensfall oder Preisverfall noch dabei sind, sich neu zu besinnen, verkaufe ich schon längst wieder andere Produkte. Ein solches Vorgehen ist natürlich, stabil und nachhaltig und gestattet dem Bauern größtmögliche Unabhängigkeit.

Welche Möglichkeiten der Nutzung bietet eine Wasserlandschaft?

Ein See oder Teich dient

- als Brandschutz
- der Verhinderung von Überschwemmungen durch Schaffung von Retentionsraum
- als Wasserreservoir für die Bewässerung in Trockenzeiten
- als Tränke für das Vieh
- als Produktionsfläche für Wasserpflanzengärtnerei
- der Fischereibewirtschaftung
- als Produktionsfläche für Krebse, Süßwassermuscheln und andere Spezialprodukte
- der biologischen Haltung von Wasser- und Ziergeflügel aller Art
- als Produktionsfläche für Wasserbüffel
- als Freizeitgebiet im touristischen Bereich: Schwimmen, Segeln, Rudern, im Winter zum Eisstockschießen oder Eislaufen
- der Direktvermarktung

Kooperation mit Tieren im und am Wasser

Eine Bemerkung zum Thema Tiere ganz allgemein: Intensivhaltung lehne ich grundsätzlich ab. Das gilt auch für Seen und Wasserlandschaften. Die ganze Vegetation und Umgebung leidet durch Übernutzung, wenn zu viele Tiere auf zu wenig Raum gehalten werden, sei es Wassergeflügel, Wasserbüffel oder Fische, ganz egal. Auch das Tier selbst fühlt sich nicht wohl, und das führt zu Stress, Krankheiten und zu hohen Ausfällen.

Fische gehören meiner Ansicht nach in jeden Teich oder See, ob ich sie ökonomisch nutze oder nicht, denn sie haben eine ökologische Bedeutung. Um das richtige Maß für den Besatz zu finden, gibt es Faustzahlen, die man in der Fachliteratur für Fischzucht nachschlagen kann. Aber am wichtigsten ist es, selbst hinzuschauen, immer weiter zu lernen, wahrzunehmen, zu beobachten und zu experimentieren. Dann sehe ich, wie Einklang entsteht und wie viele Tiere ich ohne Schädigung der Fauna und Flora halten kann. Hier muss auch der Fischereibewirtschafter lernen, Maß zu halten und nicht zu gierig zu sein.

Koi-Karpfen im Teich: wertvoll als Zierfische und im Biotop

Dieses Kapitel kann nicht auf alle Aspekte der Tierhaltung im und am Wasser komplett eingehen, sondern gibt Anfängern und Erfahreneren einige Grundsätze, ungewöhnliche Ideen und Anhaltspunkte in die Hand. Wer ernsthaft in die Fisch- oder Wassergeflügelhaltung einsteigen will, muss sich um weitere Wissensquellen bemühen und vor allem eigene Erfahrungen sammeln.

Fischbesatz

Die Besatzdichte von Fischen richtet sich nach der Größe des Gewässers, dem Sauerstoffgehalt, der Wassertemperatur und nach dem gewünschten Grad der Intensität. Ein biotopgerechter Besatz ist die Voraussetzung für eine gewinnbringende Produktion. Die Wahl der Fische orientiert sich außerdem am Markt, denn ein Fischereibesitzer will seine Produkte auch ökonomisch sinnvoll vermarkten. Auch hier lohnt es sich, die Fischarten und ihre Marktpreise zu vergleichen und Marktnischen zu finden, um nicht mit anderen zu konkurrieren. Nur dann erzielt das Produkt auch einen gerechten Preis. Mit anderen Worten: Wenn die Nachbarn Forellen produzieren, werde ich wohl etwas anderes wählen.

Hechte im Karpfenteich

Für die Auswahl der Fische gilt wie immer: Vielfalt ist besser als Einfalt. Bei extensiver Bewirtschaftung und entsprechender Biotopgestaltung im See ist es möglich, Raub- und Friedfische in demselben Gewässer im Gleichgewicht zu haben.

Die Leute fragen oft: „Wie soll das gehen? Hechte und Karpfen in einem Teich? Wenn ich einen Raubfisch drin habe, dann frisst er doch die ganzen Friedfische auf." Das ist aber Unsinn, in der

Natur ist das ja auch nicht so. Die Tiere leben voneinander, aber sie rotten sich nicht gegenseitig aus. Nur wenn ich einen runden oder quadratischen Tümpel mit überall der gleichen Tiefe, ohne Wurzelstrünke und Steine habe, dann finden die Friedfische kein Versteck, dann werden sie vom Raubfisch so lange verfolgt, bis er alle gefressen hat. Dann bleibt nur der Raubfisch übrig und zum Schluss verhungert der auch noch, weil er nichts mehr zu fressen hat.

Damit sich ein Gleichgewicht bildet, soll jede Fischart ihr entsprechendes Biotop vorfinden. Dazu bringe ich Steinhügel, Wurzelstrünke, ganze Bäume in den Seegrund ein und sorge für eine vielfältige Ufergestaltung. Dann finden die Fische Schutzräume, Unterschlupf und Sicherheit, vor allem die Jungfische sollen sich vor den großen Fischen verstecken können. In dieser Art der ökologisch-extensiven Bewirtschaftung dient ein Teil des Nachwuchses als Besatz für den See und der andere Teil als Futter für die Raubfische. So kommt es zu einer Auslese der Besten, und das System erhält sich selbst.

Auch Wasservögel profitieren von einem gemischten Fischbesatz, vom Eisvogel bis zum Seeadler. Selbst große Fische können gefressen werden, zum Beispiel vom Fischotter. Aber wenn eine Vielfalt von Fischen vorhanden ist, ist der Schaden begrenzt – im Gegensatz zu Teichen, wo alle Fische gleichartig, gleich schwer und gleich groß sind.

Einige Faustregeln für den Einsatz von Friedfischen und Raubfischen

1. Bei einem Neubesatz eines Fischwassers ist darauf zu achten, dass für die Raubfische, wie Hecht, Zander und Wels, die notwendigen Futterfische vorhanden sind oder mit eingesetzt werden. Dabei dürfen die Futterfische nicht mehr als ein Drittel der Größe des Raubfisches besitzen, sonst frisst dieser sie nicht.

Bei einem gleichzeitigen Einsatz von Fried- und Raubfischen sollen die Fische, die ich für die Zucht bewahren will, mindestens die gleiche Größe haben wie die eingesetzten Raubfische. Dann sind sie ganz sicher, denn ein Raubfisch wird keinen gleich großen Friedfisch angreifen.

2. Wichtig ist, dass jede Fischart Laichplätze vorfindet, wo sie artgerecht und gefahrlos ablaichen kann, und die Jungfische sich geschützt entwickeln können: so genannte Fischkindergärten (dazu später mehr).

3. Für die Balance zwischen Fried- und Raubfischen hat der Bewirtschafter zu sorgen, sonst wird das System unwuchtig. Das heißt zum Beispiel: Wenn der Hechtbesatz zu hoch ist, wird der Karpfenbesatz darunter leiden. Dann muss ich ein paar Hechte fangen, damit das Gleichgewicht wieder stimmt.

Überlaufsicherung

Wenn ein Teich oder See mit offenen Gewässern in Verbindung steht, vor allem wenn er einen Ablauf hat, darf ich keine Fischarten einsetzen, die sich unkontrolliert ausbreiten könnten und die natürliche Flora und Fauna dieser Gewässer gefährden. Das ist eine Selbstverständlichkeit. Dazu gehören vor allem Fische, die in einer Region nicht heimisch sind und keine natürlichen Feinde haben. Für eine Sicherung des Überlaufs und Zulaufs ist zu sorgen, damit ein unerwünschtes Zu- oder Abwandern der Fische verhindert wird. Damit kann ich sowohl verhindern, dass kranke Fische oder Raubfische in meinen Teich einwandern und Schaden anrichten als auch dass meine Fische sich in anderen Gewässern unkontrolliert ausbreiten.

Wo es keinen Zu- oder Abfluss gibt, also in einem so genannten Himmelsteich, der nur von Oberflächenwasser, also Regenwasser, und Quellen gespeist wird, ist dies nicht notwendig.

Naturfutter

Eine natürlich ausgeformte Wasserlandschaft bietet viele Futterflächen, in denen die Fische bei extensiver Bewirtschaftung ihr Futter selbst finden. Die intensivste Naturfutterproduktion habe ich im warmen Wasser der Flach- und Uferzonen, denn dies sind produktive Grenzflächen. Es ist enorm, was sich dort bildet: Plankton, Kleinkrebse und andere Wasserlebewesen.

Für eine gute Naturfutterproduktion sind auch die Tiefzonen von großem Vorteil: Sie puffern Temperaturschwankungen im Sommer und Winter ab, wärmen im Winter und kühlen durch die ausgleichende Erdtemperatur im Sommer. Zum Einfrieren kommt es dann auch in alpinen Regionen seltener, deshalb haben Tiere und Pflanzen weniger Stress und es wächst mehr Naturfutter.

Zufüttern muss ich die Fische nur, wenn ich eine Intensivbewirtschaftung betreibe. Für mich kommt eine Intensivmast nicht in Frage, ich lehne sie ab. Ein Fisch, der von Naturfutter lebt, ist von Geschmack und Qualität nicht mit einem Mastfisch zu vergleichen.

Natürlich hat auch die Wasserqualität hat einen großen Einfluss auf die Fischqualität. Wenn das Wasser modrig riecht, riecht auch der Fisch modrig. In einem natürlich ausgeformten Teich ist das Wasser in Bewegung und kann sich regenerieren, wie ich auf den Seiten 79 ff. ausführlich beschrieben habe.

Praxis-Tipp: Futterautomat Mückenfalle

Eine Glühbirne, am besten eine Solarlampe, knapp über einem Teich aufgehängt, zieht Mücken an, die nachts in ihrem Licht tanzen. Schon bald tummeln sich unterhalb der Lampe die Fische. Lege ich dort Steine ins Wasser, dann schaffe ich eine kleine Flachzone. Dann können nur die Jungfische an diese Stelle schwimmen und sich die Mücken und Fliegen schnappen. So habe ich einen Futterautomat für die Aufzucht von Jungfischen und reduziere gleichzeitig auf natürliche Weise die Mücken- und Fliegenpopulation.

Temperatur

Sowohl in heißen Sommern als auch in der kältesten Jahreszeit suchen viele Fische die Tiefzone auf, weil dort die Temperatur zu jeder Zeit etwa gleich bleibt. Der Wärmebedarf von Fischen ist sehr unterschiedlich: Bei mehr als 22–23 °C gehen Bachforellen ein und 25 °C ist die Obergrenze für die Regenbogenforelle. Der Karpfen dagegen beginnt sich da erst richtig wohlzufühlen. Mit den Tief- und Flachzonen kann ich aber Fische mit den verschiedensten Bedürfnissen im selben Teich oder See halten, denn sie haben immer die Möglichkeit, die Zonen aufzusuchen, wo sie sich wohlfühlen. Bei warmem Wasser ist der Bedarf der Fische an Sauerstoff höher als bei kaltem.

Auch für das Ablaichen spielt die Temperatur eine wichtige Rolle. Es muss warm genug sein, damit die Fische überhaupt ablaichen.

Vermehrung und Fischkindergärten

In einem natürlich geformten See oder Teich, in dem sich alle Tiere und Pflanzen wohlfühlen, muss ich mir um die Vermehrung der Fische keine Sorgen machen. Wichtig ist, dass die verschiedenen Fische geschützte Stellen für ihre verschiedenen Laichbedürfnisse finden.

Um die Aufzucht zu schützen, sind Fischkindergärten anzulegen, indem Gestrüpp, Wurzelstrünke oder auch einmal ein umgefallener Baum oder ein Steinhaufen in eine Flachzone hineingelegt werden. In diesen Schutzzonen können sich die Jungfische ihren eigenen Lebensraum suchen und haben die

Fischbesatz Störe

Möglichkeit, sich zu verstecken. Hier leben auch Krebse und andere Kleintiere, aber der große Raubfisch kommt hier nicht hinein.

Die Fische haben unterschiedliche Laichbedürfnisse. Hechte legen ihren Laich direkt an das Ufergras. Zander laichen auch in tieferen Zonen, nicht nur in den Flachzonen ab, und zwar an Wurzelgeflecht. Mit Zandernestern als Laichplätzen können sie unterstützt werden: Dazu binde ich Feinwurzeln von Sträuchern mit Zweigen zusammen und hänge diese Nester 1–2 m ins Wasser hinein.

Die Fettflosser, also die Forellenarten, brauchen Flachzonen mit fließendem Wasser und ein Kies- oder Sandbett. Sie steigen zum Ablaichen an den Zulauf des Sees auf. In den Sand oder Kies schlagen sie mit den Flossen Laichmulden aus, in die sie die Eier ablegen. Die abgelegten Eier werden sofort durch die Milchablage des Männchen befruchtet. Dann schlagen die Forellen die Mulde mit den Flossen wieder zu, so sind die Eier geschützt. Die Mulde mit den befruchteten Eiern muss immer mit frischem Wasser durchspült werden, weil sonst die Eier verpilzen: Deshalb legen die Forellen sie in das Zuflussgebiet des Sees. Die Forellenbrut zehrt von ihrem Dottersack, bis die kleinen Fische fressfähig werden und Kleinstlebewesen aufnehmen können: Mücken, kleine Krebse und andere.

Karpfen brauchen mindestens 20 °C zum Ablaichen, damit sich die Eier entwickeln können. Deshalb suchen sie die Flachzonen auf, die sich im Frühjahr am schnellsten aufwärmen. Sie laichen in der Ufervegetation am Wassergras ab, die Laich heftet sich an die Halme. Wenn ich durch den Überlauf den Wasserstand regulieren kann, habe ich die Möglichkeit, die Vegetationsflächen der Flachzonen zu überstauen. Auf dem überstauten Gras bildet sich sehr schnell Futter für die Brut. Das ist auch wichtig, denn die Karpfenartigen haben keinen Dottersack, von dem sie zehren können. Sie brauchen also von Anfang an Futter, sonst würden sie verhungern. Dieses Futter besteht aus Feinplankton, das sich sehr schnell auf den überstauten Grashalmen bildet.

Wassergeflügel

Zu einer ökologisch und ökonomisch sinnvollen Bewirtschaftung einer Wasserlandschaft gehört natürlich auch Wassergeflügel. Verschiedenstes Wildgeflügel stellt sich ohnehin ein: Gänse, Reiher, Wildenten, Pekassinen und viele andere. Das belebt die Wasserlandschaft und macht sie zu einem wunderbaren Naturerlebnisplatz.

Biologisch gehaltenes Freilandgeflügel – zum Beispiel Enten, Gänse, Hühner und Ziergeflügel – erzielt einen guten Marktpreis und ist von höchster Qualität. Die Vögel helfen auch sehr aktiv bei der natürlichen Regulation von verschiedensten Insektenarten und Schnecken.

Es werden sich allerdings auch verschiedene Raubtiere und Raubvögel einstellen. Für Füchse, Habichte, Iltisse und streunende Hunde wären Wasservögel ein gefundenes Fressen, würde man nicht die entsprechenden Vorkehrungen schaffen. Deshalb muss ich schon beim Bau der Wasserlandschaft Schutzzonen mit einplanen und bauen. Das können fixierte oder auch schwimmende Inseln sein, auf denen Schutz- und Brutplätze errichtet werden können. Auch hohle Baumstämme, die im Wasser schwimmen, bieten einen Schutz gegen Raubvögel. Darin sind die Tiere weitgehend geschützt. Frei le-

Enten und Gänse in der vor Raubtieren geschützten natürlichen Tierhaltung

Gestaltungsmöglichkeiten für Tierhaltung, Unterstand, Brutgelegenheit für Wassergeflügel

Weitere lohnende Möglichkeit für Aquakultur: der Edelkrebs

bende Tiere entwickeln eine sehr gute Wahrnehmung und suchen bei Gefahr sofort die Schutzzonen auf.

Auf einer aufgeschütteten Insel kann ich mit Dornengestrüpp Nistplätze errichten. Ganz hervorragend bewährt haben sich bei uns am Krameterhof Pfahlbauten im Wasser, in denen das Wassergeflügel auch im Winter Unterstand und Schutz findet, denn bei Temperaturen von bis zu 30 Minusgraden, wie es bei uns oft vorkommt, frieren die Seen komplett zu und die Raubtiere haben es leicht, über den See zu laufen. Durch Experimentieren habe ich eine Schutzkonstruktion entwickelt: Auf im Wasser stehenden Pfählen werden Hütten gebaut, in die die Enten und Gänse von unten durch einen Aufstieg hineinschlüpfen können. Wenn ich den Wasserzulauf vom oberen Teich mit einer Rohrleitung so reguliere, dass das Wasser unter der Hütte ausströmt, dann bleibt der Teich durch das aufströmende Wasser mehrere Meter rund um die Hütte eisfrei. Die Enten und Gänse können ungehindert in die Hütte hinein und hinaus und sich überall tummeln. Sobald Gefahr droht, flüchten sie sofort in die Hütte und sind hundertprozentig vor Raubtieren geschützt. Dieses System hat sich großartig bewährt. Wir haben kaum noch Ausfälle durch Raubtiere im Winter.

Wasserbüffel

Mit Wasserbüffeln habe ich in meiner Wasserlandschaft auf dem Krameterhof gute Erfahrungen gemacht. Es sind ruhige, behäbige Rinder, die gutes Fleisch liefern, aber auch Milch, aus der man zum Beispiel in Italien den hervorragenden Büffel-Mozzarella herstellt. Sie regulieren die übermäßig wuchernden Wasserpflanzen, gehen gerne ins Wasser und fressen dort, weiden aber genauso gut auch auf den angrenzenden Wiesen. In Regionen, wo es keinen starken frostigen Winter gibt, würden sie sich natürlich noch viel wohler fühlen.

Wasserpflanzengärtnerei

In einer Wasserlandschaft lässt sich eine Vielzahl verschiedenster Wasserpflanzen züchten, ob Uferpflanzen, Unterwasserpflanzen oder Schwimmpflanzen. Seerosen, Teichrosen, Lotus und viele andere Sumpf- und Wasserpflanzen erzielen auch einen

Schwimmende Enteninsel

guten Marktpreis. Es gibt Hunderte von Arten und Sorten, auf die sich ein Wasserpflanzengärtner spezialisieren kann. Vor allem mit der Wasserpflanzengärtnerei in alpinen Regionen habe ich gute Erfahrungen gemacht, denn diese abgehärteten Pflanzen kann ich in fast allen Höhenlagen auspflanzen.

Durch die Schaffung von Kleinklimazonen und Tiefzonen helfe ich den Wasserpflanzen, sich auch an kalte Temperaturen zu akklimatisieren. Das ist auch der Grund dafür, dass am Krameterhof bis auf 1.400 m in den Teichen wunderschöne Seerosen in vielen Sorten gedeihen. Pflanzen, die ich akklimatisieren will, setze ich immer an die Grenzzonen, wo es irgendwie noch geht. Die Pflanzen, die unter den extremsten Bedingungen noch überleben, sind für mich die wertvollsten. Sie haben die besten Eigenschaften, auch unter noch extremeren Bedingungen zu gedeihen. So gewöhnen sich die Pflanzen nach und nach an Kälte, Trockenheit oder andere widrige Umstände, unter denen normalerweise eine Kultivierung nicht mehr möglich wäre.

Weitere ökonomische Nutzungsmöglichkeiten

Wo Wasser ist, ist Leben. An Wasserlandschaften findet sich von selbst alles ein, was Durst hat. Von weit und breit kommen große und kleine Tiere. Natürlich kann es in einer naturgemäßen Tierhaltung zur Vermischung von Haustieren und Wildtieren kommen. Mich stört das nicht, im Gegenteil, so mischen sich wertvolle Gene ein, die an die lokalen Bedingungen angepasst sind. Mit solchen Tieren können Liebhaberpreise erzielt werden. Auch wildes Wildgeflügel wird sich einstellen: Wildenten, vielleicht auch Wildgänse, Schnepfen bis hin zum Eisvogel. Auch Seeadler leben von meinen Fischen. Wenn ich es richtig nutze und lenke, ist das ein großer Vorteil, denn die Tiere helfen dabei, ein Gleichgewicht herzustellen. In einer solchen Vielfalt entsteht ein besonderes Biotop.

Dazu möchte ich von einem Erlebnis an einem großen Teich auf der Alm erzählen: Dort fing vor einiger Zeit ein Seeadler einen wunderschönen Koi-Karpfen aus dem Teich und verspeiste ihn am Damm. Als ich ihn überraschte, strich er ab und war weg. Im ersten Moment war ich verärgert, weil ich so einen schönen dreifarbigen Koi verloren hatte. Aber der Ärger verflog schnell. Ich legte mich in der Nähe auf die Lauer, um zu sehen, ob der Adler noch einmal zurückkam. Nach einigen Stunden kam er tatsächlich und fing noch einen zweiten Karpfen, von dem er einen Teil direkt am Damm verzehrte. Das zu beobachten, war für mich ein großes Erlebnis und bedeutete mir viel mehr als der Verlust von zwei Karpfen.

Am nächsten Tag hatte ich eine Exkursion und zeigte den Besuchern die Reste des Koi, die noch am Damm lagen. Die erste Reaktion eines Teilnehmers war: „Warum haben Sie den nicht geschossen? Sie sind doch Jäger." Diese Reaktion war für mich unverständlich. Das erlebt zu haben, ist mir bis heute in Erinnerung geblieben. Das ist für mich Lebensqualität.

Wenn ich die entsprechenden Biotope inklusive der Flachzonen, Schutzräume und Fischkindergärten angelegt habe, vermehren sich die Jungfische sehr gut. Solche Ökoflächen und Biotope sind auch sehr interessant für wissenschaftliche Beobachtungen, für Fotografen, Vogelkundler und Naturliebhaber. Ich kann dort der Natur ihr Recht lassen und gleichzeitig gutes Geld verdienen, indem ich mein Gelände als Naturschutzgebiet oder als Biotop zugänglich mache und dafür Eintritt nehme. Ich habe damit kein Problem: Denn wenn Landbesitzer mit Naturschutz Geld verdienen, wird dieses Vorgehen Nachahmer finden, das kann für die Natur nur gut sein. Schließlich musste für die Renaturierung auch Geld investiert werden, das soll sich für den Landbesitzer auch rechnen. Ein Naturerlebnisland, wo Menschen die Renaturierung fühlen und sehen können und dabei erfahren, was möglich ist, wenn man die Natur richtig lenkt, ist ein großer Attraktionspunkt. Dort bietet sich auch die Möglichkeit, die Produkte vor Ort zu verkaufen, die vor Ort gedeihen.

Touristische Nutzungsmöglichkeiten

Im Winter wie im Sommer bietet eine Wasserlandschaft verschiedene touristische Nutzungsmöglichkeiten. So kann ich im Sommer baden, Boot fahren, Angeln, Tauchen. Im Winter kann ich Teile des Sees zum Schlittschuhfahren oder Eisstockschießen nutzen. Eisfischen ist auch sehr begehrt. Unbedingt darauf zu achten ist, entsprechende Ruhezonen abzugrenzen – Schutzzonen für Pflanzen und Ruhezonen, in die sich die Fische zurückziehen können.

Ringwasserleitung – ein Modell für die Versorgung von Städten und Gemeinden mit lebendigem Wasser

Frisches, fließendes, lebendiges Wasser ist unser wichtigstes Lebensmittel. Nicht nur zum Trinken, sondern auch zum Waschen und Duschen, denn die Haut ist das größte Körperorgan: Wenn das Wasser belastet ist, nehme ich die Schadstoffe auch durch die Haut auf. Doch haben die Bewohner von Städten und Gemeinden heute oft kein lebendiges Wasser mehr zur Verfügung. Wer hat schon eine Quelle direkt vor dem Haus? In normalen Leitungssystemen bleibt ungenutztes Wasser stehen und kann sich nicht durch Bewegung regenerieren. Wer aus dem Urlaub kommt und den Wasserhahn aufdreht, wird riechen und sehen, was mit unbewegtem Wasser geschieht: Es fault und stinkt. Aus diesem Grund wird Leitungswasser mit Chlor, Fluoriden und anderen Chemikalien stabilisiert und somit tot gemacht.

Sauberes Trinkwasser ist weltweit ein großes Problem geworden. Es ist wichtig und notwendig, hier Lösungen zu finden.

Wie können Gemeinden und Siedlungen mit lebendigem Wasser versorgt werden?

Wieder half mir ein Traum bei der Lösung dieses Problems: Eine Ringwasserleitung, in der das Wasser immer fließt. Ich habe den geträumten Entwurf technisch überprüfen lassen, die Antwort war: Das muss funktionieren.

In Kürze das Schema: Von einem hoch gelegenen, kalebassenförmigen Wasserbassin fließt frisches und hochwertiges Brunnenwasser zu allen Abnehmern – zu Haushalten, Bädern und Küchen – und anschließend zu einem zweiten Bassin, das ein wenig tiefer gelegen ist als das erste. Jeder Haushalt hat eine Zu- und Ableitung. Die Haushalte entnehmen das Wasser aus der fließenden Leitung. Egal, ob sie den Hahn öffnen oder nicht – das Wasser bleibt immer in Bewegung in Richtung des zweiten Bassins. So schließt sich der Kreis, deshalb heißt es Ringleitung. In der Leitung habe ich den ständigen Durchfluss und gleichzeitig einen ständigen Wasserdruck, der sich durch die Höhenlage des zweiten Bassins bemisst: Liegt dieser zum Beispiel 40 m hoch, beträgt der Druck 4 bar.

Alle Wasserhähne, die an die Ringleitung angeschlossen sind, werden stets klares, lebendiges Wasser in Trinkwasserqualität liefern, denn das Wasser ist immer in Bewegung.

Die Größe der Bassins und die Stärke der Leitungen sind so dimensioniert, dass bei der vorhandenen Schüttung der Quelle der Bedarf bei durchschnittlichem Wasserverbrauch gedeckt ist.

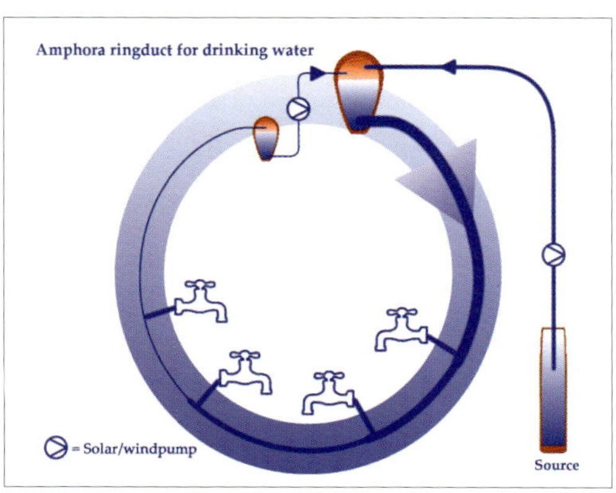

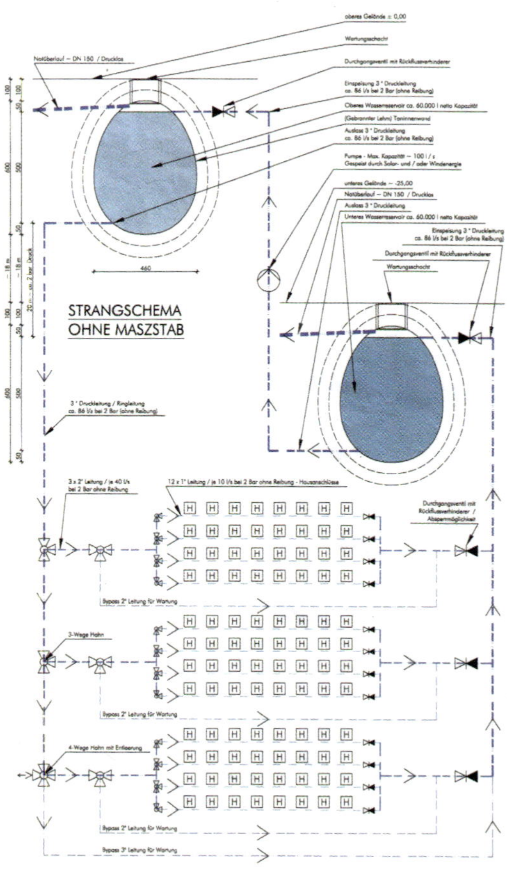

Schemata von Ringwasserleitungen

Viele traditionelle Trinkgefäße, wie hier in Spanien, sind in Eiform. Hier kann sich das Wasser am besten bewegen.

Zu Stoßzeiten mit Spitzenverbrauch, wenn die Schüttung der Quelle und die Größe von Bassin 1 nicht ausreichen, kann ich das zweite Bassin mit dem ersten verbinden und das nicht genutzte Rücklaufwasser, das in das zweite Bassin als Überlauf einfließt, mit einer Wind- oder Solarpumpe in Bassin 1 hineinpumpen. Da der Höhenunterschied zwischen den Bassins 1 und 2 gering ist, ist auch die erforderliche Druckleistung und damit der Energieverbrauch gering: Zum Beispiel sind es bei 10 Meter Höhenunterschied 1 bar. So kann ich mit dem System die Stoßzeiten abpuffern und das Wasser, das nachts, wenn wenig Verbrauch ist, am Morgen nutzen, wenn viel Wasser benötigt wird.

Die Pumpe wird durch einen Schwimmer in Gang gesetzt: Er schaltet, wenn in Bassin 1 der Wasserstand unter die benötigte Höhe fällt, automatisch die Pumpe ein, die das Wasser von Bassin 2 zu Bassin 1 pumpt. So steht ein Wasserreservoir von der Größe beider Bassins zur Verfügung.

Bassin 1 hat einen Überlauf, so dass überschüssiges Wasser von hier in einen Teich abfließen kann.

Ist aber die Quellschüttung so stark, dass das Wasser aus Bassin 2 nicht benötigt wird, dann muss der Überlauf in Bassin 2 eingebaut werden. Innerhalb der Ringleitung selbst sorgt das Gefälle für den nötigen Wasserdruck, hier muss nicht gepumpt werden.

Ein Unterschied zu einer normalen Trinkwasserleitung ist, dass es zu jedem Verbraucher eine Zu- und Fortleitung von Frischwasser gibt. So fließt das Wasser immer durch die Ringleitung, ist immer in Bewegung, damit immer frisch und hat immer Druck. Es ist lebendig und braucht weder Chlor noch andere Chemikalien, um stabilisiert zu werden.

Dieses System lässt sich in einer hügeligen Landschaft mit natürlichen Höhenunterschieden problemlos realisieren, indem die Bassins auf einem Hügel installiert werden. Sie können dort in die Erde eingebaut werden.

Aber auch in einer Stadt oder auf einer ebenen Fläche kann eine Ringwasserleitung gebaut werden. In einer Stadt können die Bassins auf vorhandene Hochhäuser aufgebaut werden. Es können eigene Hochbehälter errichtet werden oder noch vorhandene Wassertürme zu einem neuen Einsatz kommen. In solchen Fällen muss das Wasser natürlich in die Bassins gepumpt werden, was aber ebenfalls kein großes Problem sein sollte.

Die Bassins sollen je nach gewünschtem Wasserdruck höher sein als alle zu versorgenden Häuser. Ist Bassin 2 z. B. 30 oder 50 Meter höher als die Haushalte, wo das Wasser entnommen wird, dann ergibt sich ein Wasserdruck von 3–5 bar. Wäre der Höhenunterschied größer und der Druck höher als 7 oder 8 bar, sollte ein Druckreduzierer eingebaut werden, was technisch kein großes Problem wäre.

Wenn der Höhenunterschied zu gering ist, um den erforderlichen Wasserdruck zu erreichen, sollte man allerdings mit Druckpumpen arbeiten.

Konstruktion der Bassins

Wasser ist ein Lebewesen. Wasserbassins sollen daher keine Ecken oder andere toten Zonen haben. Denn dort würde das Wasser stehen bleiben und faulen. Deshalb eignet sich für die Bassins der Ringleitung am besten eine Ei- oder Kalebassenform. Das Ei ist auch die Form höchster Stabilität, so dass es nicht zu statischen Problemen kommt.

Die eiförmigen Bassins lassen sich bestens aus Beton bauen. Wie ich in meinem Traum aber gesehen habe, können sie auch sehr gut aus Lehm aufgebaut werden. Vor allem in Gegenden, in denen viel Lehm im Boden ist, so dass er großzügig verwendet werden kann, ist das ein Vorteil, dort kann man sogar mit einem Bagger die Bassins aufbauen.

So kann der Aufbau geschehen: Im Erdkörper hebe ich mit dem Bagger den notwendigen Hohlraum für das Bassin aus. Da hinein errichte ich eine Innenschalung aus Holz in Eiform. An diese, außen heran, baue ich mit dem Bagger die Lehmschichten auf, homogenisiere den Lehm und stampfe ihn mit dem Baggerlöffel fest. Die Form im Lehm kann ich mit Baustahlgitter oder anderen Materialien armieren, um die erforderliche Statik zu erreichen. Auf diese Weise baue ich die ganze Eiform auf. Den Deckel oben lasse ich offen, ebenso unten einen Schacht zum Reinigen – beide Öffnungen sollen später mit vorgefertigten Verschlüssen geöffnet und verschlossen werden können – sowie Zu- und Abläufe und Anschlüsse für die Be- und Entlüftungsrohre.

Wenn viel Lehm im Erdkörper vorhanden ist, kann ich die Lehmschicht sehr breit machen und der Übergang zum äußeren Erdkörper kann fließend sein. In diesem Fall ist eine äußere Schalung überflüssig.

Wie wird das Bassin wasserdicht? Da gehe ich folgendermaßen vor: Ist die Form fertiggestellt, befülle ich den entstandenen Hohlraum bis oben hin mit trockenem Hartholz. Die Öffnungen sind dabei noch nicht verschlossen. Dann brenne ich das Holz mitsamt der Schalung ab. Es entsteht je nach Holzart eine große Hitze von 1.000–2.000 °C. So wird der Lehm an der Oberfläche der Innenseite des Behälters zu gebranntem Ton und auf diese Weise wasserdicht.

Eventuell kann ich die Hitze sogar noch steigern, indem ich eine Gasflamme einsetze und den Lehm dann zu glattem Keramik brennen.

Anschließend wird die Form ausgespült. Die Verschlusskappe der Reinigungsöffnung wird aufmontiert, ebenso der Deckel oben und die Zu- und Abläufe.

Auch meine Idee, die Bassins aufzubauen, habe ich Architekten und Experten beschrieben, um ihre Meinung zu erfragen. Es gab bei ihnen keinerlei Bedenken, dass es nicht funktionieren könnte.

Zweiflern möchte ich empfehlen, das System zunächst im Modell zu erstellen, um zu sehen, dass es funktioniert.

Wo die Bassins nicht mit Lehm gebaut werden können, kann auch Beton verwendet werden; Beton ist auch Naturbaustoff. Bei Kunststoff bin ich dagegen äußerst vorsichtig, da ich nicht sicher bin, dass er tatsächlich unbedenklich für Lebensmittel ist.

Für Wasserleitungen gibt es allgemeine Richtlinien, eine fachgerechte Ausführung und Verlegung der Ringleitung ist selbstverständlich.

Was für Fehler können geschehen? Durch die unsachgemäße Verlegung der Wasserleitungen kann es zu Sackbildung in den Leitungen kommen. Dadurch könnten sich Luftpolster bilden, die dazu führen, dass aus dem Wasserhahn stoßweise Luft und Wasser austritt. Es besteht auch die Gefahr, dass sich die Rohre durch Sandablagerungen im Laufe der Jahre verstopfen können.

Ein großer Fehler, den ich in verschiedenen Projekten festgestellt habe, ist, wenn aus Bequemlichkeit in denselben Künetten auch Strom-, Telefon- oder Internetkabel verlegt werden. Ein solches Vorgehen ist unverzeihlich. Warum? Wasser ist ein Informationsträger. Die Isolierung der Kabel reicht bei Weitem nicht, um das Trinkwasser vor der Strombelastung zu schützen. Aber nicht nur das. Wenn eine Stromleitung gleich beim Wasserrohr verlegt wird und es fallen später einmal Baggerarbeiten an, so kann es zu einer Beschädigung des Stromkabels kommen. Dadurch besteht die Gefahr des Stromschlags. Denn Wasser ist der beste Leiter, die ganze Wasserleitung steht in diesem Fall sofort unter Strom. Wer in diesem Moment duscht oder badet, kann schweren Schaden erleiden. Der für die Isolierung notwendige Abstand zwischen Strom- und Wasserleitung ist von den Materialien und der Stromstärke abhängig; es ist hier unbedingt ein Fachmann hinzuziehen.

Wichtig ist vor allem, dass jeder Haushalt eine Zu- und Fortleitung erhält, also zwei Anschlüsse, damit das Wasser in der Hauptleitung ständig in Bewegung bleibt.

Jede weitere Wasserbelebung erübrigt sich, denn das Wasser ist bereits lebendig. Ein System, in dem das Wasser von Anfang an lebendig ist und bleibt, ist natürlich wesentlich besser als eines, wo ein abgestandenes Wasser wieder belebt werden muss.

Waldaufbau mit der Natur

Nächste Schritte in der Landschaftsheilung – die Symbiosen des Regenwaldes begreifen

Ein gesundeter Wasserhaushalt ist der erste Schritt für die Landschaftsheilung und die Grundierung für den Aufbau einer ganzheitlichen Bewirtschaftung. Jetzt können die nächsten Schritte folgen. Diese bestehen in der Vegetation: im Aufbau von Laubmischwäldern, Fruchtwäldern, essbaren Landschaften bis hin zu einer gärtnerischen oder landwirtschaftlichen Intensivnutzung.

In diesem Kapitel geht es um die Bedeutung und die Situation der Wälder und um meine Methode des Waldaufbaus in Mischkultur. Jede Landschaft braucht eine sich selbst erhaltende Vegetationsdecke. Stirbt der Wald, tritt eine Kettenreaktion an ökologischen Schäden in Kraft: Der Regen bleibt aus, der aufgeheizte Boden verändert das Klima, es bilden sich durch eine neue Thermik ganz neue Windströmungen und in deren Folge extreme Unwetter und Stürme. Auf die Bedeutung der Wälder für das Klima bin ich bereits auf den Seiten 11 ff. eingegangen.

Überall, wo ich auf der Welt hinkomme, ob nach Russland, Portugal, Spanien, Afrika oder Brasilien, sehe ich, wie notwendig ein grundlegendes Umdenken in der Forstwirtschaft ist. Das Vorbild für den Waldaufbau und jeden Biotopaufbau ist der Urwald: Ein Urwald ist ein dichtes, sich selbst erhaltendes Biotop von größtmöglicher Vielfalt und größtmöglicher Wasserspeicherkraft. Vor allem der

Ein Urwald ist ein dichtes, sich selbst erhaltendes Biotop von größtmöglicher Vielfalt und größtmöglicher Wasserspeicherkraft.

tropische Regenwald besitzt eine unvergleichbare Artenvielfalt. Man schätzt, dass es in den Wäldern 1,7 Millionen Pflanzen- und Tierarten gibt, von denen die Hälfte noch nicht erforscht wurde. Alleine auf einem Quadratkilometer finden sich etwa 1.000 Pflanzenarten. Jedes Wesen in diesem System des Urwaldes, ob Tier oder Pflanze oder Erdkörper, steht mit jedem anderen in Verbindung, in Austausch und Kommunikation. So besteht der Körper eines Regenwaldes aus einer unendlichen Summe von Wechselwirkungen und Symbiosen. Die Fruchtbarkeit des Urwaldes beruht auf seiner immensen symbiotischen Kraft.

Durch Aufforstung in Mischkultur, mit Laub-, Frucht- und Nadelbäumen, mit Beerensträuchern und Untersaaten, kann ich die Symbiosen eines Urwaldes nachahmen. Ich habe meine Erfahrungen im Hochlandnebelwald und im Tieflandregenwald sammeln können, in Costa Rica, Kolumbien, Thailand und anderen Ländern.

Vielfalt statt Einfalt – Argumente gegen Monokultur

Ich bin in allen Fällen gegen Monokulturen, ob im Garten, auf dem Acker oder im Wald, bei Tieren und auch unter Menschen. Am Beispiel der alpinen Aufforstungen bei uns in Österreich haben wir ihre Schädlichkeit schmerzhaft erfahren. Vor 50–60 Jahren hat man die Fichten-Monokulturen gefördert. Sie nannten die Fichte damals „Brotbaum" und brachten uns schon in der Schule bei, wie wichtig sie sei. 10.000 Fichten auf einen Hektar solle man pflanzen, also eine pro Quadratmeter, selbstverständlich in Reih und Glied, damit sie schön lang und gerade würden, weil Stangenholz damals einen guten Preis erzielte. Das Ganze wurde staatlich hoch gefördert und darum entschlossen sich viele Bauern, das zu tun. Die bestehenden Mischwälder wurden von Strauch- und Laubbaumbewuchs befreit und mit Giften wie Lignopur D und Dicopur Spezial vernichtet, das galt als Waldpflegemaßnahme und wurde ebenfalls gefördert und von der Landwirtschaftskammer und der Forstbehörde auch kontrolliert: So funktionierte die „moderne" Forstwirtschaft. Damit haben die so genannten Fachleute uns als Jungbauern in den Schulen zu einem falschen Fortschrittsdenken verleitet. Das Ergebnis sieht man heute: ein enormes Baumsterben.

Was war passiert? Es kam zu einer einseitigen Ausnutzung des Bodens und zu einer Übernutzung durch Konkurrenz unter den Pflanzen. Die Bäume wuchsen schnell nach oben, denn da war ja die Sonne, und unten waren alle Äste dürr. Die Bäume standen in Konkurrenz statt in Ergänzung, im Stress

Obstmischwald auf dem Krameterhof – im Gegensatz zu der bedenklichen Situation auf den umliegenden Hügeln, die durch langjährige Fichtenkulturen im gesamten Alpenbereich entstanden ist.

und im Kampf, weil alle dasselbe auf dieselbe Weise erreichen wollten. Jeder Baum drängt naturgemäß nach oben. Die Bäume bilden eine gleichförmige Decke und beschatten den Boden, so kommt es zu einer zusätzlichen Versauerung: weniger Licht, mehr Moos, weniger Wasser, saurer Boden.

Monokultur ist Einfalt!

In einem solchen Wald kann sich das Regenwasser nicht regenerieren. Der Erdkörper verfestigt sich, weil er nicht mehr durchwurzelt ist. Der pH-Wert sinkt, der Boden wird sauer, es bilden sich Moose. Die Pflanzen leiden und die Vitalität lässt nach. Wo die Vitalität fehlt, wird der Baum schwach und anfällig – für Käfer und Pilze, für Sturm und Schneebruch.

Die Fichten hat man dann auch noch gedüngt und, wenn der Boden sauer war, gekalkt. Ein Baum in einer Monokultur ist wie ein Drogensüchtiger, dem ich immer wieder seinen Stoff verabreichen muss.

Das Wild empfindet solche Wälder als Gefängnis und beginnt aufgrund seines Naturinstinktes, die Bäume zu schälen. Es trägt damit dazu bei, dass parzellenweise Bäume absterben und somit wieder

Licht und Sonne auf den Boden fallen, damit sich eine natürliche Vegetation entwickeln kann. Nun kommt aber der größte Schädling – der Forstbeamte, der das Wild bekämpft und abschießt, weil er nicht erkennt, dass die Natur versucht, sich selbst zu retten.

Heute kann man die Schäden im großen Ausmaß sehen. Flächenweise sind die Fichtenmonokulturen zusammengebrochen. Wenn ein Sturm kam, dann fielen die Bäume um wie Dominosteine. Die Quellen versiegten, weiter unten kam es zu Muren, Sturmschäden, Wasserschäden – Schäden in Milliardenhöhe. Die Schuldigen sind heute in Pension und die Jungen, die es nicht anders gelernt haben, setzen deren Fehler fort.

Jeder Hausverstand, jedes natürliche Denken sagt uns: Was so in Konkurrenz zueinander steht wie die Pflanzen in einer Monokultur, kann nicht gedeihen. Die Natur hat ein anderes Erfolgsrezept für hohe Produktivität: Sie sorgt für Vielfalt.

Vorteile der Mischkultur

- Die „Symbiose der Wechselwirkungen" habe ich schon erläutert (siehe auch die Seiten 22 ff.): Es ist die wechselseitige Versorgung von Pflanzen mit Nährstoffen. Die Pflanzen geben die Nährstoffe über Wurzel- und Blattausscheidung ab, die sie zu bestimmten Zeiten nicht brauchen. Oft sind es genau die Nährstoffe, die die Nachbarpflanze in diesem Moment benötigt.

- Der Boden in einer Mischkultur ist optimal durchwurzelt und durchfeuchtet, denn unterschiedliche Pflanzen haben unterschiedliche Wurzeltiefen. Da gibt es Tiefwurzler, die viele Meter in den Erdboden reichen, Flachwurzler, die den Oberboden durcharbeiten, und mittlere Wurzelschichten. Ein gleichmäßig tief durchwurzelter Erdkörper ist der beste Wasserspeicher und Nährstoffe werden aus der ganzen Tiefe verwertet.

- Jede Pflanzenart hat bei den Krankheiten und so genannten Schädlingen ihr spezielles Gegenüber – die Borkenkäfer, die Raupen des Kohlweißlings oder die Möhrenfliegen befallen nur den jeweiligen Wirt. Die so genannten Schädlinge sind in Wirklichkeit nützliche Regulatoren der Natur, die die Aufgabe haben, Überpopulationen und einseitiges Wachstum zu verhindern und auszugleichen. In einer Mischkultur kann mir so vielleicht die eine oder andere Pflanze verloren gehen, aber niemals ein ganzer Bestand. In einer Monokultur dagegen können sich die Fraßfeinde oder auch Krankheiten ungehindert von Pflanze zu Pflanze ausbreiten und zur Epidemie werden. Dann greift der Bauer oder Forstwirt zum Spritzmittel.

- Eine Mischkultur aus mindestens 50 % Laubbäumen ist der beste Brandschutz, da sich die Bäume wechselseitig schützen und im vollen Saft stehen.

- Bäume und andere Pflanzen in einer Mischkultur mit unterschiedlichen Höhen,

Monokulturen, wie die Fichtenaufforstungen in Österreich, wirken auf die Wildtiere wie Gefängnisse.
Rotwild schält die Rinde, das ist ein Naturinstinkt, damit lockert es die Fichtenwüsten auf, und es entsteht wieder ein lebbarer Mischwald.

Dichten und Stärken schützen sich gegenseitig vor Frost, Sonne, Hagel und Sturm. Am besten nutze ich diese Symbiose durch den stufenweisen Aufbau (siehe auch die Seiten 139 ff.): Sonnenliebende Pflanzen beschatten empfindlichere, die eine wächst im Windschatten der anderen, und die frostempfindlichste Pflanze wird von anderen vor der Morgensonne beschattet. Die Morgensonne schädigt frostempfindliche Pflanzen und Bäume am meisten, vor allem aber die Blüte, weil sie die Siebröhren platzen lässt.

- In einer Mischkultur gibt es eine natürliche Verjüngung (im Wald) bzw. Selbstaussaat (in Nahrungsmittelbiotopen). Die älteren Pflanzen stellen dabei den Schutz für die jüngeren dar. So spare ich mir in vielen Fällen die Vermehrung und das Nachpflanzen von Hand. Durch die Bildung von Wurzschößlingen erhalte ich auch ein geeignetes Verbissgehölz, das das Wild von den Bäumen ablenkt.

Exkurs: Das Beispiel Russlands

Seit einigen Jahren liegt ein Schwerpunkt meiner Arbeit in Russland. Warum?

Russland hatte für mich immer eine besondere Bedeutung. Das begann schon als kleiner Bub. Im Jahr 1943 fielen zwei meiner Onkel in Stalingrad, vorher hatten sie bei Leningrad gekämpft. Ich kann mich gut erinnern, wie meine Mutter mir das erzählte. Ich habe die beiden gar nicht gekannt, aber die Mama konnte nicht aufhören, zu weinen und zu schluchzen, und mein Bruder und ich wussten nicht, warum. Mein ganzes Leben hat mich das beschäftigt. Ich habe mir später Bücher gekauft, Dokumentationen über den Krieg. Ich wollte wissen, wo ist Leningrad und wo ist Stalingrad?

Ich habe viel Negatives über die Russen gehört. Was die Leute sich erzählten, klang so, als wären die Russen besonders böse Menschen, besonders brutal und in allem anders als wir. Ich bin zu dem Schluss gekommen, das kann so nicht stimmen, ich muss der Sache auf den Grund gehen.

Vor dem Plakat zum Seminarprogramm in Holzer'scher Permakultur in der Agrar-Universität Sankt Petersburg

Als mit der Zeit mehr Besucher zu uns auf den Krameterhof kamen, waren auch öfters einige aus Osteuropa dabei. Und schließlich kamen ganze Gruppen aus Russland und der Ukraine und buchten Seminare oder Exkursionen am Krameterhof. Vor einigen Jahren nahm eine Familie aus Russland an einer Exkursion teil und ersuchte mich um eine Beratung. Dieser Einladung bin ich gefolgt und flog zu einem großen Betrieb bei Tula, einer Kolchose. So begann meine Tätigkeit in Russland.

Von den Menschen habe ich einen ganz positiven Eindruck gewonnen, ganz anders, als das, was so erzählt wurde. Sie zeigen eine solche Dankbarkeit, Herzlichkeit, Freundlichkeit und Begeisterung, dass ich sehr positiv beeindruckt war.

Ich habe allerdings auch die Extreme kennengelernt. Moskau gilt als die teuerste Stadt Europas. Alle Güter des Riesenreiches werden von Moskau aus zentral verwaltet und verteilt. Russland verlässt sich ganz auf Erdöl und Erdgas. Einige Menschen werden dabei Multimilliardäre und das ganze Land hängt an diesem Einkommen. Russland mit seinen großen Flächen könnte bei richtiger Bewirtschaftung einen Großteil der Weltbevölkerung ernähren. Das Gegenteil ist der Fall: Ca. 80 % seiner Nahrungsmittel werden importiert. Das glauben sie in Kauf nehmen zu können, weil sie vom Erdöl leben. Von was aber werden sie leben, wenn Erdöl und Erdgas verbraucht sind? Diese Abhängigkeit wird zu einer Katastrophe führen. Jetzt ist die Zeit, wo die Menschen wieder lernen müssen, selbständig zu werden und ihr Land auf natürliche Weise zu bewirtschaften, nicht nur in Russland, sondern weltweit.

Meine Sicht: Zusammenhang von Erdölverbrennung und Erdbeben

Erdbeben, Tsunamis und Vulkanausbrüche sind natürliche Abläufe der Erde. Ich muss der Natur das Recht lassen, ihre natürlichen Abläufe zu vollziehen, die sie seit Urzeiten hat. Der Mensch soll sie durch seine natürliche Beobachtungsgabe und mit technischen Mitteln vorhersagen und ihnen ausweichen. Der Bau von Großstädten, Talsperren, Industrieanlagen und Atomkraftwerken in erdbebengefährdeten Gebieten ist zu vermeiden.

Warum aber kommt es heutzutage verstärkt zu den heftigen Reibungen und Abläufen im Erdkörper? Eine Ursache dafür ist meiner Meinung nach das gierige Ausbeuten von Erdgas und Erdöl. Nach meiner inneren Wahrnehmung sind sie der Schmierstoff der inneren Erdlenkung. Sie sind für die Erde das, was die Gelenkflüssigkeit in den Gelenken des menschlichen Organismus ist oder die Stoßdämpfer beim Auto. Die Erde ist ja ein lebender Körper. Sie bewegt sich, reibt sich und erzeugt und löst Spannungen. Die Reibung wird größer, wenn der Schmierstoff fehlt. Erdöl hat die natürliche Aufgabe, die Spannungen abzufedern. Dazu wurde es von der Natur geschaffen – und nicht, dass wir es als Heizmaterial verbrennen und dadurch unsere Atemluft verseuchen und unsere Umwelt belasten. Wenn der Mensch in seiner Gier versucht, den Schmierstoff der Erde auszubeuten und zu verbrennen, dann wird das natürlich seine Folgen haben.

Die Bewegung der Stadtflüchtlinge

Ich war dann ein paar Jahre nicht mehr in Russland. Schließlich bekam ich von verschiedenen Seiten Bücher über Anastasia geschenkt. Ich wusste zuerst nichts damit anzufangen: eine Frau, die im Wald lebt und mit Bären spricht! Das ist ja ein Roman, dachte ich, und für Romane habe ich keine Zeit. Aber immer wieder legten mir Menschen, die mich kannten, die Bücher nahe und schrieben, dass Anastasia meinen Gedanken sehr nahe komme. Das achte Buch las ich schließlich: Beim Konzept der Familienlandsitze horchte ich dann auf. Politiker, so schrieben sie, sollen erst in die Politik eintreten dürfen, wenn sie einen Familienlandsitz führen und Gemeinschaftserfahrung haben. Das klang gar nicht so falsch.

Russland: Die Reichen bauen sich ihre Gefängnisse selbst.

Es gibt inzwischen viele Hundert oder sogar Tausend Siedlungen solcher Familienlandsitze, wo junge Paare versuchen, ihre Kinder in einem natürlichen Umfeld aufzuziehen. Wenn das so ist, so dachte ich, kann sich in Russland was bewegen. Das ist eine Stadtflucht, wo die Menschen wieder lernen, das Land zu schätzen. Das ist eine sehr positive Entwicklung. Es ist für mich sehr verständlich, denn die Städte heutzutage sind ja wirklich kaum noch auszuhalten. Ich beschloss, sie zu unterstützen, und

Schwarzerde bis zum Horizont, das Kapital der Ukraine und Russlands

folgte dann wieder einer Einladung, zunächst in die Ukraine. Es kamen Leute aus verschiedensten Teilen Russlands und ganz Osteuropas, die Seminare und Vorträge waren übervoll. Die Begeisterung war unvorstellbar. Ich bekomme überall positive Resonanz, aber so wie in Russland und der Ukraine habe ich es noch nie erlebt. Der Wille und die Kreativität der Menschen, etwas umzusetzen, sind enorm. Auf den extremsten und belastetsten Flächen, auf Randzonen landwirtschaftlicher Nutzflächen, die kein Bauer mehr haben will, bemühen sie sich, etwas Positives zu machen. Sie scheuen keine Arbeit und leben unter einfachsten Bedingungen. Sie sind kreative Baumeister von Blockhütten und Lehmhäusern und bauen sich ihre Familienlandsitze auf.

Auch die Ökolandbewegung habe ich kennengelernt, sie haben ähnliche Ziele und eine ähnliche Begeisterung, nur ohne eine solche mystische Figur wie Anastasia. Die Ökolandbewegung ist genauso wichtig und richtig. Mit beiden Bewegungen komme ich gut zurecht und bin für beide gerne tätig. Mittlerweile bin ich sehr oft dort und es haben sich Ausbildungslehrgänge in Holzer'scher Permakultur in Moskau, Tula, Tomsk und St. Petersburg gebildet, wo auch Projekte umgesetzt werden.

Die Siedlungen können oft nur einen Teilnehmer zur Ausbildung schicken; da legt die ganze Siedlungsgemeinschaft das Geld zusammen, weil der Einzelne dazu gar nicht in der Lage ist. Etliche fahren dafür Tausende Kilometer weit. Einige nehmen auch an Lehrgängen in anderen Ländern teil, damit sie auch das Arbeiten unter anderen Verhältnissen und Klimazonen kennenlernen und Erfahrungen mit Menschen aus anderen Ländern sammeln. So entsteht eine umfassende Ausbildung.

Ich habe mit Russen die besten Erfahrungen gemacht, es haben sich viele Freundschaften ergeben. Das negative Bild, das mir früher vermittelt worden war, hat sich völlig verändert. Ich habe sozusagen die russische Seele wahrgenommen: Großzügigkeit, Herzlichkeit, Begeisterungsfähigkeit.

Die Natur hat ehemalige Feinde gleich gemacht

Wir waren schließlich in der Nähe des heutigen St. Petersburg. Wo früher die Ostfront bei Leningrad verlief, steht heute ein Kommunikationszentrum und es sind große Massengräber zu besichtigen. Diese Front hat vielen Tausend Menschen das Leben gekostet. 2010 sind dort im Dickicht noch die Überreste von 18 Gefallenen gefunden und begraben worden. Man konnte nicht mehr sagen, ob es Deutsche oder Russen waren. Die Natur hat alle gleich gemacht. Das hat mich sehr nachdenklich gestimmt. Genau dort haben meine beiden Onkel gekämpft. Wie das Schicksal so spielt und mich genau an diese Stätten schickt, die mich in der Kindheit so beschäftigt haben! Und hier entsteht jetzt etwas, das dem Frieden dient: Projekte, wo die Menschen wieder lernen, im Buch der Natur zu lesen und miteinander zu leben. Das beruhigt mich wieder.

Bei einem Vortrag in St. Petersburg wurde ich vom Rektor der Agrar-Universität sehr herzlich empfangen. Was er mir mitteilte, bestätigte mir, was ich schon bei den Fahrten gesehen hatte: Nur ein kleiner Teil der Fläche Russlands wird landwirtschaftlich genutzt. Große Flächen liegen einfach brach. Russland macht ein Siebtel der festen Erdoberfläche aus. Würde man das Land an alle Bürger verteilen, entfielen auf jeden Russen etwa 12 ha Fläche. Und es sind beste, schwere Ackerböden!

Doch was geschieht? Die riesigen ehemaligen Kolchosbetriebe verfallen. Auf vielen Tausend Hektar wächst nichts als Riesen-Bärenklau, Goldruten und Steppengras. Kriechquecke nimmt die besten Ackerböden in Beschlag. So werden die GUS-Staaten vor der vollen Schüssel verhungern oder Opfer der Agrar-Bürokraten und Konzerne werden.

In manchen Ländern, die früher zur Sowjetunion gehörten, sind mehr als ein Viertel aller bewässer-

Ausbildungsseminar in der Ukraine

Soweit das Auge reicht: Brachland mit Riesenbärenklau

Auf illegalen Märkten müssen die Bauern ihre Waren anbieten, um zu überleben.

Familienlandsitz in der Ukraine

Bei Tomsk entsteht ein großer Familienlandsitz – nach der Fertigstellung des Modells (im Vordergrund) kamen gleich die Bagger für die Umsetzung.

ten Flächen versalzt. In vielen Regionen hat das zur Folge, dass auch das Trinkwasser gefährdet ist.
(Deutsche Welthungerhilfe)

Dazu kommt, dass es keinen traditionellen Bauernstand in Russland gibt. Wie die Geschichtsbücher uns lehren, wurde das freie Bauerntum vernichtet, die Bauern wurden vor allem während der Stalin-Herrschaft zu Millionen vertrieben, in den Gulag verfrachtet oder umgebracht. So wurde das Wissen, wie ein Land zu bewirtschaften ist, mit Stumpf und Stiel ausgerottet. Über die schrecklichen Grausamkeiten, die das russische Volk erleiden musste, will ich mich hier nicht weiter auslassen, das ist Geschichte. Ich kann nur hoffen, dass sich das natürliche Wissen nach und nach durch weitere Erfahrung wieder einstellt. In dieser Hinsicht habe ich eine große Hoffnung, wenn ich die engagierten Menschen in den Ökolandbewegungen sehe.

Aus meiner Sicht ist es unverständlich und unnötig, dass in so einem reichen Land so viele Menschen Not leiden, arbeitslos (oder „selbständig") sind, Alkohol und Drogen verfallen sind und in ärmlichsten Verhältnissen dahinvegetieren, in Heizungs- und Kanalschächten, wie ich es in Kiew gesehen habe. Ich sah Großbetriebe und Besitzungen, die vier, fünf Meter hoch mit Maschendraht und Mauern eingefriedet sind, um sich vor der Armut abzugrenzen – mit Kampfhunden, Kalaschnikow-Schützen, privater Securitas. Das ist aus meiner Sicht der falsche Weg. Es wäre viel vernünftiger und menschenwürdiger, sich der Gemeinschaftswerte zu besinnen. Mein Vorschlag ist, dass man der Ökolandbewegung und der Anastasia-Bewegung Land zur Verfügung stellen sollte und sie es wieder fruchtbar machen lässt. Es können auch unwirtschaftlichere Randzonen sein, die die Gemeinschaften revitalisieren können. Das würde Schule machen; wie früher auf den Datschas würden die Menschen sich ihre Lebensmittel wieder selbst erzeugen, dabei das Land wieder renaturieren und den Kindern und der Jugend ermöglichen, mit der Natur aufzuwachsen. Wenn dies geschieht, sehe ich eine große Zukunft für die GUS-Staaten.

In St. Petersburg wird derzeit im Rahmen einer meiner Ausbildungsgruppen ein Modellprojekt aufgebaut. Die Universität ist bereit, dafür zunächst 30 ha zur Verfügung zu stellen. Hier und an vielen anderen Orten Russlands entstehen nun Modelle für eine symbiotische Landbewirtschaftung, wo Menschen aus dem ganzen Land lernen können.

Die größte Genbank der Welt ist bedroht

Auf meinen Reisen lernte ich auch die einzigartige Obst- und Beerensträuchersammlung „Pavlovsk Experimental Station" 30 km außerhalb von St. Petersburg kennen. Es ist die größte Samen- und Genbank für seltene Obst- und Beerensorten in Europa. Auf 70 ha wird das Genmaterial von 4.000 verschiedenen Sorten aufbewahrt – als lebendige Pflanzen und als Saatgut –, von denen es 90 % nirgendwo anders gibt. Darunter sind allein 893 Sorten der Schwarzen Johannisbeere.

Gegründet wurde die Station 1926 von dem Botaniker Nikolai Vavilov. Berühmt wurde das Schicksal der Angestellten, da die während des Weltkrieges eher verhungern wollten, als das Saatgut anzutasten: So wertvoll war ihnen dieser Schatz.

Die Bedeutung der Genbank ist international anerkannt und doch ist ihre Existenz massiv bedroht. Sie wurde als „unrentabler Staatsbesitz" eingestuft, das Gelände soll daher verkauft und einer anderen Nutzung zugeführt werden. Eine Verpflanzung der wertvollen Bestände ist nicht möglich. Die Betreiber baten mich inständig, die Situation bekannt zu machen. Internationale Aufmerksamkeit könnte helfen, die Vernichtung dieser wertvollen Ressource aufzuhalten. Inzwischen wurden bereits 50.000 Unterschriften eingereicht, doch immer noch steht Präsident Dimitri Medwedew unter wirtschaftlichem und politischem Druck, das Gelände abzustoßen.

Der Betreiber der Genbank ist das Vasilov Institut of Plant Industry. Mehr Informationen gibt es unter: www.croptrust.org

Aus Waldbränden lernen – aus Asche kann Leben entstehen

Ursachen erkennen, statt Symptome bekämpfen, das gilt auch für die Waldbrände, wie sie in jedem Jahr große Flächen Südeuropas, Amerikas und Asiens heimsuchen. Katastrophal waren die Waldbrände in Russland im Sommer 2010. Dabei verbrannte eine Fläche von der doppelten Größe Österreichs. Durch die Smogbildung in Moskau starben in den Krankenhäusern und Pflegeheimen in dieser Zeit drei- bis viermal mehr Menschen als sonst.

Worin liegt die Ursache der Waldbrände? Immer wieder hört man: Die Hitze sei schuld, die Brandkatastrophe sei somit eine Folge des Klimawandels.

Gastfreundschaft in traditioneller Kleidung

Seminar in der Ukraine

Schluchtenbildung in der Ukraine – Zeichen für falsches Wassermanagement

Dies ist sicher teilweise richtig. Die weltweiten Klimaveränderungen, hervorgerufen durch große Fehler des Menschen, wie rücksichtslosen Ressourcenverbrauch, Massenabholzungen und gigantische Monokulturen, sind ein Aspekt des verlorenen Gleichgewichtes der Erde, in dessen Folge Hitze- und Kältewellen sowie Stürme und Überschwemmungen zu Katastrophen führen.

Doch eine intakte Natur oder eine symbiotische Landwirtschaft würde nicht so schnell in Flammen aufgehen wie ungepflegte Brachflächen oder Nadelbaumaufforstungen in Monokultur. Ein Baum, der voll im Saft steht, brennt nicht. Gesunde Laubmischwälder, eine vielfältige landwirtschaftliche Nutzung und eine abwechslungsreiche Landschaft mit natürlichem Wasserhaushalt, Teichen und Seen werden keine schnelle Beute des Feuers, sie können ihm viel länger widerstehen. Auch natürliche Landbewirtschaftung kann Brandkatastrophen und andere Folgen des Klimawandels bis zu einem hohen Grad abpuffern und dämpfen.

Bei meinen vielen Besuchen in Russland habe ich die Fehler gesehen, die seit fast 100 Jahren in diesem Land gemacht werden und geradezu zu einer Katastrophe führen mussten: die Abholzung der ursprünglichen Wälder, die Zerstörung des Wasserhaushaltes durch Trockenlegungen, das Anlegen von riesigen Monokulturen und die Grundstücksspekulationen nach dem Ende der Kolchosenwirtschaft.

Die großen Wälder mit ihren wertvollen Hartgehölzen, wie Eiche, Buche und anderen, wurden schon vor Generationen abgeholzt, um damit Energie für die Hochöfen der Schwerindustrie zu erzeugen, die der militärischen Aufrüstung dienten.

Die Kolchosen haben große Flächen landwirtschaftlich übernutzt. Gigantische Getreide- und Kartoffelfelder in Monokultur brachten nur hohe Erträge, solange man sie entsprechend künstlich düngte und mit Pflanzenschutzmitteln behandelte. So verarmten Jahr für Jahr die Flora und die Fauna und das Land büßte seine natürliche Regenerationsfähigkeit ein.

Überall im Lande wurde Wasser abgeleitet. Große Flächen wurden ihrer natürlichen Feuchtigkeit beraubt und drainagiert, um sie maschinell bearbeitbar zu machen. Teiche und Seen wurden trocken gelegt, das Wasser in Gräben und Kanälen abgeführt. Moore wurden entwässert, der Torf zu niedrigsten Preisen nach ganz Europa verkauft. Nachdem diese Bewirtschaftung nicht mehr interessant war, blieben

Wald- und Torfbrände in Russland: 2010 brannte ein Gebiet von der doppelten Größe Österreichs ab.

die Flächen einfach liegen. Heute brennen sie wie Zunder – mehrere Meter tief.

Ein weiteres ernstes Problem, ein ökologischer Notruf, ist die massive Schluchtenbildung in allen hügeligen Landschaften, der immer mehr wertvolles Land zum Opfer fällt. Ganze Regionen fallen in sich zusammen, es entstehen mit großer Geschwindigkeit regelrechte Canyons, unzugänglich und schwer zu nutzen. Das Problem der Schluchten habe ich in vielen Ländern erlebt, nicht nur in Russland, sondern auch in Ecuador, in Kolumbien und auf den Kanarischen Inseln.

Wie entstehen sie? Es sind die Erosionsschäden, zu denen es kommt, wenn der Erdkörper das Wasser nicht mehr aufnimmt. Die schnell abfließenden Niederschläge nehmen dann die lockere, humose Muttererde mit und waschen ganze Erdschichten aus. Geschieht das immer wieder und immer schneller auf abschüssigem Gelände, bilden sich Schluchten. Diese wachsen Jahr für Jahr, mit immer größerer Geschwindigkeit. Im Sommer 2010 waren es diese Schluchten, die die Waldbrände beständig anfachten: Sie funktionieren wie Kamine, durch die der Wind braust.

Land als Spekulationsobjekt zu missbrauchen, ist ein Problem, das weltweit besteht, aber in Russland ist es seit der Auflösung der Sowjetunion extrem. Damals brachen die Kolchosen zusammen. Einen freien Bauernstand gibt es schon lange nicht mehr. Die großen Landflächen mit ihrer ungeklärten Besitzsituation blieben zum großen Teil brach liegen, wurden Spekulationsobjekte und wurden an Ultrareiche verkauft, die an vielen Orten begannen, neue industrielle Forst- und Agrarprojekte anzulegen, jetzt mit kapitalistischem Vorzeichen. Gigantische Forstmonokulturen mit Fichten und Kiefern zur Holzproduktion wurden angelegt – weiches, leicht brennbares Holz.

Auf den großen brachliegenden, ungenutzten und ungepflegten Flächen Russlands wachsen minderwertige Gräser. Sie werden nicht abgeweidet oder geschnitten, wachsen im Frühling ein bis zwei Meter hoch, trocknen im Sommer ab und sind entflammbar wie Zunder.

Als Baum prägt die Moorbirke heute weite Teile der russischen Landschaft. Abertausende Quadratkilometer des Riesenlandes sind heute stellenweise zu 98 % mit Moorbirken bewachsen. Sie ist eine Folgepflanze der Waldzerstörung, eine Pionierpflanze, die die brachliegenden Flächen des Landes in Besitz genommen hat. Ihre Eigentümlichkeit ist die überaus leichte Brennbarkeit: Jeder, der einen Holzofen benutzt, weiß, dass Birkenholz auch grün brennt. Während Eichen oder Buchen oder andere hochwertige Hölzer erst trocknen müssen, ist das bei der Birke unnötig. Während eine lebendige, gut im Saft stehende Eiche oder Buche kaum in Brand zu stecken ist, fallen Birkenwälder in kürzester Zeit einem Brand zum Opfer.

Hier muss man ansetzen: Um Katastrophen in Zukunft zu vermeiden, sind unbedingt wieder der ursprüngliche Laubmischwald anzupflanzen, der Wasserhaushalt instand zu setzen und natürliche Landwirtschaften der Vielfalt anzulegen: Laubmischwälder mit mehr als 80 % standortgerechten Laubbäumen, mit Wasserretentionsmulden, durch die der Erdkörper ganzjährig mit Feuchtigkeit gesättigt ist, mit einer Nutzung von Früchten, Pilzzuchten, Tierhaltung im Rahmen einer symbiotischen Landwirtschaft. Unter Mischwald und natürlicher Landwirtschaft kann sich in Russland kaum jemand etwas vorstellen, da es seit fast hundert Jahren keinen Bauernstand mehr gibt. Meine Vision ist deshalb, dass in ganz Russland eine Reihe von Musterbetrieben entstehen, wo Landwirte, Studenten, Forstwirte, Ingenieure und alle anderen Interessierten sehen können, wie eine Alternative zur Agroindustrie aussieht, dass sie funktioniert und wirtschaftlich interessant ist und wie sie umzusetzen ist. Solche Musterbetriebe oder Siedlungen werden auch Naturparadiese und Anziehungspunkte für Jung und Alt sein, Modelle für ein neues, natürliches Russland.

Bei meinen Beratungen in Russland habe ich mehrere Siedlungen im Aufbau besucht, Grundstücke besichtigt, Pläne eingesehen. Von der Kreativität und den Fertigkeiten der Naturarchitekten bin ich sehr beeindruckt. Aber alles andere zeigt einen großen Mangel an Wissen: Anbau von Lebensmitteln, Bodenbearbeitung und vor allem der Umgang mit Wasser. Angesichts der ökologischen Katastrophen gibt es im Detail vieles, das gelernt und überdacht werden muss. Doch ich bin überzeugt, dass die großartigen Menschen, die ich in Russland kennen gelernt habe, diese Probleme lösen werden. Sie besitzen die Fähigkeit, groß und strategisch zu denken, sehr viele haben die Sehnsucht, sich mit der Natur zu verbinden, und sie spüren die Verantwortung, der nächsten Generation eine bessere Welt zu hinterlassen. Das ist es, was heute gebraucht wird.

Doch was ist zu tun, um die riesigen abgebrannten Flächen zu revitalisieren?

Das große Unglück der Waldbrände ist gleichzeitig eine große Chance und bietet die Voraussetzung für das Anpflanzen von Frucht-Mischwäldern ohne Bodenbearbeitung und Düngung. Denn die Flächen, die von minderwertigen Pflanzen verwuchert und verfilzt waren, sind davon durch die Brände auf einmal frei. Die verbrannte Biomasse ist als Asche ein hervorragender Dünger für den Boden. Dazu müssen die verbrannten Gebiete schnell, noch vor der nächsten Schneeschmelze, bepflanzt werden. Am besten eignet sich eine Einsaat von Mischkulturen direkt in die Asche: Nüsse, Kastanien, Kirsche, Eichen, Äpfel, Zedern, Zirbelkiefern, Buchen und vieles mehr. Die Steilhänge müssen dringend vor der Auswaschung geschützt werden, indem man Terrassen und Hügelbeete anlegt. Das ist wichtig, denn wenn die Riesenmengen Asche in die Flüsse abgeschwemmt werden, wird es bald zu nächsten Katastrophe kommen: Die Asche wird die Gewässer verseuchen und ein Fischsterben verursachen.

So bieten Brände dieses Ausmaßes eine große Chance, wenn man schnell und entschlossen handelt. Ganz große Flächen können sogar vom Flugzeug oder vom Hubschrauber eingesät werden, damit das Saatgut noch vor der nächsten Schneeschmelze einwachsen kann. Es braucht keine zusätzliche Bearbeitung, der Boden ist ja bereits durch das Feuer verwundet, die dichte Grasnarbe zerrissen. Die Winterfeuchtigkeit wäscht die nährstoffreiche Asche mit den Samen ein.

Wenn man diese Gelegenheit verpasst, werden die Samen der Wuchergräser auf den abgeschwemmten Flächen vom Wind wieder eingetragen und überragen bald wieder alles. Doch jetzt sind ihre Samen und Wurzeln verbrannt und so haben die Kulturpflanzen und Nutzpflanzen für eine Weile einen Vorsprung. Dass man auf diesem Weg traumhafte Permakulturanlagen machen kann, versteht sich von selbst. Das Restholz und die Düngerasche könnten für Hügelbeete und andere Elemente der Landschaftsgestaltung hervorragend genutzt werden. So kann man aus dem großen Schaden einen Nutzen ziehen, wenn man natürlich denkt.

Waldbrandgebiete renaturieren – am Beispiel Portugals

Eine andere Region, wo Waldbrände Jahr für Jahr zu Katastrophen führen, ist Südeuropa. Auch dort sind Waldbrände kein Naturgesetz, wie das Beispiel von Portugal zeigt.

Wer von Lissabon nach Porto fährt, sieht beiderseits der Autobahn fast ausschließlich Monokulturen von Eukalyptus und Pinien, fast durchgehend auf 300 km. Dort sind in den letzten Jahren große Flächen abgebrannt und wurden anschließend mit Pinien und Eukalyptus aufgeforstet. Dazu fahren große Caterpillars mit schweren Reifen in die Berge und legen Terrassen an, auf denen in Reih und Glied die Bäume gepflanzt werden – statt, wie es notwendig wäre, sie mit anderen Bäumen, mit Büschen und Kräutern zu mischen. Die vorhandene Biomasse wird aus Brandschutzgründen zusammengefahren und verbrannt – statt sie für den Humusaufbau zu nutzen. So erzeugt man neue Brandherde. Aber warum der Wald überhaupt so weit austrocknet, dass er Feuer fängt, das ergründet man nicht.

Das sind in den Augen eines natürlich denkenden Menschen absurde Maßnahmen, die das Problem nicht beheben, sondern verstärken. In den letzten Jahrzehnten kam es immer wieder zu großen Brandkatastrophen in Portugal. 2009 griff das Feuer sogar bis in die Innenstadt von Coimbra über, der alten großen Universitätsstadt Portugals. Die Bilder erinnerten an einen Krieg. Wenn schon die größte Universität des Landes zu Schaden kommt, müsste das doch der Wissenschaft zu denken geben – könnte man meinen.

Die Monokulturen reichen oft dicht an Dörfer und Siedlungen heran. Kaum Teiche, Seen oder Feuchtgebiete sind zu sehen. Mich überfällt ein gespenstisches Gefühl, das zu sehen, denn es ist nur eine Frage der Zeit, dass durch Selbstentzündung, Brandstiftung, Blitzschlag oder durch Spekulanten der nächste große Brand entsteht. Als Bewohner einer solchen von Monokulturen umgebenen Siedlung muss man ja Angst haben, eines Tages lebendig gegrillt zu werden.

Wie darf so etwas in Europa, in einem EU-Land, geschehen? Warum werden keine Schutzmaßnahmen ergriffen? Die Problematik wird bisher weder in der EU erkannt, noch von den nationalen Politikern oder den Menschen vor Ort. Aus meiner Sicht ist das Dummheit und grobe Fahrlässigkeit.

Mischaussaat für Waldaufbau

Die bestehenden Bäume haben, auch wenn sie krank sind, eine Mutterfunktion für den Jungaufwuchs.

Was wäre zu tun? Ich kann nur immer wiederholen: Entsprechend den Höhenlinien müssen alle möglichen Tiefzonen als Wasserlandschaften gestaltet und entsprechende Retentionsräume geschaffen werden, um den Niederschlag zu sammeln. Wasser in vielen lebendigen Teichen und ausreichende Feuchtigkeit im Boden schützen die Dörfer und die Menschen, die darin leben. Ein saftiger Baum, unter dem saftiges Gras wächst, brennt ebenfalls nicht. Und wenn doch lokal ein Feuer ausbrechen sollte, stehen überall Löschteiche zur Verfügung, so dass jeder Anwohner in der Lage ist, kleine Brände selbst zu löschen. Nebenbei könnte sich eine Vielfalt von Fauna und Flora entwickeln und für Mensch und Tier ein guter Lebensraum entstehen. Die Aufwendungen sind verhältnismäßig gering und der ökonomische und ökologische Nutzen für Bauern, Angler und Gärtner würde diese Aufwendungen sehr schnell einspielen.

Solche Landschaften bieten natürlich auch eine entsprechende Landschaftsästhetik an, es würden Anziehungspunkte für Einheimische und Touristen entstehen, Attraktionspunkte für Lebensfreude. So könnte sich bald wieder eine regionale Selbständigkeit einstellen, so dass die Menschen wieder von ihrem eigenen Land leben könnten. Den Verantwortlichen in diesem Land in ihrer Hilflosigkeit beizustehen, wäre eigentlich eine Aufgabe der EU. Aber das Gegenteil ist der Fall: Die EU-Politik hat sie ja erst in diese Situation geführt. Wie uns Betroffene sagten, wurde Portugal gleich nach Eintritt in die EU die Monokulturforstwirtschaft aufgedrängt. Statt Nahrungsmittel zu produzieren, sollte Portugal das Land innerhalb Europa werden, wo mit schneller Holz- und Papierproduktion Geld verdient wird. Bis zur Öffnung Osteuropas war es ein Hauptproduzent von Paletten für den weltweiten Containerhandel. Die eigene Lebensmittelproduktion wurde durch die Einfuhr von Billiggemüse immer unrentabler, so dass immer mehr Bauern aufgeben.

Im Grunde ist die Situation ähnlich wie in Russland. In solchen Ländern sollten die Grundstücke neuen Siedlern und Stadtflüchtlingen zur Verfügung gestellt werden, damit sie es naturgemäß bewirtschaften lernen.

Waldaufbau nach Bränden

Wie in Portugal stellt sich in vielen Regionen die Frage: Was kann man mit einem Grundstück tun, das schon verbrannt ist? Wenn das Wurzelsystem, das ja viele Meter in den Erdboden ging, abgestorben und ausgetrocknet ist, dann sickert das Wasser durch den Erdkörper wie durch ein Sieb.

Doch auch jetzt noch gibt es Möglichkeiten. Ich habe einen entsprechenden Vorschlag für ein 500 ha großes Objekt in der Nähe von Lissabon ausgearbeitet. Auf dem Gelände, das bereits einen sehr sandigen, wüstenhaften Boden hatte, hatte es einen Waldbrand gegeben. Die verbrannten Bäume hatten die Besitzer umgeschnitten und am Rand aufgehäuft. Man sagte mir, dies werde gesammelt und kontrolliert verbrannt, denn es müsse wegen der Brandgefahr sofort weg. Und dann würden sie versuchen, den Wald wieder neu zu pflanzen.

Verkohlte Bäume sind wertvolle Biomasse

Das ist aus meiner Sicht dilettantisch. Wertvolle Biomasse wird verbrannt, so dass eine Sandwüste zurückbleibt, dann wird mit hohem Aufwand eine Bewässerungsanlage installiert und Bäume gepflanzt. Das kostet viel – und die Pflänzchen haben so gut wie keine Chance.

Ja, was soll man denn sonst machen? fragten die Besitzer. Sie hatten insgesamt 18 Experten eingeladen, Biologen, Geologen und auch einen Vertreter von Greenpeace. Keiner wusste Rat. Dann brachte ich meinen Vorschlag: Ich würde Gräben ziehen, von Nord nach Süd, also gegen den Wind. Dazu würde ich mit einem Bagger tiefe Furchen in den Sand ziehen und das ganze Holz, das jetzt zum Verbrennen dort liegt, links und rechts in diese Furchen einbaggern, und zwar ein, zwei Meter tief.

Dann würde ich an beiden Seiten Hügel aufschichten, einen Meter hoch – mit dem Bagger geht das sehr schnell. Es sieht dann aus wie die Wellen auf dem Meer. Und am Ende säe ich Baumsamen ein, am besten gehe ich dazu gleich hinter dem Bagger her und werfe sie aus, ganz gemischt. Die Samen sind dann oberhalb der Biomasse, die ich unten eingebracht habe. Die Wellen links und rechts davon sind der Windschutz. Und so entsteht ein spezielles geschütztes Kleinklima. Das Holz fängt ganz langsam an zu verrotten und zieht die Feuchtigkeit an. Regen sickert ein, das Holz speichert das Wasser und gibt es über lange Zeit gleichmäßig und langsam ab. Es entsteht Verrottungswärme, die nach oben zieht, und darin keimen die Samen, die ich eingestreut habe, und kommen bunt gemischt hoch. Sie wachsen schnell auf, weil sie von unten her mit Feuchtigkeit und Wärme versorgt werden und sie von der Seite den Windschutz haben. Und der Wind lagert an der Tiefzone die feine Erde ab, den Humus-Staub, die nährstoffreiche Erde.

Auf diese Weise kann ich mit recht geringem Energieaufwand Problemzonen wieder renaturieren und wieder eine natürliche Vegetation erzeugen. Wir haben uns den ganzen Tag über sehr intensiv unterhalten. Am Abend beim Heimfahren habe ich all die Experten gefragt, ob sie meinen Vorschlag unterstützen würden, wenn der Grundbesitzer die Bewilligung für diese Maßnahme beantragt. Das Ergebnis war, dass alle 18 Experten ausnahmslos – auch die, die anfangs dagegen gewesen waren – versprachen, das Ihre dazu beizutragen, dass es zustande kommt.

Leider warten wir immer noch.

Waldaufbau mit Schweinen

Wer eine Landschaft renaturieren und einen Wald aufforsten will, findet oft extreme Bedingungen vor: extreme Steilhänge, felsige, sandige oder nasse Böden, bestehende Monokulturen. Oft sind sie mit Gestrüpp überwuchert, das kann dichtes Brombeergebüsch, Wacholder oder ein Übermaß verschiedenster Pionierpflanzen und vielleicht noch einige Altbestände an Bäumen sein. Auch ein verfilzter Boden kann bei einer Neuaufforstung große Probleme bereiten.

Wie gehe ich jetzt vor, um einen möglichst natürlichen Mischwald aufzubauen? Anders als die Forstwirtschaft lasse ich den alten Bestand an Bäumen, selbst wenn sie tot sind, stehen. Die alten Bäume haben eine Mutterfunktion, sie schützen und beschatten den jungen Aufwuchs. Ohne sie hätten es die kleinen Bäume viel schwerer.

Ein umgefallener Baum kann ohne Weiteres liegen bleiben, wo er ist – er ist Heimat, Schutz und

Ausstreuung von Lockfutter

Nahrung für viele Tiere und Kleinlebewesen. Das sind so genannte Kleinbiotope mit einer Vielfalt von Leben. Totholz ist Wertholz für die Mitlebewesen, ob es Kleiber, Spechte, Waldameisen, Pilze und vielerlei andere sind. Totholz bildet auch einen gewissen Schutz für die Jungbäume gegen Wildverbiss. Schließlich verrottet der tote Baum und ist Humus für den Waldboden.

Angestrebt und unterstützt werden soll möglichst eine Naturverjüngung durch Samenflug, wo eine Vielfalt von Aufwuchs entsteht. Wo dies nicht von selbst geschieht, kann ich es durch Aussaat unterstützen – und zwar in großer Vielfalt, bunt durcheinander. Das kommt einer Naturverjüngung gleich und ist erstens viel billiger als das Auspflanzen, und zweitens sind die aus Sämlingen an Ort und Stelle gewachsenen Bäume robuster und vitaler, sie sind selbständiger, bilden schneller tiefere Wurzeln und kommen mit Schwierigkeiten wie Trockenheit, Konkurrenz und Frost besser zurecht als Bäume aus Pflanzcontainern und Baumschulen.

Laien fragen oft: Reicht es nicht, die Samen einfach oben auf den Boden zu streuen? Die Natur macht das doch auch?

Die Natur ist mit ihrem Samenangebot verschwenderisch, es wird immer einige Körner geben, die offenen Boden zum Keimen finden. Als Bewirtschafter muss ich aber die Samen sammeln oder kaufen, deshalb will ich ihnen die besten Voraussetzungen schaffen. Deshalb soll der Boden verwundet werden, damit die Samen direkten Erdkontakt finden. Ein verfilzter Waldboden kann natürlich mit Kultivatoren und anderen Maschinen bearbeitet werden. Aber dieses Vorgehen kann die vorhandenen Wurzeln, den bestehenden Jungaufwuchs und das Bodenleben schädigen.

Auch mit geeigneten Erdbohrern können Saat- oder Pflanzlöcher gemacht werden. Doch bei größeren Flächen ist das zu viel Aufwand. Es gibt allerdings für Landbesitzer Möglichkeiten, den Erdboden großflächig zu „verwunden“, also zu öffnen, so dass die Samen Keimbedingungen vorfinden. Jetzt kommen wir zu den Mitarbeitern, die – wie ich in Jahrzehnten bester Kooperation feststellen konnte – diese Arbeit gerne übernehmen: den Schweinen.

Wie arbeite ich mit Schweinen?

Schweine haben von Natur aus vorne einen Pflug und hinten den Düngerstreuer. Mit dem Rüssel wühlen sie im Erdreich tief und kräftig auf der Suche nach Engerlingen, Raupen, Samen und anderen Dingen, die sie gerne fressen. Die Schweine fressen auch Mäuse, Schnecken, Maikäfer, Junikäfer, Raupen der Fichtenblattwespen und Lerchenwickler, Rüsselkäfer, Borkenkäfer und vieles andere und regulieren so den Wald von Überpopulationen.

Wie setze ich sie ein? Wie lenke ich ihre Kraft? Und wie werden sie zu meinen wertvollsten Mitarbeitern? Mit einem einfachen Elektrozaun weise ich den Schweinen Koppeln zu: die jeweilige Fläche, die sie für eine Weile – einige Tage oder Wochen – durcharbeiten sollen. Ich streue etwas grobkörniges Futter auf den Waldboden, wo die Schweine wühlen sollen. Dazu eignen sich z. B. Saubohnen, Erbsen und Mais. Wenn ich diese noch zusätzlich mit Küchenabfällen mische, sie darin über Nacht stehen und ein wenig anquellen lasse, dann gibt das Futter einen Duft ab, nach dem die Schweine ganz gierig sind. Sie haben eine unglaublich gute Nase. Ich werfe das aufgequollene Mischfutter nun breitwürfig in das zu regulierende Gestrüpp – Brombeeren, Himbeeren oder Wacholder – auf den Waldboden, den ich roden will. Die Schweine suchen es sich dort und sie sind so begierig, dass sie jedes Gestrüpp auswühlen, das ihnen dazu im Weg steht. Der Duft des Futters geht auch auf den Boden über und die Schweine wühlen immer weiter und pflügen dadurch die Erde. Sie machen weiter, auch wenn sie das Futter schon gefunden haben, weil sie durch den Futterduft in der Erde meinen, da gebe es immer noch etwas zu finden. Sie fressen dabei auch Engerlinge, Schnecken, Mäuse und vieles andere, das sie gerne mögen.

Schweine, die im Freien geboren werden und aufwachsen, können das von selbst. Ihnen muss ich nichts beibringen. Den Schweinen, die im Stall aufgewachsen sind, muss ich das wieder zeigen. Dazu muss ich nur hier und dort Körner an mehreren Stellen im Boden vergraben, so dass sie zum Wühlen animiert werden. Ich kann dazu mit einem Stock die Löcher hineinbohren.

Natürlich darf ich ihnen das Futter nicht im Trog bringen. Denn dann fressen die Schweine sich am

Topinambur stellt keine besonderen Ansprüche an den Boden. Die Pflanzen mit den schönen gelben Blüten werden übermannshoch.

Trog satt und legen sich schlafen und dann habe ich eine faule Sau. Wenn ich es ihnen aber breit ausstreue wie beschrieben, dann habe ich eine fleißige Sau, denn dann wühlt sie das ganze Gebiet in der Koppel durch. Das machen Schweine übrigens sehr gerne. Wenn sie wühlen und ackern, sind sie in ihrem Element. Es ist die ihnen zugedachte, natürliche Art des Lebens. Und so roden sie das Gestrüpp und durchpflügen den ganzen Erdkörper und ich wiederum bekomme eine durchgearbeitete Fläche, in die ich nur noch einsäen muss.

Nach dem ersten Durchwühlen säe ich nun die verschiedensten Forstsamen aus. Die Schweine dürfen weiterhin noch auf der Koppel bleiben und weiter arbeiten. Natürlich werden sie einige der Samen fressen. Das macht aber nichts, denn sie scheiden sie auch wieder aus. Viele Samen werden erst durch den Tiermagen stratifiziert und keimen dann noch besser.

Sind die Schweine mit der Arbeit fertig, kommen sie auf die nächste Koppel. Die Einsaat in der ersten Koppel kann jetzt gedeihen und aufwachsen. Auf diese Weise wird sukzessiv die Gesamtfläche durchgearbeitet und kann regenerieren, gedüngt durch Schweinemist, durchmischt mit Laub, Rohhumus und allem, was vorhanden ist.

Die Schweine hinterlassen eine grobe Struktur im Boden und das ist ein großer Vorteil, weil auf diese Weise unterschiedliche Mini-Biotope mit ganz verschiedenen Kleinklimata geschaffen werden. Durch diese Vielfalt kann viel mehr wachsen.

In die Waldsämereien kann ich auch verschiedene Wildgemüsearten mischen – Karotten, Zichorie, Rüben, Rettich, Salate, Klee und auch Getreide. Dann findet auch Wild eine Äsung und der Verbissdruck bei den Jungbäumen wird reduziert. So ergibt sich auf günstigen Plätzen auch oft eine gute Ernte von Gemüse für den eigenen Bedarf.

Topinambur ist bestes Schweinefutter, das auch für Menschen ein exzellentes Gemüse ist. Es bringt auch noch auf schlechten Böden einen guten Ertrag.

Wenn der Aufwuchs an Wildgemüse zu dicht wird, kann ich die Schweine noch einmal kurz auf die Koppel lassen, um es zu regulieren.

Schweine kann ich intensiver oder extensiver einsetzen. Sie arbeiten auf jedem Boden, ob hart oder trocken, weich oder nass, Sand oder Lehm. Natürlich darf ich den Boden nicht übernutzen. Wenn die Schweine zu lange auf der gleichen Fläche oder zu viele Schweine auf zu kleiner Fläche sind, wird der Boden saumüde. Ein Schwein soll einen Stein nur einmal umdrehen müssen, um die darunterliegende Schnecke oder den Engerling zu finden. Ein Boden muss auch einmal zur Ruhe kommen, sonst verdichtet er und wird sauer. Ein deutliches Zeichen für einen übernutzten Boden ist, wenn ein Übermaß an stickstoffliebenden Pflanzen wächst, zum Beispiel Ampfer oder Brennnessel.

Als Bewirtschafter habe ich es in der Hand, ob ich eine Fläche zu 100 oder nur zu 50 % bearbeiten lasse: Mit dem Futter, das ich ausstreue, lenke ich die Schweine und bestimme auch, wann eine Koppel fertig ist.

Wichtig ist, für das nötige Trinkwasser für die Schweine zu sorgen. Die Suhlen bauen sie sich selbst, sie müssen nur einige feuchte Stellen vorfinden. Wenn Wasser nicht von selbst auf dem Land ist, werde ich es hinlenken oder zur Not hinschütten müssen. Das nehmen die Schweine auf und bauen sich ihr Feuchtbiotop selbst, durch Wälzen verfestigen sie den Boden, auf dem dann das Regenwasser stehen bleibt. Nach und nach entwickelt sich auch auf bisher unproduktiver Fläche eine vielfältige Fauna und Flora. In Kooperation mit Schweinen entsteht ein schöner, essbarer Wald, eine wunderbare Mischkultur, und zwar auch auf Flächen, die sonst schwer zu renaturieren wären. Besonders hilfreich sind Schweine in Extremlagen, am Steilhang und auf sumpfigem Boden, wo es nicht möglich wäre, den Boden mit Maschinen zu bearbeiten.

Waldeinsaat in der Koppel

Für die Waldeinsaat gehe ich mit einem Kübel voller Forstsamen los: Eichen, Buchen, Kastanien, Kirschen, Birnen, Tannen, Eschen, verschiedenstes

Die Arbeit mit Schweinen in vier Schritten: 1. Ausstreuen von Lockfutter; 2. Die Schweine wühlen den Boden durch; 3. Die Schweine kommen auf eine andere Koppel, das erste Gemüse wächst; 4. Der beginnende Mischfruchtwald

Obst, Haselnüsse, Beerensträucher, bunt gemischt, und säe sie ein. Die Samen sollen nicht in großen Abständen und in Reih und Glied gesteckt werden, sondern fünf, sechs Stück zusammen wie in der Natur. Ich kann dazu mit einem Stock ein Loch in den Boden bohren oder einfach auf die grobe Struktur säen, die die Schweine hinterlassen haben. Hier werden die Samen vom Regen eingewaschen. Jetzt warten sie, bis sie von der Natur aufgerufen werden und alle Bedingungen stimmen. Wann ein Same keimt, hängt von der Witterung ab, von der Wärme und der Feuchtigkeit. Auf diese Weise bekomme ich starke, selbständige Pflanzen, Bewässern und Düngen ist nicht mehr notwendig. Vor Wild, Ziegen und Schafen muss ich den Jungaufwuchs schützen, sonst würden sie es verbeißen. Die Einsaat wächst bunt gemischt auf. Was geschieht dann? Werden sie sich nicht gegenseitig den Platz wegnehmen, das Licht, die Nährstoffe? Das wird oft von Forstexperten geäußert. Aber machen sie es denn in der Natur? Das Gegenteil ist der Fall: Sie unterstützen sich. Gemeinsam ist besser als einsam. Schau dich im Wald um, dann siehst du verschiedene Bäumchen und Sträucher, die miteinander aufwachsen. Die schwächeren, die um einen etwas stärkeren herum wachsen, bilden eine Schutzgemeinschaft, damit eines durchkommt. Wenn nun Wild kommt, dienen die äußeren als Verbissgehölz. Je dichter sie sind, desto besser schützen sie den Stamm. Durch die Mischkultur entsteht eine gegenseitige Versorgung mit Nährstoffen. Denn jedes Bäumchen braucht zu einer unterschiedlichen Zeit andere Nährstoffe und führt den anderen über die Wurzelverrottung zu, was es selbst nicht braucht. Wenn ich aber das Bäumchen freischneide, wie es in der Forstwirtschaft geschieht, so dass es einzeln steht, dann ist es der Sonneneinstrahlung und den Verbissschäden gnadenlos ausgeliefert. Ich muss die natürlichen Abläufe genau studieren und dann sehen, wie wunderbar sich die Natur selber hilft. Wenn ich das erkenne, dann fange ich an, die Natur zu begreifen und nicht zu bekämpfen. Auf diese Weise kann ich mit recht geringem Energieaufwand auch Problemzonen wieder renaturieren und einen natürlichen Mischwald aufbauen.

Eine Randbemerkung – Schweinebewirtschaftung früher

Auch ohne Koppelwirtschaft haben wir zu früheren Zeiten Schweine im Freiland gehalten, sogar auf der Alm, so wie auch alle anderen Tiere, großflächig, ohne Koppel, nur weiträumig eingezäunt.

Es war eine gemischte Weide für Schafe, Rinder, Pferde, Ziegen und Schweine. So hat man sporadisch die von den Schweinen durchgewühlten Waldflächen mit Forstsamen eingesät. Auf diese Flächen dürfen dann die Schweine natürlich nicht mehr drauf. Diese Wirtschaftsweise hat sich sehr bewährt. Früher lebten die Bauern nicht so sehr in Konkurrenz wie heute, wo sie sich spezialisieren, in einer Region alle dasselbe produzieren und so selbst die Preise kaputt machen. Stattdessen nahmen sie Rücksicht auf die anderen und die Natur und sie wussten, für welche Tiere ihre Grundflächen sich gut eigneten.

So konzentrierte sich der eine Bauer mehr auf Schweinehaltung, der andere auf Rinder, Schafe oder Gänse. So entstanden auch die alten Namen der kleinen Weiler.

Der Krameterhof und die vier anderen Bauern, die zu einem Weiler zusammengefasst waren, hießen Saudorf, denn diese hatten einen besonderen Erfolg mit Schweinen und dafür auch die besonders geeigneten Flächen.

Der Nachbarweiler war der Hühnerbühl, ein anderer der Ganslberg. Diese Namen sind in den alten Urkunden noch nachzulesen. Es ist sehr schade, dass diese auf den Grund und Boden und auch auf die Nachbarschaft Rücksicht nehmende Bewirtschaftung weitgehend verloren ging. Die Bauern mussten damals auf vieles Rücksicht nehmen und in Betracht ziehen, aber sie konnten sehr gut auch ohne Förderungen und Ausgleichszahlungen leben.

Die Artenvielfalt beginnt im Boden

Der natürliche Wald ist ein Hüter der Artenvielfalt – ein weiterer Grund, Wälder zu schützen bzw. wieder aufzubauen. Denn das Aussterben so vieler Tierarten gehört zur Tragik der heutigen Zeit. Der Mensch rottet seine Mitlebewesen schneller aus, als er sie kennen lernt.

Kann sich die Artenvielfalt wieder erholen? Was kann ich dazu tun? Was sagt mir die Natur?

Die Antwort ist: Ja – die Artenvielfalt kann sich regenerieren. Es geschieht fast von selbst, ich muss es nur zulassen und ermöglichen und die falschen Eingriffe beenden. Artenvielfalt beginnt im Erdkörper, mit dem Bodenleben, der Bodenfeuchtigkeit und der Bakterienflora. Dort, im Kleinen, bereitet sich die Vielfalt der Pflanzen vor. Auf der Symbiose von Bodenleben und Pflanzen baut sich dann die entsprechende Fauna auf. Die Kleinstlebewesen sind Nahrung für die nächstgrößeren Tiere und Insekten und so entwickelt sich von unten bis oben, vom Kleinsten bis zum Größten eine immer größere und reichere Fauna, die Gemeinschaft des Lebens.

Einige Beispiele: Schmetterlinge brauchen bestimmte Wirtspflanzen – z. B. ernährt sich die Raupe des Kleinen Fuchses ausschließlich von der Großen Brennnessel. Wenn ich die Brennnesseln aber weggespritzt habe, verschwindet auch der Kleine Fuchs. Wenn Pflanzen verschwinden, verschwinden auch die Tiere und deshalb muss ich die Vielfalt an Pflanzen zulassen und sie ermöglichen. Wenn ich den Kleinen Fuchs möchte, brauche ich die Brennnesseln und muss aufhören, sie zu vernichten.

Ein anderes Beispiel ist der Vogel Neuntöter (oder auch Rotrückenwürger). Er braucht als Lebensraum Hecken und Sträucher, die im Zuge der Flurbereinigungen immer weniger werden. Und er frisst große Insekten wie Heuschrecken, die auch immer weniger werden. Durch Pestizide und durch Monokulturen bei Gräsern gehen zuerst die Heuschrecken verloren – und dann der Neuntöter.

Die Vielfalt muss beim Kleinsten beginnen – beim Bodenleben. Habe ich im Erdkörper eine Vielfalt, dann bekomme ich sie auch bei den größeren Tieren. Habe ich Äcker oder Wälder in Monokultur, werde ich sie auch in der Tierwelt haben. Mit Monokulturen aber verarmt die Fauna. Und dann verarmt auch der Mensch.

Regenerationskraft der Artenvielfalt

Die Natur hat eine immense Selbstheilungskraft. So hat sie dafür vorgesorgt, dass große Schwankungen, die durch das Klima und Fehler des Menschen vorkommen, abgefedert und ausgeglichen werden. Auch nach längerer Zeit der Kargheit kann sich eine größere Artenvielfalt einstellen.

Wie macht das die Natur? Sie bringt Lebensformen hervor, die sehr lange Zeiten überstehen können: Es gibt Pflanzensamen, die über Jahre oder Jahrzehnte, ja sogar Jahrtausende keimfähig bleiben. Es gibt Insekteneier, die über lange Zeit verharren, Ruhephasen durchlaufen und dann, wenn optimale Bedingungen eintreten, wieder erwachen. Und auf einmal, wenn die Bedingungen wieder stimmen, setzt die Keimfähigkeit wieder voll ein. So kann es geschehen, wenn ein Bauer von der industriellen auf die natürliche Bewirtschaftung umstellt, dass plötzlich wieder die verschiedenen Pflanzen, Kräuter und Insekten zum Vorschein kommen, die über Jahrzehnte verdrängt worden sind.

Das System der Natur hat auf diese Weise einen Selbstheilungsmechanismus eingebaut, es regeneriert sich selbst – durch die stabilen Formen verschwundener Arten, aber auch weil durch Wind und Wetter ständig Samen, Sporen und Eier von außen eingetragen werden. Wenn sie ein Biotop vorfinden, wo sie sich entwickeln können, wo die Giftwirkung durch die Intensivlandwirtschaft nachgelassen hat, dann entsteht ihr Lebensraum wieder und nach und nach erholt sich der Bestand. So entdeckt man heute Lebewesen wieder, von denen man glaubte, sie seien längst schon ausgestorben. Diese Regenerationskraft der Natur ist noch gar nicht richtig erforscht, aber ich beobachte sie seit Jahrzehnten.

Auf dem Krameterhof hat sich die Artenvielfalt im Vergleich zu den Nachbargrundstücken, wo Intensivlandwirtschaft betrieben wird, um ein Vielfaches erhöht. Das wurde durch die Diplomarbeit von Stefan Rotter vom Humanökologischen Institut in Wien festgestellt. Es betrifft Insekten, Amphibien, Reptilien und auch die ganze Vogelwelt. Das Paradies stellt sich ein. Diesen Prozess beobachte ich auch bei meinen anderen Projekten.

Mancher Bauer sagt: Warum brauche ich überhaupt Artenvielfalt? Was nützt sie mir?

Als natürlich denkender Bauer kann ich nicht nur an das denken, das mir einen sichtbaren Ertrag bringt: an den Honig, das Fleisch, die Wolle. Das ist nur das Endprodukt einer langen Kette. Bis ich diesen Ertrag habe, ist ein langer Weg zu gehen und an vieles zu denken: an den Boden, den Regenwurm, die Bienen und Hummeln – damit ein Tier überhaupt leben kann und ein gesundes Produkt liefern kann.

Wer in der Natur liest, weiß, dass es die Gemeinschaft der Pflanzen und Tieren ist, die die Produkte erzeugt, die wir als Menschen wirklich brauchen und die uns gut tun. Es braucht eine ganze Pflanzgemeinschaft, um ein gesundes Kraut oder eine schmackhafte Rübe zu erzeugen.

Bei Heilpflanzen hat man es analysiert: Damit sie das ganze Spektrum der Inhaltsstoffe bekommen, das sie zu einer Medizinalpflanze macht, müssen sie in der entsprechenden Pflanzgemeinschaft aufwachsen. So erhalten sie über die Symbiose der Wechselwirkung die optimale Zusammensetzung. Das ist die Perfektion der Natur. Nährstoffzufuhr durch Kunstdünger kann dafür niemals ein Ersatz sein.

Deshalb ist Artenvielfalt nicht nur schön und erlebnisreich, sondern für mich als Bauer oder Landbesitzer ein großes Plus. Letztlich spüre ich die Artenvielfalt auch am ökonomischen Erfolg. Es ist ein Grundprinzip: Ein System funktioniert nur als Ganzes. Und vom Ganzen habe ich immer mehr Gewinn, als wenn ich einen Teil herausnehme und nur diesen einen fördere und intensiviere.

Wenn ein Naturdenkmal stirbt: Wie kann ich einen einzelnen Baum retten?

Baum pflanzen

Deine Aufgabe soll sein: Du sollst vorausdenken und für die Urenkel die Bäume pflanzen. Dann hast du heute schon die Freude an ihrem Gedeihen, weil du siehst, wie sie wachsen. Deine Kinder ernten dann die Früchte. Deine Enkel leben schon wieder im essbaren Wald und die Urenkel wieder im Paradies, das die Generationen vor uns zerstört haben.

Wahrlich ein Naturdenkmal: ein 2000 Jahre alter Olivenbaum in Portugal

Ein weiteres Naturdenkmal: eine Platane in der Türkei

Bäume können wahre Naturdenkmäler sein. Sich in diese Wunderwerke der Natur und der Schöpfung hineinzuversetzen, ist etwas ganz Besonderes. Das ist die Inspiration, die wir alle brauchen, um auf der Erde wieder ein Paradies aufzubauen. Solche Naturdenkmäler sind Kraftplätze, man soll sie schätzen und auch entsprechend schützen und so lange wie möglich erhalten. Ein Landbesitzer, der solche Kraftplätze auf seinem Grundstück hat, hat die Aufgabe, sie zu erhalten. Und bei einen solchen Baum sollte uns, wenn er krank ist, kaum ein Aufwand zu groß sein, um ihn zu retten.

Natürlich ist ein solcher Baum im Laufe der Zeit ausgehöhlt und verletzt worden. Alle möglichen Ereignisse, Tiere oder Blitzschlag oder Waldbrände, haben ihm Schäden zugefügt. Er hat Wunden, aber die sind vernarbt. Es muss ihm gut gegangen sein, sonst wäre er nicht so alt geworden und hätte sich nicht von allen Verletzungen erholt.

Wenn ich einen solchen Baum leiden sehe, wenn er krank ist und ich ihm helfen will, dann muss ich erst einmal ergründen: Warum leidet dieser einzelne Baum? Wieso ist er krank? Was hat man denn bis vor rund 150 Jahren noch mit dem Land gemacht? Fast gar nichts. Die Natur selbst hat den Baum erhalten und er hat sich wunderbar entwickelt. Wenn er vor 100 oder 200 Jahren so behandelt worden wäre wie heute, dann wäre von ihm nichts mehr da. Aber so ein Baum hat eine enorme Energie und Kraft, so dass ihn nichts so schnell aus der Bahn werfen kann. Er nimmt vieles hin und es muss schon viel passieren, damit er wirklich Schaden nimmt.

Die Ursache kann 50, 60 Jahre zurückliegen. Deshalb muss ich in diesem Zeitraum schauen, ob eine Veränderung stattgefunden hat, im näheren oder weiteren Umkreis. Das kann eine Drainagierung oder eine neue Straße gewesen sein, die den Wasserhaushalt gestört oder die Wurzeln beschädigt hat. Oder auch eine Hochspannungsleitung oder ein Handymast, denn auch Strahlung als negative Auswirkungen muss ich berücksichtigen. Mancher hält es nicht für möglich, dass die Ursache schon vor langer Zeit passiert ist. Aber bei einen Baum, der so alt ist, werden oft erst in Jahrzehnten die Symptome sichtbar, die entstehen, wenn der Boden sich verändert, der Wasserhaushalt gestört ist oder die Vegetation verarmt.

Wenn ich die Ursache ergründet habe, kann ich ihm helfen und manchmal kann ich ihn auch retten. Allgemein ist es für jeden kranken Baum eine große Hilfe, den Boden zu regenerieren, und das bedeutet: das Bodenleben zu aktivieren und Pflanzgemeinschaften aufzubauen. Wenn ich die Gelegenheit habe, besuche ich einmal einen sehr extensiv bewirtschafteten Wald in der Region, denn da kann ich sehen, wie die Natur vorgeht, welche heilenden Pflanzen dort in der Nachbarschaft solcher Bäume wachsen. Da kann ich mir immer etwas abschauen und lernen.

Wenn ich feststelle, dass die Flora der Umgebung verarmt ist, weil die intensive Landbewirtschaftung die Pflanzen selektiert hat, dann bringe ich im näheren oder weiteren Bereich den Nährstoff- und Feuchtigkeitshaushalt in Ordnung. Das muss ich viel großflächiger tun, als die Wurzel oder die Baumkrone reicht.

Vor allem muss ich dafür sorgen, dass sich die Vegetation im Umfeld regeneriert. Das kann ich tun, indem ich die passenden Förderpflanzen wieder ansäe. Wenn es um die Rettung eines einzelnen Baumes geht, ist es das einfachste, in seinem Umfeld mit einem kleinen Erdbohrer Löcher zu bohren. Ein solches Loch sieht dann so aus wie ein Maulwurfshügel. Von denen bohre ich mehrere rundherum, im kleineren und großen Umkreis. Und dort stecke ich die Samen von Pflanzen in die Erde, die eine besonders tiefe Bewurzelung haben: verschiedene Kleearten wie der Staudenklee oder Luzernklee oder auch Lupinen. Es sollten auch immer Giftpflanzen dabei sein, weil sie eine anregende und heilende Wirkung auf das Bodenleben und das ganze Biotop haben: Eisenhut, Digitalis, Lupine und viele andere. Es müssen natürlich standorttaugliche Pflanzen sein, keine exotischen.

Das führt zur Heilung des Bodenlebens, denn es lebt von den Wurzeln. Vom Verrottungsprozess der Wurzeln und ihrem Erneuerungsprozess hängt die ganze Bodengesundheit ab. Die Vielfalt der Wurzelsysteme regeneriert auch die Wasserspeicherfunktion des Erdkörpers. Er kann dann wieder Feuchtigkeit aufnehmen und dann kommt auch die Nährstoffversorgung, die der Baum braucht, wieder in Gang – durch die Symbiose der Wechselwirkungen. So erhalte ich ein gesundes Bodenleben.

Kommunikation mit einem Baum

Auf diese Weise kann ich dem Baum enorm helfen. Es kann allerdings Jahre dauern, bis die Wirkung sichtbar wird. Gleichzeitig muss die intensive Beweidung oder was auch immer zu der Erkrankung des Baumes geführt hat, eingestellt oder vermindert werden. Den Baum zu bewässern, zu gießen oder zu düngen, ist eine Symptombehandlung, die nicht lange vorhält. Je nachdem wie alt der Baum ist, kann es allerdings eine positive Wirkung haben, Kompost und organisches Material auf den Boden zu geben und den Boden ein bisschen zu lockern, damit die Feuchtigkeit einsickern kann und sich wieder eine natürliche Pflanzengemeinschaft entwickelt. Doch hat dieses Vorgehen nur eine kurzzeitige Wirkung. Wenn ich wirklich helfen will, muss ich die Ursachen ergründen, warum der Baum krank geworden ist, und dort ansetzen.

Eine Strategie für die Welternährung

Gärtner der Erde werden

Thema Welternährung – Selbstversorgung ist überall auf der Erde möglich

Wenn der Eskimo im Grönland dasselbe macht wie der Buschmann in Afrika, weil er sich an Förderrichtlinien orientiert und dadurch abhängig macht, dann ist es nur eine Frage der Zeit, bis sie beide verhungern.

Alle sieben Sekunden stirbt ein Kind an Hunger. Es ist unfassbar, dass wir das tatenlos geschehen lassen. Hungersnöte sind vom Menschen geschaffen. Hunger entsteht manchmal auch durch Dürren, aber viel öfter durch eine falsche globale Agrarpolitik, die Millionen Bauern entwurzelt, durch eine industrielle Landwirtschaft, die unfassbar große Flächen übernutzt und zerstört, und durch skrupellose Konzerne, die durch die ungerechte Verteilung von Nahrung Geschäfte macht. Ja, ich möchte sagen, Hunger ist bewusst gesteuert, wie so vieles andere auch, bei dem wenige viel Geld verdienen können. Während ich das schreibe, gehen Millionen von Menschen in Südamerika, Nordafrika und auch Europa auf die Straße: Der Auslöser der weltweiten Jugendaufstände sind um 70 % gestiegene Lebensmittelpreise, und das nach einem Jahr der Rekordernten! Wer macht das, wenn nicht die globalen Konzerne und ihre Handlanger in den Regierungen!

Kann ich auf solche eindeutigen politischen Fehler ökologische Antworten geben? Ja, ich kann. Wenn die Menschen in allen Regionen wieder lernen, sich selbst mit Lebensmitteln zu versorgen, dann werden sie selbständig und autonom und die Korruption in der Lebensmittelindustrie hat keine Wirkung mehr.

Ich bin der Überzeugung, dass die Erde die dreifache Bevölkerung, nicht 7, sondern 21 Milliarden Menschen leicht ernähren kann, wenn der Mensch respektvoll mit seinen Mitlebewesen umgehen und mit den enormen Ressourcen der Natur, nämlich Sonne, Regen, Erde, richtig haushalten würde. Mit dieser Meinung bin ich nicht alleine, viele bestätigen dies, unter anderem Professor Bernd Lötsch vom Humanökologischen Institut in Wien, ein Mann, vor dem ich die größte Hochachtung habe.

Es ist für jede Region der Erde möglich, in allen Klimazonen, gesunde Lebensmittel im Überfluss zu erzeugen. Ja, eine regionale Versorgung ist einer globalen vorzuziehen, schon allein wegen der Umweltbelastung der Transportwege. Aber vor allem, damit die Menschen selbständig werden und nicht von den Praktiken von Konzernen und der Ungerechtigkeit der Verteilung, den Im- und Exportbestimmungen abhängig sind: Ganze Länder werden ins Elend gestürzt, weil billige und subventionierte Überschussprodukte, oft chemisch schwer belastet, in Dritte-Welt-Länder verschickt werden, wo sie den Markt überschwemmen und mit den einheimischen Produkten konkurrieren. Produkte aus dem eigenen Land können nicht abgesetzt werden, weil die Bauern nicht in der Lage sind, mit den Dumpingpreisen mitzuhalten. Sie verlieren Haus und Hof. Das ist verantwortungslos und unmoralisch. Gegen diese Abhängigkeit hilft nur, sich die Selbständigkeit in der Lebensmittelversorgung zu bewahren oder wie-

Gewächshauskulturen verbrauchen zu viele Ressourcen, machen die Menschen abhängig von Wasserzufuhr und Energieproduktion und bringen minderwertige und chemiebelastete Nahrungsmittel hervor.

der zu erarbeiten. Die Menschen jeder Region sollen sich von dem Land ernähren, auf dem sie leben, und ihre Überschüsse verkaufen.

Gegen die Globalisierung besonderer Produkte ist aus meiner Sicht nichts einzuwenden, aber nur im beschränkten Maß, z. B. um die Lust auf bestimmte Produkte zu stillen wie Bananen oder Kaffee. Aber nur als Zusatzartikel, als besonderer Luxus, keinesfalls als Grundnahrungsmittel. Sobald ein Produkt zur Massenware wird, wird es schwer belastet, die Früchte werden unreif geerntet und chemisch behandelt. Der allergrößte Unsinn ist, wenn man in der dritten Welt Futtermittel für Tiere produziert und nach Europa exportiert. Das ist ökologisch, ökonomisch und ethisch eine ganz falsche und verantwortungslose Ernährungsweise. Die Natur hat an alle und für alles gedacht, so dass es nicht erforderlich ist, dass ich aus Südamerika oder Afrika Produkte importiere.

Wenn ich höre, dass die Welternährungs- und Agrarorganisation FAO empfiehlt, mehr Kunstdünger einzusetzen und die Landwirtschaft noch mehr zu industrialisieren, dann bin ich entsetzt. Das ist für mich fehlgeleitetes Expertentum. Die Industrialisierung der Landwirtschaft hat durch ihre Übernutzung weltweit Ackerflächen ruiniert. Der Kunstdünger schädigt das Bodenleben und das Grundwasser, die wahren Garanten für nachhaltige Fruchtbarkeit. Ich brauche keinen Kunstdünger, um Erträge zu erwirtschaften, ich muss nur für die Symbiosen sorgen und damit steigere ich den Ertrag enorm. Wenn man wirklich will, dass alle Menschen genug zu essen und sauberes Trinkwasser haben, muss man genau das Gegenteil tun: Die Chemie weglassen und allen ihre Selbständigkeit zurückgeben: dem Boden, den Pflanzen und Tieren und den Menschen. Wir brauchen eine Revolution in der Agrarwirtschaft und Siedlungsgestaltung – auch in den Städten.

Sportplatzrasen und mit Cotoneaster bepflanzte Verkehrsinseln kann ich nicht essen. Wenn aber die heute brachliegenden Flächen im Stadtbereich nicht nur mit Zierbäumen, sondern mit Fruchtbäumen verschiedenster Art bepflanzt werden, wenn die stadtnahen Flächen in Ertragsmischwälder, in essbare Wälder umgewandelt werden und zum Gemeindeeigentum gemacht werden, dann wäre bereits eine Vielfalt an Nahrungsmitteln für ärmere Schichten zur Verfügung gestellt.

Land ist genug vorhanden. Aber die Menschen müssen die Möglichkeit erhalten, selbständig zu werden. Es kann ja mit Kinderbauernland und Landschaftsgärten beginnen, wo die Menschen wieder lernen, wo und wie etwas gedeiht und wächst – von Erdbeeren über Radieschen bis hin zu Bäumen und Getreide. Sie lernen im nächsten Schritt, zu ernten und zu verarbeiten. Es geht auf jeder Fläche und sogar auf Müllplätzen. Wenn alle Flächen genutzt werden, haben auch die Mitlebewesen etwas davon. Durch eine weltweite Gestaltung von Lebensräumen können wir den Kollaps überleben.

Ich bin in vielen Ländern unterwegs, um Projekte und Modelle aufzubauen und diese Möglichkeit zu zeigen. Die Erfahrung zeigt: Es funktioniert. Und das müssen die Wissenschaft, die Bauernverbände und die Politik zur Kenntnis nehmen. Ökonomie und Ökologie sind keine Gegensätze. Wenn ich auf die Natur höre, habe ich Ertrag – überall. Bei meinen Versuchen und Experimenten auf Müllplätzen und Kleingärten bis zum Großgrundbesitz konnte ich die Erfahrung machen, dass sogar so genannte unproduktive Flächen bestens für eine vielfältige Lebensmittelproduktion von Gemüse über Obstbäume bis hin zu Getreide und allen tierischen Produkten genutzt werden können. Vom Bananenland auf 9 m Seehöhe in Urabá über die Wüste in Jordanien bis zum Gletscher sind alle Böden für Lebensmittelproduktion geeignet.

Unsere Sorge sollte nicht so sehr sein, wie wir Arbeitsplätze schaffen oder wo wir Flächen hernehmen. Beides gibt es genug. Meine Sorge ist vielmehr, dass das Wissen verloren geht, wie man Lebensmittel erzeugt, wie man ein Samenkorn in die Erde bringt, wie man Produkte verarbeitet und veredelt. Hier ist mein Vorschlag für ein 10-Punkte-Programm

Eine Voraussetzung dafür, dass wir weltweit genug Nahrung für alle Menschen anbauen können, ist ein gesunder Wasserhaushalt. Zu viel oder zu wenig Wasser ist immer ein Fehler des Menschen.

für eine bessere Versorgung der Menschheit mit Lebensmitteln. Es ist ein Plan gegen den Welthunger.

1. Den Wasserhaushalt in Ordnung bringen

Der erste und wichtigste Schritt ist es, den Wasserhaushalt in Ordnung zu bringen. Damit ist 70 % der Arbeit getan, denn der Körper ebenso wie die Erdoberfläche bestehen zu 70 % aus Wasser. Ohne Wasser kein Leben und keine Fruchtbarkeit. Ein gesunder Wasserhaushalt ermöglicht den Anbau aller Lebensmittel ohne weitere Düngung. Er unterstützt die biologische Vielfalt und damit die Symbiose der Wechselwirkungen und verhindert den Verlust weiterer Flächen durch Wüstenbildung und Überschwemmungen. Für diese Umgestaltung und das Anlegen von Retentionsräumen und Terrassen sollten wir nicht vor Maschineneinsatz zurückschrecken.

2. Massentierhaltung abschaffen

Ich habe nichts gegen den Konsum von Fleisch, wenn es aus der naturgemäßen Haltung stammt und die Tiere human getötet werden. Aber die industrielle Massenproduktion von Fleisch und anderen tierischen Produkten ist nicht nur unmoralisch und zerstört Klima und Umwelt im großen Maße, sie ist auch äußerst unwirtschaftlich, wenn ich alle Faktoren einbeziehe. Die immensen Flächen, auf denen das Futter angebaut wird, müssen allen Wesen dienen, der Natur und der menschlichen Nahrung. In einer Permakultur und in der symbiotischen Landwirtschaft haben Tiere ihren festen Platz im Kreislauf, da sind sie glückliche Mitarbeiter und da darf ich sie auch entnehmen.

3. Mehr Flächen erschließen

Weltweit liegen Ackerflächen brach oder werden in Monokulturen umgewandelt. Wie die Welthungerhilfe sagt, verschwinden durch Erosion, Versalzung, Austrocknung oder Versiegelung jährlich zwischen fünf und sieben Millionen Hektar landwirtschaftlicher Nutzfläche. Binnen 20 Jahren wurden über 1 Million km Nutzfläche zerstört. Das entspricht der

Weltweit ging bereits ein Viertel fruchtbaren Landes durch Naturzerstörung, Monokulturen und die Folgen industrieller Landwirtschaft verloren, wie der Weltagrarbericht sagt. Im Bild: Brände auf der Insel La Palma.

Fläche Mitteleuropas. Nach dem Weltagrarbericht sind für viele Flächenzerstörungen die industriellen Anbaumethoden verantwortlich. Viele Flächen können wieder urbar gemacht werden, wenn man naturgemäße Methoden anwendet. Belastete Äcker können renaturiert und entseucht werden. Von Wüstenbildung bedrohte, verbrannte, ausgedorrte oder überschwemmte Flächen und Randlagen, die durch ihre Hanglage oder Feuchtigkeit nicht mit Maschinen bearbeitbar sind, können durch die Methoden der Holzer'schen Permakultur erschlossen werden.

4. Flächenvergrößerungen

Durch Flächengestaltung mit Kratergärten (siehe Seiten 138 ff.), Hügelbeeten und Terrassenanlagen und durch Methoden des Urban Gardening gibt es die Möglichkeit, Anbauflächen zu vergrößern und mehr Lebensmittel pro Hektar zu produzieren. In Ballungsräumen und Stadtgebieten können an Hauswänden, Telegrafenmasten, Brückenpfeilern und Mauern durch das so genannte Bypassverfahren (siehe Seiten 143 ff.) Gemüse und Heilkräuter angebaut werden. Sogar in Elendsvierteln und auf Müllplätzen konnte ich Erdenbürgern ohne Erde zeigen, wie man selbständig wird – durch Gartentürme und Müllhügelbeete. An Hauswänden und auf Flachdächern gedeihen Gemüse, Heilkräuter und Gewürzkräuter.

5. Produktivität erhöhen

Die Produktivität jeder Fläche kann wesentlich gesteigert werden, wenn wir mit der Natur kooperieren und einige einfache Erkenntnisse beachten: die Symbiose der Wechselwirkungen, der stufenweise Anbau, die Bewirtschaftung extremer und mit Maschinen nicht zu bearbeitender Flächen mit Tieren, vor allem mit Schweinen und Hühnern. Am Krameterhof habe ich gezeigt, wie ehemalige marginal genutzte Flächen zu hochproduktivem Acker-, Garten- und Mischwaldflächen umgewandelt werden können.

6. Regionalisierung statt Globalisierung

Eine regionale Versorgung ist einer globalen vorzuziehen. Eine Region oder eine Gemeinde soll sich mit den notwendigsten Dingen selbst versorgen können und mit ihren Überschüssen oder regionalen Spezialitäten Handel treiben. Das ist in jeder Klimazone möglich, wenn die Menschen mit der Natur kooperieren. Egal ob der Buschmann in Afrika oder der Eskimo in Grönland: Sie sind ja früher auch zurechtgekommen. Wie viel leichter würde es heute gehen, wo sie auch noch die technischen Möglichkeiten nutzen können.

7. Landreform

Jeder Erdenbürger hat ein Recht auf Erde. Es darf aus meiner Sicht keine Menschen ohne Grund und Boden geben, während andere abertausend Hektar besitzen. Eine entsprechende Landreform ist längst überfällig. Jeder dürfte nur so viel Grund besitzen, wie er auch bewirtschaften kann. Aus meiner Sicht ist der Grund und Boden nur so viel wert, wie der Besitzer in der Lage ist, ihn zu bewirtschaften. Grundbesitzer sollten – freiwillig – 10 % ihres Landes Besitzlosen zur Bewirtschaftung zur Verfügung stellen: als Experimentierflächen, Lehrflächen, für die Selbstversorgung, zum Lernen für Kinder. Soweit möglich sollen sie ein angemessenes Entgelt für Miete oder Pacht, vielleicht auch in Form von Naturalien, die dort produziert werden, als Ausgleich erhalten. Damit könnten alle, die das Interesse haben, sich selbst versorgen und die Kinder könnten wieder mit der Natur aufwachsen. Damit würden sich Grundbesitzer Freunde schaffen und müssten sich nicht bewaffnen oder mit Hunden absichern.

8. Nachbarschaftshilfe und Gemeinschaftsgründung

Angesichts des drohenden Kollapses des Gesamtsystems sollen sich naturverbundene Menschen zur Verfügung stellen, um Ratsuchenden zu helfen. Durch Nachbarschaftshilfe und gegenseitige Unterstützung werden nach und nach kleine und größere Gemeinschaften entstehen. In einem Traum habe ich eine Landschaft gesehen, in der man von Gemeinschaft zu Gemeinschaft reisen konnte, jede anders als die vorige, mit ganz verschiedenen Namen. Da gab es die „Gemeinschaft der Selbstversorgung", die „Gemeinschaft für dich und mich" und die „Gemeinschaft der Kooperation mit Sonne, Wasser und Erde".

9. Altes Wissen erhalten und vermitteln – z. B. über Methoden der Konservierung

Auch das Wissen, wie man mit einfachen natürlichen Methoden Lebensmittel für lange Zeit haltbar macht, konserviert, trocknet, veredelt, muss wiederbelebt und erhalten werden. Es gibt Methoden der Konservierung ohne Kühlschrank und Gefriertruhe, ohne Strom und technische Mittel. Dazu gehört das Lufttrocknen von Fleisch, Räuchern, Einlegen in Salz, Pressen oder Einlegen in Holzasche – Methoden, die kaum noch bekannt sind. Zu den alten Konservierungsmethoden wie Dörren oder Einkochen kommen moderne hinzu wie Solartrockner. Ebenso wichtig ist das Wissen über Gewürzkräuter und Medizinalpflanzen und die Verwendung von Wildpflanzen als Gemüse, denn Wildkräuter besitzen bis zum Hundertfachen des Wertes gegenüber hochgezüchteten Produkten.

10. Umbau des Bildungssystems

Die langfristig wichtigste Maßnahme, um das Problem der Welternährung zu regeln, besteht darin, möglichst vielen Menschen wieder das Lesen in der Natur beizubringen. Es beginnt bei den Kindern. In jedem Kind steckt ein Forscher. Ob Kind, Pensionist oder Jugendlicher, alle sollen das Gelernte sofort umsetzen können. So entsteht Lebensfreude und darüber nach und nach die praktische Erfahrung für die Selbständigkeit.

Holzer'sche Permakultur für Selbstversorgungsgärten und Mini-Landwirtschaften

In meinen Ausbildungen mache ich oft folgende Übung mit den Studenten: Was würdet ihr tun, wenn ihr einen Hektar verfilzten, unproduktiven Boden vorfindet, mager, mit niedrigem pH-Wert, in Hanglage, und ihr und eure Familie schnellstmöglich von seinem Ertrag leben müsstet? Wie würdet ihr diesen Boden wieder zum Leben erwecken, das Bodenleben aktivieren und die Vielfalt der Vegetation erneuern? Wie würdet ihr konkret vorgehen, wenn ihr wüsstet: In wenigen Monaten muss dieses Land euch ernähren.

Zunächst einmal: Überall ist es möglich, mit der Natur zu kooperieren, von jedem Land kann ich leben. Es gibt keine Ungunstlagen. Und wenn ich einmal unter schwierigen Bedingungen Erfolg hatte, werde ich es überall schaffen. Und das wird sich im Land herumsprechen und ein Modell sein, das viele Menschen überzeugen wird.

Hier ist meine Vorgehensweise, die ich nach vielen Jahren der Erfahrung für den effektivsten Weg halte. Ich schaffe als erstes zwei bis drei Schweine oder Ferkel an, am besten ein männliches und zwei weibliche. Dann friede ich je 2.000–3.000 m² meines Hektars mit Maschengitter oder Weidezaun ein und bilde so auf der Gesamtfläche vier Koppeln.

Und dann bewirtschafte ich es so wie auf den Seiten 111 ff. beschrieben. So habe ich keine große Mühe, diesen verfilzten Boden zu bearbeiten und zu verwunden.

Wenn der Boden in der Koppel nun locker und bearbeitet und von Engerlingen, Maikäfern und Wühlmäusen befreit ist und wenn er mit Schweinemist gedüngt ist, dann säe ich Gemüse ein: Salat, Radieschen, Kräuter, Rettich, auch Kartoffeln und Getreide.

Die Schweine kommen dann in die nächste Koppel und in der ersten lasse ich das Gemüse aufwachsen. Durch die Einsaat in Mischkultur aktiviere ich das Bodenleben und die Bakterienflora. In 5–6 Wochen habe ich die ersten Salate und Radieschen, kurz darauf Erbsen und Bohnen. Beim ersten Durchgang werde ich noch nicht die größte Ernte haben, aber das ist erst der Start – und die Lage verbessert sich sehr schnell.

Die Schweine haben inzwischen in der nächsten Koppel gearbeitet. In einigen Monaten habe ich den Hektar durchackern lassen und aus der vorher unproduktiven Fläche ein Gartenland mit aktivem Bodenleben und einer Vielfalt an Pflanzen gemacht. Eine Kreislaufwirtschaft entsteht: Wenn ich das, was ich zum Leben brauche, in der ersten Koppel abgeerntet habe, kommen die Schweine von der vierten wieder in die erste Koppel und können dort das fressen, was ich zurückgelassen habe: die Beikräuter oder die Wurzeln, Früchte und Gemüse, die mir zu klein waren. Hier können sie gleichzeitig wieder neu ackern und düngen, und der Kreislauf beginnt von vorn.

Gleichzeitig beginne ich mit dem nächsten Schritt: Ich pflanze zwischen die Gemüsemischkulturen Beerensträucher und Obstbäume. Da dauert es bis zur ersten Ernte natürlich länger, etwa 2–3 Jahre. Aber der Obstertrag kommt zum Gemüseertrag hinzu und so verbessert sich von Jahr zu Jahr der Gesamtertrag. Von dieser Fläche kann ich zunächst mich selbst und bald die ganze Familie versorgen, wenn ich es richtig lenke. So entsteht eine essbare Landschaft – und eine Grundlage für eine intensive Bewirtschaftung.

Fülle am Wegesrand: Beerensträucher

Praxisteil: Aufbau eines Selbstversorgungsgartens oder einer Mini-Landwirtschaft

Angenommen, Sie, Ihre Familie oder Ihre Gemeinschaft haben ein Grundstück, das Sie gestalten und naturgemäß bewirtschaften wollen, von dem Sie sich teilweise oder sogar ganz ernähren möchten. Wie gehen Sie vor?

Erster Schritt: Das Land in seiner Gesamtheit wahrnehmen

- Wie groß ist die Fläche?
- Wo sind die Himmelsrichtungen?
- Ist sie eben, hügelig oder geneigt?
- Hat sie vielfältige Kleinklimata?
- Was für einen Boden habe ich – sandig, lehmig, humos?
- Was für Pflanzen und was für Tiere gedeihen hier – und in der Umgebung? Die Vegetation gibt Aufschluss über die Nährstoffsituation; wie ein aufgeschlagenes Buch kann sie über die Nutzung der vergangenen Jahre berichten.
- Gibt es ein intaktes Bodenleben – Würmer, Asseln, kleine Schnecken, Humus?
- Gibt es eine Überpopulation von so genannten Schädlingen?
- Von wo weht der Wind und wie stark ist er?
- Lag die Fläche zuvor brach oder wurde sie bewirtschaftet? Wie wurde sie bewirtschaftet – biologisch oder mit chemischem Dünger und Spritzmitteln?
- Öffnen Sie sich für Ihre innere Wahrnehmungskraft: Was ist der Traum der Landschaft? Wie sähe sie aus – ganz ohne den Menschen, ohne Straßen, Wege und Häuser?
- Kommunizieren Sie mit den Wesen, die hier leben: Fühlen sie sich wohl? Sind sie gesund? Wenn nicht, was fehlt ihnen?

In diesem Zusammenhang ergeben sich eine Reihe von Fragen: Eine zentrale Frage betrifft die Wassersituation. Ohne Wasser kann es kein Leben geben.

- Wie hoch ist der Jahresniederschlag und wann fällt er? Gibt es Quellen oder einen Brunnen? Wie tief ist das Grundwasser? Gibt es die Möglichkeit, Regenwasser zu sammeln – auf dem Dach oder auf dem Land selbst? Wie groß ist das Niederschlagseinzugsgebiet?

- Wichtig ist auch die Frage, welche Geräte oder Maschinen zur Verfügung stehen. Ein Bagger ist eine große Hilfe zum Anlegen der verschiedenen Kleinklimazonen; doch nicht jeder Gartenbesitzer hat die Möglichkeit, sich einen anzuschaffen. Bagger und Baggerfahrer kann man auch mieten oder man tut sich mit anderen Landbesitzern zusammen.

Praxis-Tipp: Gartengeräte

Eine ganz ausgezeichnete Erfindung aus Russland ist der Fokin-Flachschneider und seine verschiedenen Weiterentwicklungen. Er ersetzt viele andere Gartengeräte, ist auch von älteren Menschen leicht zu handhaben und sollte in keinem Garten fehlen. Er ist ein unverzichtbares Werkzeug für das Regulieren von unerwünschten Beikräutern, die Bodenlockerung und alle anderen Arbeiten am Gartenbeet; damit schaffe ich in einer Stunde so viel wie sonst in dreien.

Wichtige Fragen beziehen sich auf Ihre Wünsche als Landbesitzer:

- Geht es vor allem um Selbstversorgung?
- Soll ein Erholungs- oder Therapiegarten angelegt werden?
- Soll etwas produziert werden, das Sie mit Nachbarn tauschen oder auf dem Markt verkaufen können?
- Ist Tierhaltung erwünscht – Bienen, Hühner, Ziegen oder sogar ein paar Schweine?

Auch Vegetarier können viel von der Kooperation mit Tieren profitieren, denn Tiere sind die besten Mitarbeiter: Hühner und Schweine bearbeiten den Boden und erzeugen Dünger, Fische fressen Mückenlarven und Enten, Rebhühner, Perlhühner sowie Wachteln verzehren Schnecken und Maikäferlarven. Sie zu halten bzw. ihnen ein geeignetes Biotop bereitzustellen, lohnt sich also sehr (mehr zum Thema Tiere auf den Seiten 172 ff.).

Der Fokin-Flachschneider: das beste Gerät zur Regulierung der Hügelbeete

Kräuteranbau auf Steinhäufen: das optimale Kleinklima schaffen

Üppiges Wachstum in Mischkultur

Durch den Anbau von Kräutern zwischen Steinen werden viele Kleinklimazonen geschaffen. So entsteht eine regelrechte Kräuteridylle.

Praxis-Übung: Entwicklung eines Gesamtkonzeptes

Nehmen Sie ein großes Blatt und zeichnen Sie darauf die Grundstücksgrenze und vorhandene Gebäude ein! Zeichnen Sie nun Ihre Wünsche in diesen Plan, ihre kreativen Ideen, ihre Träume. Tun Sie es alleine oder als Familie, Gemeinschaft oder Arbeitsgruppe. Verändern Sie es so lange, bis alles stimmt und zusammenpasst. Folgende Fragen sind Anregungen:

- Wo soll das Haus stehen – in welcher Richtung sollen die Fenster sein, möchten Sie von der Abendsonne oder von der Morgensonne beschienen werden?
- Wo soll das Kräuterbeet sein? Am besten liegt es direkt vor der Küche, sichtbar vom Herd aus, zugänglich auch mit Pantoffeln; wenn der Weg zu weit ist, landen die Kräuter nur selten in der Suppe.
- Wie verlaufen die Wege? Geschwungene Wege sind immer harmonischer als gerade; durchgehende Wege ohne Sackgassen durch das ganze Grundstück verführen zu Spaziergängen und so halten Sie den Garten ganz selbstverständlich im Blick.
- Wie sollte die Einfahrt gestaltet sein? Der erste Eindruck eines Besuchers ist immer der wichtigste. Warum also nicht die prächtigsten Beete in der Nähe der Einfahrt planen?
- Wie und wo kann ich verschiedene Kleinklimata schaffen, Sonnen- und Wärmefallen, Windschutz?
- Wie nutze ich feuchte und trockene Stellen am besten?
- Wo wächst das Gemüse, wo das Obst, wo soll eine Erholungsfläche sein?
- Wo und wie soll Wasser gesammelt werden?

Es gibt kein einheitliches Rezept. Jedes Grundstück ist anders. Im Folgenden werden einige Elemente beschrieben, die so oder ähnlich realisiert und zusammengefügt werden können.

Bau eines Hügelbeetes auf Sandboden in der Ukraine

Grundstücksgrenze durch eine Hochbeet-Einfriedung gestalten

Ein größeres Grundstück braucht in den meisten Fällen eine Einfriedung, die als Windschutz, Lärmschutz und Sichtschutz dient. Das im Folgenden beschriebene Hochbeet ist sogar noch mehr: Es dient als Anbaufläche mit verschiedenen Kleinklimazonen. Da es in die Höhe geht, vergrößert sie die vorhandene Anbaufläche um mehr als das Doppelte.

Dazu wird rund um das Grundstück Erde in insgesamt 3 m Höhe aufgeschüttet und als Damm mit zwei Terrassen in Stufenform ausgeformt. Im Unterschied zum Hügelbeet soll die Einfriedung dauerhaft Bestand haben und nicht zusammensinken. Daher besteht ihr Inneres aus Erde statt wie beim Hügelbeet aus Biomasse.

Jede Stufe soll 1,50 m hoch sein, da diese Höhe für die meisten Menschen leicht zu bewirtschaften ist. (Wenn Sie kleiner sind als 1,60 m, ist eine Höhe von 1 m zu empfehlen.)

Eine Terrasse sollte nicht weniger als einen Meter breit sein, damit Sie bequem mit der Schubkarre darauf fahren können. Wenn Sie sie mit dem Kultivator bearbeiten wollen, sollte Sie sie mindestens 1,50–2 m breit machen. Die Neigung der Böschung soll zwischen 65 und 80° sein und die Beete selbst sollen ganz leicht nach außen geneigt sein (3–4°), damit das Wasser nach außen abfließen kann.

Die Böschungen können mit grünen Ästen stabilisiert werden wie beim normalen Hügelbeet.

Beerenobst auf den Böschungen, das in einem Winkel von 45° eingepflanzt wird, stabilisiert den Hang zusätzlich.

Bepflanzung: Die Seitenflächen sind je nach Wind- und Sonnenlage sowie Feuchtigkeit und Bodengüte gute Anbauflächen für Obst-und Gemüse. Ich kann nur empfehlen, neugierig zu sein, viele Samen auszusäen und zu beobachten, was geschieht: Was gut gedeiht, ist hier richtig.

Weiter oben auf dem Damm gedeihen trockenliebende Pflanzen. In gemäßigten Gebieten sind das zum Beispiel Heilkräuter wie Thymian, Quendel, Majoran oder auch Erdbeeren, Strohblumen und andere. In südlichen Gebieten wären das Erdnüsse oder Fettblattgewächse wie Aloe Vera.

Auch Obstbäume können hier gepflanzt werden, sie verstärken den Windschutz: Kirschen, Birnen, auch Nussbäume und Maronen. Allerdings eignen sich nur tiefwurzelnde Arten. Apfelbäume als Flachwurzler könnten einem Sturm hier oben nicht standhalten.

Hangstabilisierung nach der Methode einer Krainerwand für Kräuteranbau

Am Fuß der Einfriedung wird sich Feuchtigkeit sammeln, dort gedeihen wasserliebende Pflanzen wie Melonen und Gurken. Dazwischen sind alle gewünschten Gemüsearten möglich. Tiefwurzelnde Förderpflanzen wie Weißklee, Staudenklee oder vor allem Lupinen werden den Boden immer mehr verbessern.

Pilzkultur

Auf vielen Grundstücken ist ein zusätzlicher Humusaufbau wünschenswert. Die Biomasse dazu kann aus verschiedensten Quellen stammen: Es kann Laub von der Müllabfuhr der nächsten Stadt sein, Küchenabfälle aus Restaurants, Stroh, Kuh- oder Pferdemist, den ein Bauer verschenkt. Halten Sie die Augen offen, es gibt meistens mehr Möglichkeiten, als Sie denken und oft ist ein Bauer froh, wenn er den alten Mist los ist.

In den ersten Jahren wird eine Bewässerung des Damms nötig sein. Wenn sich erst eine Humusschicht gebildet hat und das Grundwasser durch die Kapillarwirkung nach oben zieht, kann die Bewässerung später reduziert werden. Auch eine zusätzliche Düngung ist anfangs an diesem Standort erforderlich. Dazu bietet sich Kräuterjauche an.

Fülle in Mischkulturen

Grundstücksplanung mit Hochbeeteinfriedung und Kratergarten. Diese Planung wird in Russland bereits umgesetzt. (Grafik: Henry Baumann)

Praxis-Tipp: Kräuterjauche

Geben Sie Brennnesseln, Gras, sogar Laub und Küchenabfälle, alles, was Sie an organischem Material entbehren können, in einen Eimer oder ein Fass Wasser, decken es ab und lassen es ein bis zwei Wochen stehen. Die fertige Jauche können Sie 1:3 – 1:5 verdünnen und als Gießwasser verwenden: Sie ist nicht nur Düngung, sondern auch Schutz gegen Fraßinsekten und einige Krankheiten.

Praxis-Tipp: Regenwurm

Der wertvollste Mitarbeiter zum Humusaufbau ist der Regenwurm, der Biomasse in lebendige Erde verwandelt. Asseln tun dasselbe. Schon ein Stein, flach ins Beet gelegt, unter dem sich Kondenswasser sammelt, kann Regenwürmern und Asseln Schutz bieten und so die Humusbildung fördern.

Wo immer es geht, sollte die Einfriedung geschwungen verlaufen, denn entstehen noch mehr Kleinklimazonen, zum Beispiel Sonnenfallen und Windschutzbuchten.

Auch erzeugen geschwungene Formen mehr Harmonie als gerade. Sehr günstig ist es, wenn sich eine Familie mit den Nachbarn kann beim Bau einer Einfriedung zusammentun.

Der Bagger kann dann gemeinsam gemietet werden und beide Nachbarn können ihre Seite des Damms nutzen.

Die Grenze verläuft dann oben auf der Einfriedung und kann durch eine Reihe Obstbäume markiert werden.

Wo das Material für die Einfriedung entnommen wurde, entsteht eine Erdvertiefung, eine Wärmefalle, die noch mehr vor dem Wind geschützt ist und wo sich oft auch Feuchtigkeit sammelt.

Ist der Grundwasserspiegel sehr hoch, kann hier sogar ein natürlicher Teich entstehen.

Gesundes Obst in Fülle durch Mulch und Förderpflanzen, hier am Krameterhof

Hügelbeet

Das Hügelbeet ist ein Grundelement in der Holzer'schen Permakultur. Seine Vorteile sind überzeugend: Es vergrößert die Anbaufläche, schafft verschiedene Kleinklimata, ist durch seine Höhe bequem zu bearbeiten und durch die Einarbeitung von Biomasse erhöht es den Humusanteil im Boden.

In feuchten Gebieten ist oft das Hügelbeet die einzige Anbaufläche, die noch bearbeitet werden kann, weil sie als erstes abtrocknet.

Quer zum Wind gebaut, ist es außerdem eine Windbremse.

Das Hügelbeet in seinem lockeren Aufbau wird von allen Seiten durchwurzelt und durchlüftet. Dies fördert die Verrottung der eingearbeiteten Biomasse und die freigesetzten Nährstoffe stehen den Pflanzen zur Verfügung. Das Bodenleben wird angeregt.

Im Laufe von mehreren Jahren – abhängig von der Art des Holzes, das den Kern bildet – wird das Hügelbeet durch die Verrottung absinken. Weichholz wie Pappel ist nach drei bis fünf Jahren verrottet, Hartholz wie Eiche oder Robinie braucht bis zu 15 Jahren. Das Beet kann dann wieder neu aufgeschüttet und erhöht werden oder auch eingeebnet werden: In seinem Kern ist wertvolle Humuserde, die im Garten verteilt werden kann.

Ein Hügelbeet ist – eine durchschnittliche Körpergröße der Gärtnerin oder des Gärtners vorausgesetzt – optimal 1,50 m hoch und kann oben bei einer Böschungsneigung von 65–80° spitz zulaufen. Oben gedeihen trockenliebende Pflanzen am besten. Am Fuß des Hügelbeetes sammeln sich Wasser und produktiver Schlamm, hier liegt die produktivste Fläche, es gedeihen auch Starkzehrer und wasserliebende Gemüsearten wie Gurken und Melonen.

In der trockenen Jahreszeit muss ein Hügelbeet bewässert werden. Wie immer, soll die Bewässerung nicht durch Beregnung, sondern von unten an die Wurzeln, durch Gießen oder einen Tropfschlauch erfolgen.

Die Vorteile eines Hügelbeetes können multipliziert werden durch das Anlegen mehrerer parallel verlaufender Hügelbeete. Zwischen ihnen entsteht eine Wärmefalle: ein besonders geschütztes, warmes und feuchtes Klima. Dazu sollen vor allem auf Grundstücken, die oft starkem Wind ausgesetzt sind, die Hügelbeete immer quer zur Hauptwind-

Für alle Gärten gilt: Kleinklimazonen schaffen, Nischen ausnutzen, Symbiosen schaffen Fruchtbarkeit

richtung angelegt werden, dann wirken sie als Windschutz. Lägen sie längs zum Wind, entstünde zwischen ihnen ein Kamineffekt, der die Windstärke noch verstärkt.

Ein Hügelbeet kann mit einem Mini-Bagger oder mit Schaufel und Spaten angelegt werden.

Anleitung zum Anlegen eines Hügelbeetes

- Einen beliebig langen Graben auf etwa 1,50 m Breite in Spatentiefe ausheben, Grassoden und Erde trennen und getrennt auf die Seite legen.
Achtung bei Sonderfällen: Bei Sandboden soll der Graben tiefer werden, etwa 70 cm. Bei nassem Boden verzichten Sie ganz auf den Graben und bauen Sie das Hügelbeet auf dem gewachsenen Grund auf, sonst könnte es zu Fäulnisvorgängen kommen.
- Den Graben mit Zweigen, Ästen und anderer Biomasse – sogar alte Kleider, Pappe, Papier eignen sich – füllen und das Material auf ca. 1 m aufschichten. Gröberes und feineres Material soll gemischt werden. Obendrauf kommen die Grassoden mit den Wurzeln nach oben.
- Darüber wird Erde gegeben, bis das Hügelbeet 1,50 hoch ist. Wenn die Erde aus dem Graben nicht reicht, kann sie zusätzlich vom Boden rund um das Hügelbeet genommen werden. Bei trockenem oder sandigem Boden ist es von großem Vorteil, wenn das Erdniveau rings um das Hügelbeet ein wenig tiefer liegt, denn dann sammelt sich Feuchtigkeit an. Bei feuchtem Boden ist ein solcher Graben aber zu vermeiden, hier ist das Hügelbeet oben auf dem gewachsenen Boden zu errichten, weil sonst durch die sich sammelnde Feuchtigkeit der Boden sauer wird.

- Mulchen: Das Hügelbeet mit Biomasse abdecken. Was immer Sie haben, ist geeignet: Stroh, Gras, Laub. Zur Not ist auch Pappe möglich.
- Die Neigung durch grüne Äste stabilisieren: Frische, verzweigte Äste in einer Länge von 1,50 m werden mit der Spitze nach oben auf das Hügelbeet gelegt und mit Holznägeln befestigt. Die Holznägel können durch Astgabeln selbst hergestellt werden. Zwischen den Ästen und Zweigen, die später verrotten werden, entstehen viele kleine Mikroklimazonen, in denen sich die Feuchtigkeit sammelt.
- Bepflanzung: Oben trockenliebende Pflanzen, unten wasserliebende Pflanzen wie Melonen und Gurken. Beerenobst an den Böschungen im 45°-Winkel anpflanzen.
- Säen: Bei zu erwartenden Niederschlägen und lockerem Mulchmaterial kann oben auf den Mulch gesät werden, weil der Regen den Samen einwäscht. Wo kein Regen zu erwarten ist, sät man vor dem Mulchen, so dass die Samen geschützt keimen und dann die Pflanzen durch den Mulch wachsen können.
- Alle Gemüsesorten, auch Starkzehrer, sind geeignet.

Ich empfehle, reichlich Salate und Radieschen zu säen und immer wieder nachzusäen und zu ernten. Was nicht gebraucht wird, verbleibt im Boden, verrottet und aktiviert das Bodenleben.

Hügelbeet am Steilhang

Hügelbeet mit Kletterhilfe für Bohnen und andere Kletterpflanzen

Bau eines Hügelbeetes auf Sandboden in der Ukraine: einen 50 cm tiefen Graben ausheben, mit Holz und Ästen füllen, aufschütten mit Biomasse und Erde, mit Stroh abdecken und Holzankern sichern. Rechts und links können weitere kleinere Gräben ausgehoben und mit Ästen gefüllt werden, was noch mehr Feuchtigkeit anzieht.

Der Kratergarten

Ein Kratergarten hat ähnliche Vorteile wie ein Hügelbeet: Er vergrößert die Anbaufläche, schützt vor Wind und bildet eine Wärmefalle. In einem Kratergarten entsteht schnell ein feuchtwarmes Klima: ideale Bedingungen für wärmeliebende Pflanzen und anspruchsvolle Gemüsearten.

Da der Kratergarten in die Tiefe gebaut wird, nähert er sich dem Grundwasserspiegel und nutzt die dort größere Bodenfeuchtigkeit. Deshalb ist ein Kratergarten besonders für trockene Gebiete bestens geeignet. Je nach Grundwasserlage kann sich in seiner Mitte im Laufe der Zeit sogar ein Teich bilden.

Bau von Kratergärten

Geschützt vor Wind, hält sich hier im Winter der Schnee länger und wirkt als Frostschutz. Dadurch sind die Pflanzen im Kratergarten weniger dem ständigen Stress von Einfrieren und Auftauen ausgesetzt.

Planung und Bau: Ein Kratergarten sollte an der tiefsten Stelle des Grundstückes angelegt werden, wo Wasser oberirdisch und unterirdisch zufließen kann. Je nach Größe kann ein Kratergarten händisch oder mit einem Bagger gebaut werden. Tragen Sie auf dem abgesteckten Gelände Schicht für Schicht, Terrasse für Terrasse die Erde ab. Ein Kratergarten sollte wie alle anderen Beete niemals eckig oder kreisrund geplant werden, sondern immer geschwungen, denn nur so entsteht die Harmonie der Natur: Es bilden sich verschiedenste Klein- und Mikroklimata. Falls sich auch ein Teich bildet, fördert die geschwungene Anlage die Wasserbewegung. Sie erreichen am leichtesten eine geschwungene Form, wenn der Bagger sich spiralförmig von außen nach innen vorarbeitet – wie bei einer Schneckenform.

Wichtig:

Legen Sie die oberste humose Schicht immer beiseite, lagern Sie sie eventuell in einer Miete zwischen und decken Sie damit später die Pflanzbeete ab, denn diese lebendige Erde wird an der Oberfläche gebraucht.

Die Terrassen sollen bei durchschnittlicher Körpergröße der Gärtner etwa 1,50 m hoch sein, die Böschungen können 60–70° steil sein. Die Breite der Terrassen können Sie wählen, sie hängt davon ab, ob Sie sie maschinell oder händisch bearbeiten wollen. Planen Sie auf jeden Fall auf jeder Terrasse einen Bearbeitungsweg ein. Vergessen Sie auch nicht, Trittstufen anzulegen, so dass Sie direkt von oben nach unten durchgehen können.

Mit der ausgehobenen Erde formen Sie gleich im selben Arbeitsgang die Böschungen und Außenterrassen.

Die Tiefe eines Kratergartens wählen Sie nach der Größe des Geländes, der Grundwassertiefe und dem Klima. Wir haben Kratergärten bis zu 8–10 m Tiefe angelegt.

Stufenweiser Aufbau: Die Sonnenblume schützt alles, was unter ihr wächst.

Praxis-Tipp: Wasser verbindet

Die Bewohner von Siedlungen und Gemeinden können sich zusammentun und gemeinsam einen großen, lang gestreckten, mäandrierenden Kratergarten durch ihre Grundstücke bauen. Wenn sich an seiner untersten Stufe ein Teich bildet, kann er das verbindende Element der Siedlung werden und alle Parteien können ihn gemeinsam nutzen.

Stufenweiser Aufbau

Gemeinsam ist besser als einsam, das gilt für Menschen, Tiere und Pflanzen gleichermaßen.

In Mischkultur unterstützen und schützen sich Pflanzen gegenseitig. Die Wasser- und Nährstoffverwertung ist besser, da alle Bodenschichten erreicht werden. Die Gesamtheit dieser Effekte nenne ich die „Symbiose der Wechselwirkungen" – wie schon auf der Seite 22 beschrieben. Durch stufenweisen Aufbau der Mischkultur verstärke ich ihren Effekt noch. Dazu säe oder setze ich Pflanzen verschiedener Größe zusammen.

Im stufenweisen Aufbau schützen die größeren Pflanzen die kleineren vor Wind, Hagel und zu starker Sonneneinstrahlung. Sonnenblumen wirken dabei wie ein Schirm, der über alle anderen ausgebreitet wird. So kommt es nicht mehr zu Sonnenschäden, wie das in heißen Sommern oder südlichen Ländern häufig der Fall ist. Die alten Sonnenblumensorten, die ich auf dem Krameterhof anbaue, können bis zu 4 m hoch wachsen und haben Schirme von bis zu 50 cm Durchmesser.

Oft habe ich beobachtet, wie ein Garten oder ein Feld nach einem starken Hagel aussieht. Ein Sonnenblumenfeld in Monokultur, ein Maisacker oder ein Gemüsegarten ist dann komplett zerstört. Beim stufenweisen Aufbau ist das anders. Da sind vielleicht auch die Sonnenblumen kaputt, vielleicht auch noch der Mais darunter. Wenn ich dann mit einem Messer oder eine Machete durchgehe und die zerstörten Blätter und Stängel abschneide, dann sehe ich, dass darunter die Pflanzungen noch fast intakt sind. Ein oder zwei Wochen später ist von dem Schaden fast nichts mehr zu sehen. Der Nachbar aber, der nur Sonnenblumen gepflanzt hat, wird einen Totalausfall haben.

Die kleineren Pflanzen im stufenweisen Aufbau sorgen für die Bodendeckung und schützen die Erde vor Austrocknung. Die Durchwurzelung und damit Durchlüftung des Erdkörpers ist vielfältig; das Bodenleben ist produktiv. Die Pflanzen bilden eine Pflanzgemeinschaft und versorgen sich gegenseitig optimal mit allem, was sie brauchen. Der Effekt ist erstaunlich und immer wieder zu beobachten: Alles gedeiht, gleicht sich gegenseitig aus, fördert sich. Und wenn eines im Ertrag schwächer wird oder ausfällt, habe ich mehr von den anderen.

Praxis-Beispiel

Unten: Melonen (in Sonnenfalle, siehe unten), Kürbisse, Kohl, Salate und Radieschen
Zweite Stufe: Tomaten, Erbsen, Buschbohnen, Kohl
Dritte Stufe: Mais, Baumkohl, Stangenbohnen
Vierte Stufe: Sonnenblumen

Praxis-Tipp: Sonnenfalle

In Gegenden, wo die Sonne nicht allzu heiß ist und man sie optimal nutzen möchte, soll der Beetaufbau eine Sonnenfalle bilden: eine leichte U-Form, die sich nach Süden öffnet. Vorne stehen die kleineren Pflanzen und die größeren stufenweise dahinter.

Urban Gardening – Holzer'sche Permakultur für Erdenbürger ohne Erde

Es gibt viele Möglichkeiten, auch in der Großstadt. Wenn man es will, findet man auch einen Weg und dann findet man auch die Zeit dazu. Wer sagt: „Ich habe keine Zeit", hat keine Zeit zum Leben und bestraft sich selbst am meisten.

Jeder Erdenbürger hat ein Recht auf Erde. Jeder Mensch sollte die Möglichkeit haben, ein Stück Land zu bewirtschaften und sich selbst mit gesunden Lebensmitteln zu versorgen. Aber Landbesitz ist auf der Welt (noch) sehr ungerecht verteilt, und so gibt es Millionen von Menschen, denen das Nötigste fehlt und die kein Land haben, wo sie sich selbst erarbeiten könnten, was sie brauchen. Doch auch dafür gibt es Lösungen. Die Natur hilft dir immer, wenn du sie fragst. Auch in Megastädten müsste niemand hungern oder auf frisches Gemüse verzichten. Parks, Dächer, Balkons, Terrassen und Vorgärten können und sollen viel mehr genutzt werden.

Und wenn ich nicht einmal die habe, sondern in einem Wolkenkratzer lebe, in einer Hochhaussiedlung? Auch Hauswände, Telefonmasten und Brückenpfeiler können Anbauflächen werden.

Was ich hier beschreibe, ist auch als Urban Gardening bekannt – Gärtnern in der Stadt. Es gibt in verschiedenen Städten auf der ganzen Welt Menschen und Gruppen, die winzige Stücke Land in der Großstadt bewirtschaften – entweder um ihre Sehnsucht nach Naturkontakt zu stillen oder um sich mit Nahrung zu versorgen. In Lissabon pflanzen Bewohner von Armenvierteln an den Böschungen der Autobahnen Kohl an, in Moskau kultivieren die Menschen in Parkanlagen Kartoffeln, in Mexiko-City ernten sie Salat in Regenrinnen, in Tokio bepflan-

Das Müllhügelbeet ist mit organischem Abfall gefüllt – Kleidung, Papier, Pappe (linke Seite)

Durch deren Verrottung erhalten die Pflanzen viele Nährstoffe, um üppig zu wachsen (rechte Seite)

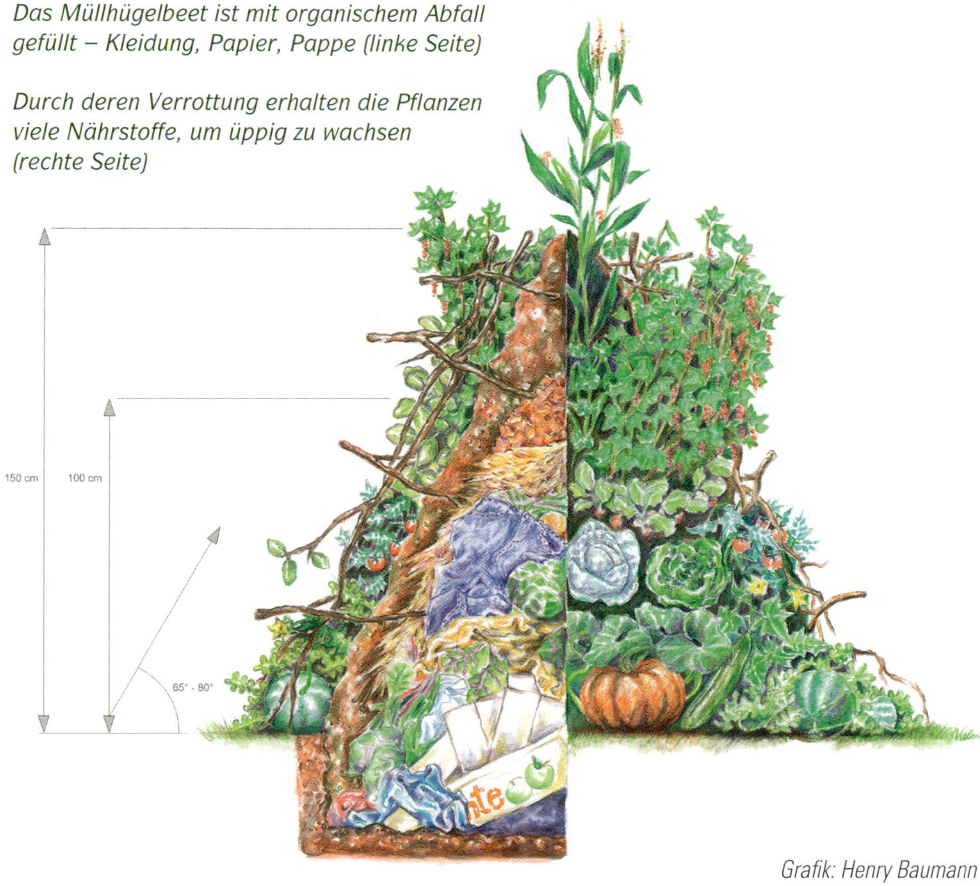

Grafik: Henry Baumann

zen sie Hochhausdächer und -wände und unter dem Stichwort „Guerilla Gardening" säen und pflanzen in England nachts vermummte Gestalten auf Verkehrsinseln und in Parks Blumen und Gemüse aus. All das sind kreative Initiativen und den Ideen, die Natur wieder in die Stadt zu holen, sind keine Grenzen gesetzt.

Was mich auch sehr beschäftigt, ist die Situation auf Müllplätzen. Ich habe in Sao Paulo, Medellin und auch Bangkok Müllkinder gesehen, die nur von Abfall leben, oder alte Menschen, die selbst wie Müll entsorgt wurden. Und dann frage ich mich natürlich, was kann ich machen, um zu helfen. Auf diesen Seiten zeige ich verschiedene Projekte, die ich teilweise in Slums und auf Müllplätzen mit Kindern verwirklicht habe. Ihre Freude, als sie tatsächlich eine Fülle von Gemüse und Früchten ernten konnten, hat mich überwältigt. Aber die Not der Umgebung war manchmal so groß, dass Radieschen und Salate unreif gestohlen wurden und sie schließlich ihre Beete Tag und Nacht bewachen mussten. In solchen Situationen wirklich langfristig zu helfen, braucht natürlich ein umfassenderes Konzept, das die ganze Lebenssituation mit einbezieht.

Müllhügelbeet

Die Bilder auf dieser Seite entstanden bei einem Seminar in Tamera. Die Teilnehmer kamen aus 14 Nationen, unter anderem aus den besetzten Gebieten Palästinas, aus einem Friedensdorf in Kolumbien, aus Ecuador, Lettland, den Favelas von Sao Paulo in Brasilien und aus einem Slum in Kenia. Sie gingen mit so viel Begeisterung und Tatkraft ans Werk, dass ich sicher bin, dass sie zu Hause umsetzen werden, was sie hier gelernt haben.

Der Aufbau eines Müllhügelbeetes ist derselbe wie beim normalen Hügelbeet (siehe Seiten 133 ff.). Nur nahmen wir zur Füllung des Beetes nicht Reisig, Holz und Stroh, sondern gingen auf den Schrottplatz und schauten, was dort herumlag: Pappe, alte Stoffe und Kleider, halb verrottete Holzkisten, Küchenabfälle. Irgendetwas Organisches findest du überall und im Inneren eines Hügelbeetes wird es verrotten. Was zu sperrig war, zerkleinerten wir, aber das meiste ließen wir, wie es war, denn eine grobe Struktur ist ja erwünscht. Wir warfen alles locker durcheinander hinein, bewässerten jede Schicht und bedeckten das Ganze mit Erde. Aber

Bauschritte Müllhügelbeet

Das Bypassverfahren

auch Sand, Stroh oder Gras kann ich nehmen – was ich eben finde.

Ich wurde gefragt, ob ich denn keine Angst hätte, dass belastetes Material dabei sein könnte. Ja, besser ist es sicher, wenn ich die Herkunft des Materials kenne. Aber wenn man auf einem Müllplatz lebt, ist man von so vielen Giften umgeben, dass diese noch am wenigsten ins Gewicht fallen. Schließlich geschieht in der Verrottung ja auch ein Abbau und eine Entgiftung. Vor allem aber ist mir klar: Wer solche Not leidet, wie ich es in den Slums und auf den Müllplätzen gesehen habe, ist dankbar, wenn er überhaupt etwas zu essen hat, und im Vergleich zum Hunger ist eine etwaige Belastung der Lebensmittel das weitaus kleinere Übel.

Der Erfolg unseres Müllhügelbeetes in Tamera hat uns alle begeistert: Als ich nach zwei Monaten wiederkam, wuchsen Tomaten, Melonen, Kürbis, Kohl, Radieschen und Salate sehr üppig und in großer Vielfalt.

Essbare Schläuche im Bypass-Verfahren

Diese Idee entstand auf einem Müllplatz. In so einer Situation schaue ich mich um und frage: Ja, was für Material haben wir denn hier zur Verfügung? Zum Beispiel einige Ballen Gaze. Daraus und aus anderen Abfallmaterialien können Schläuche mit einem Durchmesser von ungefähr 30 cm genäht werden. Dann füllen wir auf der ganzen Länge einen perforierten dünneren Schlauch für die Düngung und Bewässerung ein. Anschließend wird der Schlauch mit Erde, Küchenabfällen, Laub und Stroh gefüllt.

Bewässerung und Düngung: Oben über der Schlauchöffnung wird ein Eimer aufgehängt, an den unten eine Öffnung angebracht ist, in die der Tropfschlauch hineinmontiert ist. Darüber wird ein Fliegengitter gestülpt, damit der Schlauch nicht durch Blätter verstopft. In diesen Eimer werden Blätter gefüllt – Brennnessel, Melde und andere. Wenn sich der Eimer mit Regenwasser füllt, entsteht hier von selbst eine Kräuterjauche, die durch den Tropfschlauch in das Substrat eindringt und es sättigt. Durch eine Absperrvorrichtung unter dem Eimer kann ich den Zufluss des Nährsubstrates steuern. Ein Detail: Der Tropfschlauch soll unten umgeknickt werden, damit das Nährsubstrat nicht durchläuft. Wenn die Leitung einmal verstopft ist, kann er geöffnet werden, und der Schlauch wird durchgespült. In den (äußeren) Schlauch werden nun kleine Löcher gebohrt, in die Samen oder auch Pflänzchen hineingesteckt werden – Radieschen, Kohl oder Salat, alles, was wir möchten. Die Schläuche werden um stillgelegte Telegrafenmasten gewickelt, an Brückenpfeilern befestigt oder aus Fenstern gehängt. Nach kurzer Zeit beginnen die Samen zu keimen und zu wachsen und die Schläuche werden zu lebendigen und nährenden Kunstwerken.

Inzwischen wird das System auch in Städten auf Balkons genutzt und funktioniert wunderbar, auch um Heilkräuter und Gemüse zu kultivieren.

Wenn das Bypassverfahren an einem Haus aufgehängt wird, muss eventuell die Hauswand mit einer Plastikfolie geschützt werden, damit sie sich nicht durch Feuchtigkeit und Moosbildung grün verfärbt. Bei einer Holzwand reicht ein Brett als Schutz gegen Feuchtigkeit.

Bypass-Bau auf einem Seminar an der Agraruniversität von Tomsk

Müllturm

Diesen Müllturm bauten wir während eines Seminars in Tamera. Auf dem Schrottplatz fanden wir alles, was wir dazu brauchten. So auch drei nicht mehr benötigte Metallstangen, die wir wie einen Dreifuß pyramidenförmig in die Erde rammten. In dem so entstandenen, etwa drei Meter hohen Turm brachten wir einen Drainageschlauch an, der für die Düngung und Bewässerung sorgt. Der Turm wurde nun rundum mit dem Abfallstoff Gaze umwickelt und verschnürt. Von Leitern aus füllten wir von oben das organische Material ein: Erde, Stroh, Laub, Küchenabfälle. In die Seitenwände des Turms machten wir kleine Löcher, steckten Samenkörner hinein und pflanzten Melonen, Kohl, Tomaten und viele andere Gemüsepflanzen.

Die Bewässerung des Müllturms geschieht von oben durch den eingebrachten Drainageschlauch, indem man z. B. mittels Leiter Kräuterjauche hineinschüttet. Es ist auch möglich, unten einen Behälter mit Kräuterjauche anzusetzen und sie mit einer Handpumpe hineinzupumpen.

Im Laufe der Zeit wird das Material durch das Eigengewicht und die Verrottung niedersinken. Es ist einfach, hier von oben wieder Erde und organisches Material nachzufüllen.

Bauschritte Müllturm

Müllhügelbeet und Mullturm, voll bewachsen

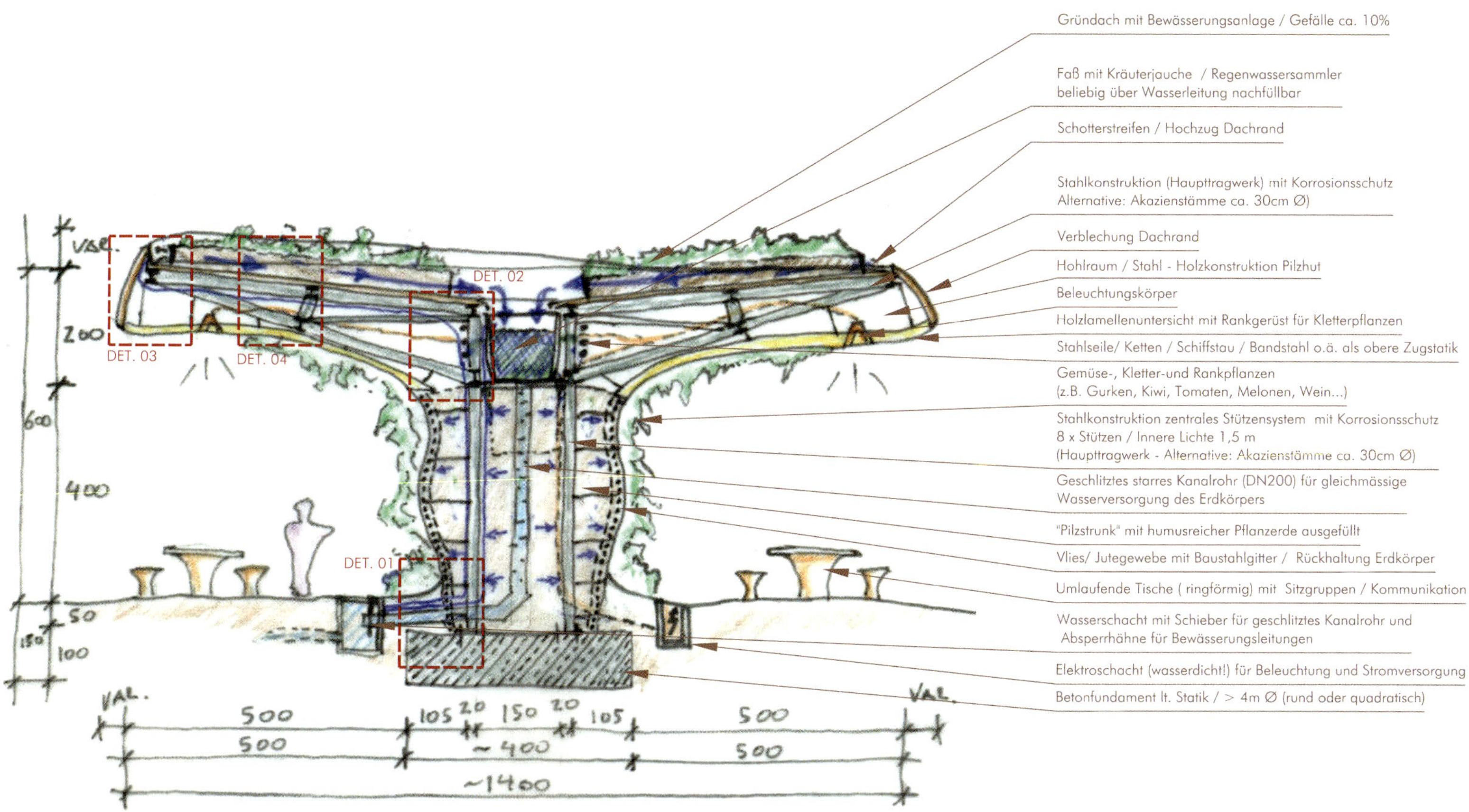

Bauzeichnung für den Traumpilz (Grafik: Jens Kalkhof)

Der Permakultur-Traumpilz: Kunst, Kommunikation und Fülle (Bild und Grafik: Jens Kalkhof)

Traumpilz

Der Traumpilz ist eine Vision, die durch einen Traum ihre Anfänge nahm.

Er ist eine multifunktionale Struktur: sowohl ein Kunstwerk als auch ein Ort der Kommunikation und der experimentellen Landschafts- und Gartengestaltung.

Als Prototyp soll er in Portugal entstehen, einer Gegend, die im Sommer durch extreme Hitze und Trockenheit und im Winter durch teilweise sehr starke Niederschläge charakterisiert wird. Aspekte der Wasserproblematik, die Schwierigkeit einer konstanten und nachhaltigen Versorgung und somit auch Wasserspeicherung und -pufferung werden in diesem Projekt thematisiert.

Gleichzeitig ist der „Traumpilz" ein Landschaftsgestaltungselement, das durch seine Dimensionen – Hutdurchmesser ca. 14 m, Gesamthöhe ca. 7 m, Strunkdurchmesser ca. 4 m – nicht nur ein eindrucksvoller Blickfang ist, sondern auch Schatten spendet und zum Verweilen einlädt. Durch das Aufstellen von Tischen und Stühlen unterhalb des Pilzes soll er ein Zentrum der Kommunikation und Versammlung werden.

Der Traumpilz ist auch ein vertikaler Garten: Einerseits kann die begrünte Dachfläche zum Anbau von Beerensträuchern, Kräutern oder Blumen verwendet werden. Andererseits ist der Strunk bis zu einer Höhe von ca. 5 m mit Erde befüllt und wird kontrolliert bewässert. Kletter- und Rankpflanzen wie Gurken, Tomaten, Melonen, Kiwi und Wein sollen aus diesem Strunk herauswachsen und durch ein Rankgerüst die gesamte Unterseite des Pilzes erobern. Auch die Rasenfläche unter dem Hut ist nutzbar, so dass sich die effektive Fläche für Bepflanzungen fast verdreifacht. Unterhalb des Pilzes ist ein schattiges und mildes Kleinklima vorhanden, so dass Pflanzen und Menschen sich wohlfühlen können.

Traumpyramide

Die Traumpyramide entstand ebenfalls durch einen Traum nach meinem Besuch in den USA, wo ich mit der Angst der Menschen vor Erdbeben und Waldbränden konfrontiert wurde. Ich sah auf mehreren Beratungen unterirdische Häuser, die aus dieser Angst heraus entstanden waren. Mir gefielen diese bunkerartigen Gebäude überhaupt nicht, ich hatte auch nicht den Eindruck, dass sie erdbebensicher waren. Wie immer, wenn ich keine schlüssige Antwort erhalte, begann ich, mich intensiv damit zu beschäftigen, und so kam die Antwort wieder in einen Traum.

Die Pyramide ist ein erdbebensicheres Wohnhaus, das schwimmend auf eingebrachtem Schotter aufgebaut wird und in sich ein ganzes, einheitliches System ist: So wankt bei Erdbeben das ganze Haus, aber bricht nicht auseinander. Die Pyramide kann in verschiedenen Größen und Variationen gebaut werden, als Ein- und Mehrfamilienhaus.

Die Innenräume können künstlerisch gestaltet werden, indem man auf die Schalung Steine in verschiedenen Mustern legt, zum Beispiel Tiere oder Blumen. Dem kreativen Denken ist freier Raum gelassen. Dazu kann ich Lavagestein in verschiedenen Farben und Formen nehmen, das dort in den USA auf den Vulkanen zur Verfügung steht. Bei der Abmontage der Schalung fällt der Sand aus den Fugen herunter, und sie können nun mit Lehm in Erdfarben gefüllt und gestaltet werden. So werden an den späteren Wohnzimmerwänden zum Beispiel Kängurus, Tiger und Zebras lebendig. Außerdem vermitteln die Lavagesteine ein angenehmes Raumklima.

Außen kann ich das Haus als Pyramide mit Terrassen und Stufen ausgestalten und darauf einen Garten oder unter einer Kuppel einen Wintergarten anlegen. Dieser kann im Winter mit der Abluft geheizt werden. So habe ich auf kleinster Fläche ein Kunstwerk, einen angenehmen und erdbebensicheren Wohnraum und gleichzeitig einen Produktionsraum für gesundes Gemüse.

Weitere Vorschläge, Praxistipps und Ideen für den Anbau in der Stadt

Weitere, zumeist sehr einfach umzusetzende Ideen für den Anbau auf kleinster Fläche seien hier angedeutet. Der Kreativität sind auf jeden Fall keine Grenzen gesetzt. Jeder ist aufgerufen, selbst zu experimentieren, an der Hauswand, im Hinterhof, am Fensterbrett oder auf dem Dach. Erinnern Sie sich: Auf jeder Fläche, in jeder Situation ist es möglich, die Natur einzuladen und Blumen und Nahrungsmittel gedeihen zu lassen. Bitte nicht gleich sagen: „Es geht nicht!", sondern Wege finden und ausprobieren, wie es eben doch gehen könnte. Dazu einige Anregungen.

Das Mini-Hochbeet für den Vorgarten: Ähnlich wie das Hochbeet (auf den Seiten 130 ff. beschrieben) als Einfriedung um ein großes Gelände angelegt wird, so kann es – viel kleiner und schmaler – einen Vorgarten umschließen. Bei einer Breite von 0,70–1 m und einer Höhe von bis zu 2–3 m dient es als Sichtschutz, als Windschutz und zur Vergrößerung der Anbaufläche. Um das Beet zu bauen, schaut man am besten, an welches Material man leicht herankommt. Geeignet sind zum Beispiel Metallgitter. Das Innere des Mini-Hochbeetes wird mit Humus und Biomasse befüllt. Die Bewässerung geschieht mit Kräuterjauche, dazu kann ein Gefäß oberhalb angebracht werden – ähnlich wie im Gartenturm.

Für Dachgärten und Terrassen: Es sollte keine flachen Dächer und Terrassen geben, auf denen nicht die verschiedensten Kräuter, Gewürze und Gemüse gedeihen. Je nach Tiefe der Aufschüttung in Kübeln und Trögen sind viele verschiedene Pflanzen möglich. Auch Pilze können mitten in der Stadt gezüchtet werden.

Für die Bewässerung dafür kann das Regenwasser aus den Dachrinnen in die Beete und Tröge gelenkt werden. Es braucht eine Zu- und Fortleitung von der Dachrinne in den Trog und wieder zurück. Wenn es dann einmal zu viel Regen gibt, sickert das überschüssige Wasser einfach wieder zurück, dann gibt es keine Gefahr der Überschwemmung oder Überwässerung.

Als Substrat für Ihre Pflanzen in Trögen und Kübeln nehmen Sie bitte keinesfalls Blumenerde, die aus Klärschlamm oder Torf aufbereitet wurde. Inzwischen gibt es an vielen Orten biologisch aufbereitete Erde zu kaufen. Besser noch ist es, die Erde selbst aus Biomasse und Küchenabfällen herzustellen. Ein einfacher Tipp ist auch: Nehmen Sie beim nächsten Spaziergang ein Sackerl und ein

Die Permakultur-Pyramide: Erdbebensicheres Haus und grüne Stadtgestaltung (Grafik: Jens Kalkhof)

Schäufelchen mit, halten Sie Ausschau nach einem Maulwurfshügel und graben ihm die Erde ab. Feinere Pflanzerde können Sie kaum bekommen – und sie ist ganz umsonst.

Mini-Kratergärten: Kratergärten kennen wir bereits aus der beschriebenen Kleinlandwirtschaft (Seiten 138 ff.). Sie vergrößern die Anbaufläche, sind ein Windschutz und eine Wärmefalle, so dass auch kälteempfindliche Pflanzen hier gut gedeihen. Auf Terrassen, in Hinterhöfen oder Vorgärten ist dies ebenso möglich. Für die Mini-Kratergärten wird natürlich keine Erde ausgehoben, sondern eine Konstruktion aus Holz, Steinen, Ziegeln, Metall oder Betonblöcken gebaut und mit Erde und Humus befüllt. Außen sind die künstlichen Böschungen, innen die Vertiefung, in der sich die Pflanzen im warmen und geschützten Kleinklima wohlfühlen.

Hängende Gärten und Lauben: Der Traum von hängenden Gärten lässt sich leicht an vielen Orten bewerkstelligen: An Hauswänden können Metall- oder Holzkonstruktionen angelehnt oder angeschraubt werden, die direkt als Kletterhilfe für Rankpflanzen dienen oder in die verschiedenste Gefäße aufgehängt werden können.

Dasselbe kann im Garten geschehen: Von Baum zu Baum können mit Rundhölzern Verbindungen geschaffen oder Seile gespannt werden, in die Pflanzgefäße gehängt werden. Bitte darauf achten, dass das Seil nicht in die Rinde des Baums einschneidet, hier müssen Decken oder Holzscheiben untergelegt werden. Mit dem gleichen Prinzip einer Metall- oder Holzkonstruktion kann ein Laubentunnel angelegt werden, der mit Wein, Obst oder Kletterpflanzen bewachsen wird. Er dient als Einfriedung in Stadtgärten und als Sichtschutz; und es ist für jeden ein wunderbares Erlebnis, durch einen blühenden und fruchttragenden Laubentunnel zu spazieren.

Anbau an Hauswänden: Für den Anbau an Hauswänden können Ton- oder Holzgefäße mit Erde gefüllt und an die Wände angebracht werden: Mit Dübeln, Schrauben oder Haken. Kletterpflanzen wie Wein, Clematis, Klettererdbeeren oder Kiwis wachsen von Gefäß zu Gefäß, schlagen dort ihre Wurzeln und wachsen weiter. Auf diese Weise können sie ein ganzes Haus begrünen und beschatten, und von allen Fenstern aus – oder per Leiter – können die Früchte dann geerntet werden.

Auch frostempfindliche Pflanzen können an den Hauswänden angepflanzt werden. Dazu braucht man einen ungenutzten Innenraum – einen Lagerraum, eine leere Toilette oder etwas Ähnliches, in dem Platz für ein Gefäß aus Porzellan, Plastik oder Ton ist. Dieses wird mit Erde gefüllt und mit Pastura, Clematis, Kiwi oder Wein bepflanzt. Durch ein Rohr aus Ton, das in die Mauer eingelassen wird, oder durch einen Fensterspalt können die Triebe nach außen gelenkt werden. So sind die Wurzeln im warmen Innenraum, die Blätter, Blüten und Früchte aber draußen im Licht und im Winter ist die Pflanze vor Frost geschützt.

Gärten auf kleiner Fläche, Gemüse und Weinanbau in Lauben

Überall möglich: Obst und Blumen an der Hauswand

Vorschlag für Lauben in einer Parkgestaltung

Lichtlenkung in Hinterhöfe: Wer in städtischen Hinterhöfen einen Garten anlegen will, hat meistens das Problem, dass zu wenig Licht hereinfällt. Dem ist abzuhelfen durch das Anbringen von Alufolie. So wie Fotografen die Folie zur Aufhellung ihrer Fotomotive nutzen, können das auch Stadtgärtner für ihre Pflanzen tun. Die Alufolie, auf ein Brett geklebt, das so an die Hauswand genagelt wird, dass das Sonnenlicht optimal auf die Pflanzen gelenkt wird, kann dazu noch künstlerisch gestaltet werden: Zum Beispiel in Form von großen fliegenden Schmetterlingen. So können Kindergärten in Großstädten wirklich zu Gärten werden, in denen die Kleinsten gerne ihre ersten Erfahrungen mit Radieschen und Bohnen machen.

Stufenweiser Aufbau in Hinterhöfen: Alles kann auf engstem Raum gedeihen, zum Beispiel so: Kletterpflanzen wie Wein, Kiwi, Brombeeren, hagebuttentragende Wildrosen, die 15–20 m hoch werden, Clematis und Passionsfrüchte gedeihen an Gestellen, Lauben oder direkt an der Hauswand.

Man wählt seine liebsten Obstsorten, ob Aprikosen, Pfirsich, Apfel, Birne und Kirsche, ist egal, und nimmt Hochstammformen, die bis zu 15 m hoch werden. Sie stützen sich gegenseitig und können im abgeschlossenen Raum des Hinterhofes nicht umfallen. Wenn die Bäume groß sind, werden sie mit Seilen verbunden, es werden Gefäße und Töpfe eingehängt, so entstehen hängende Gärten, in denen Gemüse, Blumen und Kräuter gedeihen.

Vorschlag für urbane Parkgestaltung, hier auf Gut Aiderbichl. Im Bild links ist Peter Steffen zu sehen, Autor des Buches „Sepp Holzer. Der Agrar-Rebell und seine Projekte in aller Welt" (Graz 2007).

Bienenbeobachtung im Wohnzimmer: Vor allem für Kinder, die auch in der Stadt den Bezug zur Natur bewahren sollen, können Beobachtungsposten für Insekten oder Vögel angelegt werden, sogar im Haus. Ein Bienenstock kann innen im Raum angebracht werden. Dazu wird ein kleines Loch in die Mauer gemacht, so dass die Bienen durch ein Röhrchen (2 cm Durchmesser) hinein, und hinausfliegen können. Eine Seite des Bienenstockes kann durch Glas ersetzt werden – einen besseren Biologieanschauungsunterricht kann man sich kaum vorstellen. All das sollen Anregungen sein, die Sie selbst weiter erarbeiten können. Es versteht sich von selbst, dass solche Maßnahmen mit Nachbarn bzw. Hauseigentümern gut abgesprochen sein müssen. Ziehen Sie einen Imker zu Rate, meistens hilft er gern mit seinem Fachwissen. Erkundigen Sie sich, ob in Ihrer Umgebung genug Bienenweide vorhanden ist.

Holzer'sche Permakultur für den Aufbau von Musterlandwirtschaften

Einige Prinzipien der natürlichen Anbauweise, die in jeder Situation greifen

1. Die Energie der Natur sollst du aufnehmen und nutzen, nicht abbremsen und bekämpfen.
2. Wasser sollst du so lange wie möglich auf deinem Grund halten.
3. Gemeinsam ist besser als einsam. Lege Mischkulturen statt Monokulturen an, denn da unterstützen und schützen sich die Pflanzen gegenseitig.
4. Du sollst niemals der Natur etwas aufzwingen. Wenn sich alles wohlfühlt, arbeitet es für dich als Grundbesitzer.

Bauer ist der schönste Beruf. Aber nur dann, wenn der Bauer wieder lernt, mit der Natur zu kommunizieren und sie nicht zu bekämpfen, sondern zu lenken. Ein Bauernhof der Zukunft soll ein Bauernhof der Vielfalt sein, auf dem sich Mensch, Tier und Pflanze wohlfühlen. Hier sollen Lebensmittel hergestellt werden und nicht nur bauchfüllende Nahrungsmittel. Denn Eintönigkeit in landwirtschaftlichen Produkten nützt niemandem, weder der Ökologie noch der Ökonomie. Denn je größer das Angebot, desto kleiner die Nachfrage und folglich der Erlös, den ein Landwirt erreichen kann. Wirklichen Gewinn kann ein Bauer nur erwirtschaften, wenn er etwas anbietet, das der Nachbar nicht auch hat. So entsteht eine Landwirtschaft der Vielfalt. Und die ist nicht nur gut für die Natur, sondern auch für die Kasse. Dass die schließlich auch stimmen muss, haben wir Bauern von klein auf gelernt: Ohne wirtschaftlichen Erfolg wird man bei aller Liebe zur Natur und den Tieren am Ende aufgeben.

Im Folgenden möchte ich zeigen, welche Elemente und Überlegungen zu einer Landwirtschaft der Vielfalt führen. Auch hier gilt: Jedes Land ist anders. Ich beschreibe einige beispielhafte Elemente und Vorgehensweisen, die inzwischen auch an vielen Orten umgesetzt werden. Interessierte Landbesitzer werden sich die Hinweise für die eigene Situation umdenken.

Vorschlag für die Bewirtschaftung: Ein Bauernhof der Vielfalt

Um eine Landwirtschaft der Vielfalt aufzubauen, ist es gut, alle speziellen Faktoren des Grundstücks wahrzunehmen und auszuwerten: die Geologie und Bodenbeschaffenheit, die Umgebung, die Hangneigung, die Wassersituation, auch die Flora und Fauna des Umlandes. Auch die Marktsituation der

Waldgetreideanbau auf dem Krameterhof: Ackern und Ernten besorgen die Schweine.

Region ist ein wichtiger Faktor: Was wird zu welchen Preisen angeboten und was vielleicht noch gar nicht?

Produktion und Vermarktung

Neben der Selbstversorgung mit gesunden Lebensmitteln wird der Bauer sich auf einige Produkte spezialisieren, die er gewinnbringend vermarkten oder auch weiterverarbeiten kann. Das Beste ist immer das, was der Nachbar nicht hat. Wenn ich als Bauer eine Marktnische finde, an die noch kein anderer gedacht hat, habe ich die größte Aussicht auf Gewinn.

In West- und Mitteleuropa gehören Biohöfe zu den wenigen Betrieben, die noch schwarze Zahlen schreiben. Doch in Ländern, wo der Markt für gesunde Lebensmittel noch nicht weit entwickelt ist und Biobauern ihre gesunden Produkte aus der Mischkultur über die Genossenschaften vermarkten müssen, werden sie keine befriedigenden Preise erzielen. Da die Produkte der konventionellen Landwirtschaft auf Verpackbarkeit und berechenbare Größe, nicht auf Vitalität und Gesundheit hin ausgewählt und gezüchtet werden, sind Biobauern hier im Nachteil. Ihr großes Plus wird nicht honoriert: Die Lebendigkeit der Produkte.

Dafür müssen ganz andere Vermarktungsschienen aufgebaut werden. Immer mehr Menschen in den Städten suchen gesunde Lebensmittel und sind auch bereit, dafür mehr zu bezahlen oder weitere Wege zurückzulegen.

Angebot zur Kooperation: Eigene Marke in Vorbereitung

Derzeit arbeiten wir mit Produzenten und Bauern am Aufbau einer eigenen Marke für Produkte der Holzer'schen Permakultur. Die Herstellung, Kontrolle und Vermarktung dafür sind in Vorbereitung. Es werden noch internationale Kooperationspartner gesucht: Landwirte, die nach der Holzer´schen Permakultur anbauen und ihre Produkte gemeinsam vermarkten möchten.

Eine andere Lösung ist die Direktvermarktung über einen Hofladen und/oder über Ernteland: Befindet sich im Umkreis von 100 km eine Großstadt, so kann ein biologischer Bauernhof zu einem Musterbetrieb werden, zu einem Erlebnisbauernhof, den Familien mit Kindern am Wochenende besuchen, wo sie etwas über die Natur lernen, staunen und – gegen Bezahlung – selbst ernten können. Einige Elemente eines solchen Hofes werden im Folgenden aufgeführt.

Ernteland für Kunden und Besucher: Obst und Gemüse auf Terrassen und Hügelbeeten

Was könnte besser, vertrauenswürdiger, frischer und gesünder sein als selbst geerntete Erdbeeren, Kirschen, Karotten, Radieschen und Salate! Wenn das Ernten zu einem Wochenendvergnügen der ganzen Familie wird, werden gerade die Kinder immer wiederkommen wollen und die Eltern überzeugen. Ein solcher Betrieb wird je nach Größe vielen Menschen Arbeit geben.

Der Vertrieb: Ein Ernteland braucht feste Öffnungszeiten (Wochenende!), eine gute Einfriedung (Naturdornenhecke) und eine sichtbar angebrachte Hausordnung. Erstkunden erhalten eine Einführung.

Bezahlt wird am Ausgang, wo die Ware abgewogen wird. Hier sollte sich ein Hofladen befinden, an dem man weitere Produkte erwerben kann, die nicht selbst zu ernten sind: Honig, Milchprodukte, Fleisch, Getreide und Brot, Eingemachtes, Pflanzen, Saatgut und mehr.

Nach und nach können hier auch Nachbarn und Freunde ihre Produkte anbieten: hausgemachte Marmeladen, Öle, Kräuter, Kosmetik bis hin zu Kunsthandwerk können dann hier mit Erfolg vermarktet werden.

Der Aufbau: Um das Ernten bequem zu machen, sind mit dem Bagger lange Hügelbeete in Reihen auf dem ganzen Gelände anzulegen und zu bepflanzen. Die Breite dieser Hügelbeete richtet sich nach dem Gerät, mit dem man sie bearbeiten möchte. Die Höhe soll mindestens 1,50 m betragen.

Alles kann angebaut werden, je größer die Vielfalt und je mehr zu verschiedenen Jahreszeiten wächst, umso besser.

Einige Beispiele: Salate, Radieschen, Karotten und andere Gemüsesorten das ganze Jahr über immer wieder aussäen. Was nicht geerntet wird, verbleibt als Schweinefutter oder wird untergepflügt und verbessert so das Bodenleben. An den stufenweisen Aufbau denken (Seiten 139 ff.).

Obst und Baumschule: Oft sind die kleinen ungepflegten Wäldchen und Gebüsche im Umland voll mit Wildobst: wilde Birnen, Äpfel oder Prunus-Arten. Hier finden sich die besten Unterlagen für Obstkulturen. Hier kann der Bauer sich in der Natur bedienen, ohne Schaden anzurichten, und kostengünstig ganze Obsthaine veredeln. Auch veredelte Obstbäumchen lassen sich als Pflanzgut zu guten Preisen verkaufen!

Getreide: Getreide kann auf Hochbeeten, aber sehr gut auch auf ebener Fläche angebaut werden. Mir ist es wichtig, alte regionale Sorten zu verwenden, durch ihre Anpassung an die örtlichen Gegebenheiten kann ich auf Dünger und Spritzmittel weitgehend verzichten. Als Untersaat säe ich entweder einen niedrigen Weißklee aus, der als Stickstoffsammler dient. Eine andere sehr gute Möglichkeit ist es, eine bunte Mischung aus Gemüse, Salaten, Radieschen, Karotten etc. als Untersaat einzusäen. Bei eigener Saatgutproduktion habe ich ja ausreichend Gemüsesamen zur Verfügung. Die Untersaat bleibt durch die Beschattung zunächst niedrig und hält das Unkraut zurück. Halmverkürzer für das Getreide setze ich selbstverständlich nicht ein. Die Erntemaschine stelle ich so hoch ein, dass das Gemüse darunter stehen bleibt. Wenn das Getreide geerntet ist, bekommt das Gemüse Licht und Luft und schießt nun richtig auf. Es kann für die eigene Versorgung geerntet werden, für die Aktivierung der Bodenlebewesen untergepflügt werden oder auch als Futter für Schweine liegen bleiben. Wenn ich diese später im Jahr auf den Acker lasse, pflügen sie ihn um.

In jeder Region entwickelt sich mit der Zeit von selbst die optimale Varietät; hier Indianer-Weizen.

Zukunft säen – Vielfalt ernten: Freies Saatgut für alle!

Durch Saatgutautonomie alte Sorten bewahren

Überall wird von biologischer Vielfalt gesprochen. Doch ein Blick in die Regale eines Supermarktes zeigt uns das Gegenteil: Es herrschen Einfalt und Monotonie. Überall auf der Welt werden dieselben Sorten angeboten: Toastbrot und Nudeln aus demselben Weizen, Ketchup aus denselben Tomatensorten, dieselben Äpfel und Kiwis von Grönland bis China, von Chile bis Südafrika. 90 % der Menschheit leben nur noch von 20 Sorten. Gemüse und Getreide wird gezüchtet auf Vermarktbarkeit und industrielle Verarbeitbarkeit und Verpackbarkeit, auf Gleichförmigkeit, ein makelloses Äußeres sowie auf die Verträglichkeit von chemischen Düngern und Pestiziden. Geschmack, Vielfalt von Inhaltsstoffen, Widerstandskraft gegen Schädlinge, Anpassung an das regionale Klima, Robustheit und Vitalität zählen nicht mehr.

Für die Verarmung der Vielfalt ist die weltweite Monopolisierung und Privatisierung der Saatgutproduktion verantwortlich. Das Recht, Saatgut selbst zu erzeugen und zu verkaufen, ein Recht, das der Bauer seit Menschengedenken innehatte, wurde ihm weltweit entzogen und an die Agrarkonzerne übertragen. Das ist eine menschengemachte Katastrophe. Zum Einen führt es zu einer Abhängigkeit der Bauernschaft, die ihr Saatgut jedes Jahr neu erwerben müssen - zusammen mit den dazupassenden Düngern und Herbiziden. Vertraut man aber nicht mehr auf die Vielfalt des Bauernstandes, sondern auf die globale Industrie, verlieren wir nicht nur regionale Originalität. Wir verlieren das genetische Material für die Lebensmittelsicherheit der Zukunft. Das Verschwinden und Aussterben regional angepasster Sorten weltweit ist alarmierend: Es gibt heute weltweit 97 % weniger Gemüse- und Obstsorten als im Jahr 1900. In Indien sind von 30.000 Reissorten 12 geblieben, auf den Philippinen von mehreren Tausend Reissorten nur noch 2, in China von 8.000 Reissorten noch 50 und von 10.000 Getreidesorten gerade einmal 1.000. Die Verarmung der Vielfalt macht uns wehrlos bei Krankheiten aller Art, gegen die sich dann keine Immunkräfte mehr bilden können.

Für naturgemäße Landwirtschaft sind regional angepasste Sorten und Varietäten unabdingbar. Sie kommen mit den lokalen Bedingungen gut zurecht und bringen ohne Pestizide und Kunstdünger einen guten Ertrag. In der traditionellen Landwirtschaft hatte jede Region ihre speziellen Kartoffeln, ihre besonderen Kräuter, ihr Getreide. Bei uns gab es zum Beispiel den Lungauer Tauernroggen, den Brandroggen oder den Schlegelroggen. Der kleinkörnige Brandroggen wurde dort ausgesät, wo man nichts anderes übrig, als Knebelverträge mit der Industrie abzuschließen. Die Firma Monsanto hat ein System von Spitzeln und Detektiven installiert, dass dafür sorgt, dass die Bauern ihre Verträge nicht brechen und nicht heimlich doch Saatgut erzeugen. Das wird ihnen durch Hybridsaatgut oder eingezüchtete Unfruchtbarkeit ohnehin erschwert: Hybridsaatgut bringt nur im ersten Jahr seinen Ertrag, im zweiten Jahr degeneriert es und ich kann es nicht weiter verwenden.

Alte Sonnenblumensorten auf dem Krameterhof: Sie werden bis zu 4 m hoch; mit einer Rose von bis zu 50 cm Durchmesser.

das Astwerk zusammengerecht und abgebrannt hat. Er war so widerstandsfähig und an diese Situation angepasst, dass er sogar auf diesen Flächen noch einen Ertrag brachte, auch in Gebieten mit extrem kalten Frösten. Er reifte im September des zweiten Jahres aus und brachte auch dann noch einen befriedigenden Ertrag, wenn er mehrmals im Sommer unter Schnee lag. Und heute? Da können die Leute kaum noch Roggen von Weizen unterscheiden.

Die global gehandelten Weizen-, Kartoffel- und Tomatensorten sind anfällig für Krankheiten und abhängig von Chemie. Mit Kombinationsverträgen – Saatgut gleich mit passenden Kunstdüngern und Pestiziden – können internationale Konzerne ein Mordsgeschäft machen. Politik, Industrie und Handel arbeiten hier Hand in Hand.

Wenn der Bauer den Ertrag seiner regionalen Sorten, die nicht den industriellen Normen entsprechen, beim Händler nicht mehr los wird, bleibt ihm

Dazu kommt der vermehrte Einsatz von genetisch verändertem Saatgut: ein Weg, der – einmal beschritten – nicht mehr umkehrbar ist, eine Zeitbombe, deren Auswirkung auf die Natur wir noch kaum abschätzen können. Die Auswirkungen von gentechnisch modifiziertem Saatgut auf unsere Mitlebewesen wie Schmetterlinge, Bienen, Hummeln oder Bodenlebewesen sind noch kaum erforscht.

Wie fatal genetisch verändertes Futter sich auf die Haustiere auswirkt, zeigt das Beispiel des Bauern Gottfried Glöckner aus Wölfersheim in Deutschland. Er fütterte in seinem Großbetrieb den Milchkühen Gen-Mais zu, Bt 176 der Firma Syngenta. Die Tiere gaben zunächst ungewöhnlich viel Milch, dann wurden sie müde und krank, blieben schließlich auf der Wiese liegen und verendeten. Es faulten ihnen bei lebendigem Leib die Euter ab. So etwas zu entwickeln, zu genehmigen und anzuwenden, ist ein Verbrechen. Politiker, die so etwas

genehmigen, gehören nicht in die Politik, sondern in Sicherheitsverwahrung.

Die Agrarpolitik handelt einseitig: Konzerne erhalten große Freiheiten. So dürfen sie seit dem berüchtigten „TRIPS"-Abkommen der Welthandelsorganisation (1995) auf Lebewesen ihre genetischen Eigenschaften Patente anmelden. Davon machen sie auch eifrig Gebrauch – gerade so, als hätte sich der Brokkoli oder der Basmati-Reis nicht in der Natur entwickelt, sondern wäre in den Labors von Monsanto, Pioneer oder Syngenta erfunden worden.

Bauern dagegen, die wie eh und je Saatgut selbst produzieren wollen, erhalten Auflagen, die ihnen das fast unmöglich machen. Regionale Traditionssorten anzubauen, wird in der EU immer weiter reglementiert, regional beschränkt und auf kleine Flächen begrenzt. Die Bauern dürfen weder nicht zertifiziertes Saatgut verkaufen noch Erträge, die aus nicht zertifiziertem Saatgut stammen. Auch Biobauern unterliegen hier immer strengeren Auflagen.

Gewinner dieser Agrarpolitik sind die global agierenden Agrarkonzerne, die Kleinbauern überall auf der Welt in die Armut treiben. Die Preise für Saatgut und Agrarchemie steigen, während die Erlöse für die Produkte sinken. Bauern sterben leise. Allein in Indien begingen im Jahr 2009 17.368 Bauern Selbstmord, wie die indische Regierung meldete. Die Familien gaben am häufigsten als Grund die immensen Schulden an, die angesichts ihrer Abhängigkeit von industriell erzeugtem Saatgut und Agrarchemikalien entstanden waren.

Wenn der Bürger wüsste, was hier schleichend geschieht und welche Folgen es hat, würde er sich weltweit wehren und dagegen aufstehen. Bauer und Konsument müssen Widerstand leisten. Wir müssen uns die Saatgutautonomie wieder erkämpfen – im Namen der Natur, der Lebensmittelgesundheit und der biologischen Vielfalt. Das Recht der Saatgutvermehrung muss beim Bauern bleiben.

Eine weltweite Widerstandsbewegung zur Rettung der Saatgutvielfalt hat begonnen. Kleinbauern, Friedensdörfer, autarke Siedlungen, Höfe mit biologischer Landwirtschaft, aber auch Kleingärtner beteiligen sich an der Aufgabe, alte regionale Sorten zu bewahren bzw. durch Rückzüchtung wieder zu erzeugen. Es ist in vielen Fällen einfacher als gedacht, denn die Natur hilft mit.

Was jeder und jede tun kann

- Informieren Sie sich! Sprechen Sie dieses Thema überall an und machen sie es bekannt. Information wirkt.
- Werden Sie Mitglied von Saatguttauschbörsen, die in vielen Ländern entstehen. Da der Verkauf von nicht zertifiziertem Saatgut verboten ist, geben die Saatgutbörsen es kostenlos an ihre Mitglieder aus, die es vermehren und so erhalten. Jeder, der einen Garten oder auch nur einen Balkon hat, kann mitmachen.
- Benutzen Sie kein Hybridsaatgut (F1). Heute muss es allerdings nicht einmal mehr ausgezeichnet werden. Deshalb fragen Sie Ihren Händler nach Natursaatgut und regen Sie ihn an, dieses anzubieten.
- Wenn Sie ältere Nachbarn und Verwandte haben, die noch einen Garten oder einen kleinen Bauernhof haben, fragen Sie sie, ob sie noch alte Sorten haben und Ihnen Saatgut abgeben können.
- Wenn Sie Natursaatgut haben, säen Sie es aus, sammeln Sie die Samen, lagern sie trocken über den Winter, säen Sie sie nächstes Jahr aufs Neue aus und geben Sie sie an andere Gärtner weiter.

Saatgutproduktion für den Eigenbedarf

In der Kunst eigener Saatgutproduktion kann ein natürlich denkender Mensch seine eigenen Erfahrungen machen und vieles ausprobieren. Meine Faustregel heißt: Die beste Pflanze vom schlechtesten Boden bringt den besten Samen. Das ist logisch, denn die Pflanze, die auch unter schweren Bedingungen guten Ertrag bringt, hat die besten genetischen Eigenschaften. Ihre Samen werde ich weiter aussäen, auf möglichst vielen unterschiedlichen Standorten, auf gutem und schlechtem Boden, an Sonnen- und Schattenplätzen. Samen, die von Ungunstlagen stammen, werden auf jedem Boden etwas hervorbringen. So kommt es, dass meine Radieschen und mein Salat, die von den klimatisch harten Bedingungen der Alpen stammen, überall wachsen, an Straßenrändern, auf Böschungen und sogar mitten auf dem Weg. Manche entsprechen optisch nicht immer der Norm oder Gewohnheit, aber das Wichtigste stimmt: Vitalität, Frische, Inhaltsstoffe und Geschmack.

Fantasievolle Vogel- und Wildscheuche

Wer die Samen von Kohlarten oder Rettich, Karotten, Tomaten oder Kartoffeln sammelt und wieder aussät, wird in den ersten Jahren des Übergangs einige Überraschungen erleben: Es entsteht für einige Vegetationsperioden eine überschäumende Vielfalt: gelbe Tomaten, violette Kartoffeln, grüner Blumenkohl, Kohlrabi, der so scharf ist wie Rettich, und Rettich, der so mild ist wie Kohlrabi, und andere Kapriolen der Natur.

Die Qualität dieser Mutationen – an Geschmack und Gesundheit – ist viel besser als die marktüblichen Sorten, sie entsprechen aber oft nicht den visuellen Gewohnheiten. Doch diese Gewohnheiten sind ohnehin nur durch Werbung antrainiert, so dass wir glauben, jede Tomate müsse kugelrund und rot sein und jede Kartoffel gelb. Auch unser Hirn wurde der Vielfalt beraubt. Diese Gewohnheiten dürfen wir getrost hinter uns lassen, dann haben wir die Chance zu entdecken, dass die Natur ganz andere Varianten bereithält, die unterschiedlich aussehen und auch noch interessant schmecken können.

Nur für die Vermarktung muss ich mir dann etwas einfallen lassen, denn der Großhändler nimmt dieses Gemüse sicher nicht ab. In dieser Phase der Saatgutvermehrung empfehle ich eine Direktvermarktung, in der ich die Kunden informieren kann. Nach meiner Erfahrung machen die meisten Kunden gern mit, wenn sie die Zusammenhänge erfahren und dann noch hören, dass naturangepasste Sorten teilweise ein Hundertfaches der gesunden Inhaltsstoffe haben. Ja, mehrfach haben Liebhaber mir für diese urigen Früchte einen besonderen Preis bezahlt.

Diese bunte Vielfalt und die Mutationsbereitschaft dauern einige Wachstumsperioden. Doch schließlich kristallisiert sich eine lokale Sorte heraus: die Varietät, die meiner Umgebung, dem Boden und dem Klima optimal angepasst ist. Es ist eine natürliche Rückzüchtung auf das Merkmal „Widerstandsfähigkeit und Qualität unter lokalen Bedingungen", die ich selbst steuere, indem ich immer die Pflanzen selektiere, die am besten schmecken und den besten Ertrag haben. Nach einigen Jahren habe ich eine Sorte, die auf meinem Boden, in meinem Klima optimal gedeiht und stabil bleibt, denn ihre Merkmale sind dominant. Jetzt können ihre Blüten von allem möglichen anderen Pflanzen bestäubt werden, ihr Genom kann sich mischen, aber sie wird sich nicht mehr verändern: Ihre Samen werden Pflanzen hervorbringen, die der Mutterpflanze gleichen.

Genauso entstanden auch die ursprünglichen Sorten einer Region. Jetzt habe ich eine eigene Sorte entwickelt, die ich immer weiter kultivieren kann. Ich kann ihr sogar einen Namen geben, wenn ich möchte, aber ich will sie ja gar nicht verkaufen: Es ist einfach die Variante, die zu meinem Stück Land gehört.

Was für eine Lebensmittelvielfalt gäbe es auf der Welt, wenn in jeder Region Menschen auf diese Weise die optimalen Sorten rückzüchten würden: Dann wird auch das Reisen wieder interessant, denn jede Landschaft wird mit ihren speziellen Kartoffeln, Kirschen oder Kürbissen aufwarten.

Beispiel Sibirisches Urkorn

Je länger sich eine Sorte auf einem schlechten Standort entwickelt, desto besser akklimatisiert sie sich und umso besser und stärker wird sie. Die Sonnenblumen, die ich schon seit den 1950er-Jahren immer wieder aussäe, wachsen auf dem Krameterhof bis zu 3 m hoch. Unter günstigeren Bedingungen werden sie noch größer und höher, sie verändern sich, so entstehen Mutationen mit mehreren Köpfen.

Beste Erfahrungen habe ich mit dem Sibirischen Urkorn gemacht. Ein Heimkehrer aus der Gefangenschaft hatte mir 1957 einige Samen dieser speziellen Roggensorte vermittelt. Ich kaufte sie, säte sie aus, vermehrte sie Jahr für Jahr und machte sehr gute Erfahrungen damit. Es ist ein ideales Korn für bestes Brot, für Futter und auch für die Strohverwertung und es wächst auf allen Standorten. Sein Ertrag ist gut und es kommt ohne jede Chemie aus.

Ich säe überall auf der Welt Sibirisches Urkorn aus und erziele damit beste Erfolge. Überall bringt es gute Erträge, überall entwickelt es sich aber anders:

In Schottland ist das Stroh bis zu zweieinhalb Meter lang. In warmen Ländern wie Kolumbien oder Spanien wird es nur 1,20–1,50 hoch.

Natürlich ist es nicht mehr dasselbe Urkorn: Durch die Windbestäubung mischt sich Jahr für Jahr in jeder Region anderes genetisches Material dazu. Durch die jeweilige Mischung entsteht ja erst die hohe Qualität der regionalen Anpassung.

Eigene Saatgutvermehrung und -verwendung widerspricht den EU-Verordnungen. Aufgrund der vielen Kontrollen und Auflagen durch die AMA (Agrar Markt Austria) und durch die EU habe ich die Saatgutproduktion eingestellt und sämtliches Saatgut von den verschiedensten Sorten weggeworfen. Und zwar überall, breitflächig auf dem ganzen Gelände. Wenn meine Besucher sich Halme pflücken, um damit Trockensträuße zusammenzustellen, habe ich nichts dagegen.

Gesetze sollen dem Leben dienen. Wenn sie das nicht tun, sehe ich es als meine Pflicht an, sie nicht zu beachten, sondern Widerstand zu leisten. Zivilcourage ist gefordert. Jeder Mensch soll sich vor seine Natur, vor seine Tiere stellen und diese verteidigen und sie nicht den Theoriekrüppeln unserer Bürokratie schutzlos ausliefern.

Das Stroh des Sibirischen Urkorns – die langen Halme können für verschiedene Zwecke gebraucht werden.

Sibirisches Urkorn in den schottischen Highlands

Breitwürfig säen mit der Hand – damit es gleichmäßig gelingt, braucht man ein wenig Übung.

Praxistipp: Saatguterzeugung bei zweijährigen Pflanzen wie Kohl, Kraut, Rettich, Rübe, Karotte

Ich nehme für die Saatgutproduktion die schönste Pflanze vom schlechtesten Boden. Im Herbst ziehe ich die ganze Pflanze mit der Wurzel vorsichtig aus und bringe sie in einen Erdkeller (nicht Heizungskeller) mit mäßiger Temperatur und Dunkelheit, wo ich ein Beet mit Sand vorbereitet habe. Dort pflanze ich sie als Ganzes wieder ein und hier bleibt sie über den Winter.
Bei Kraut und Kohl kann ich den Kopf später abschneiden und zum Beispiel zu Weihnachten für die Küche verwenden, Stängel und Wurzel aber bleiben in der Sandmiete. Rüben, Rettich und Karotte bleiben als Ganzes im Sand. Ihre Blätter verrotten bald. Im Frühjahr pflanze ich, was von der Pflanze noch da ist – die verholzte Wurzelknolle und die Stängel – im Garten aus. Rettich und Rüben bekommen jetzt frische Wurzeln, treiben oben aus und schießen sofort in die Blüte durch. Kohl und Kraut treiben an der Seite aus, es wird ein großer Strauch, 1–2 m hoch, voll gelber Blüten, die in Schoten und Samen gehen. Wenn die ersten Schoten aufspringen, schneide ich den ganzen Strunk ab, gebe ihn mit allen Samen und Hülsen in einen großen Jutesack. Diesen hänge ich in den Schatten, in die Scheune oder einen Unterstand mit einem langen Draht auf. Nehme ich Schnur, wird diese gerne von Mäusen abgenagt, denn die Samen sind ihr Lieblingsfutter. Im Sack reifen auch die unreifen Schoten nach.
Wenn ich nun Samen brauche, nehme ich den Sack herunter und schlage ihn als Ganzes auf den Boden. Dadurch lösen sich die Hülsen und Schoten von den Samen.
Zusätzlich kann ich noch die Dreschmaschine nutzen, da wird der Samen noch von den Schoten separiert. Für den Eigenbedarf reicht es aber auch, darauf zu blasen, die Hülsen fliegen dann sowieso weg.

Wichtig: Wenn eine zweijährige Pflanze schon im ersten Jahr blüht, entstehen zwar auch Samen. Diese sind aber unbrauchbar. Säe ich diese wieder aus, entsteht keine Rübe mehr, sondern direkt eine Blüte.

Die Umstellung auf biologische Landwirtschaft effektiver gestalten: Regeneration von belastetem Ackerland, Regulation von Überpopulationen und Maßnahmen bei saurem Boden

Wenn ein Bauer sich entscheidet, selbständig zu werden, wird er alles tun, um den Grund und Boden, der ihm gegeben ist, nach bestem Wissen und Gewissen in Kooperation mit der Natur zu bewirtschaften und gesunde und lebendige Lebensmittel zu erzeugen. Wenn er jetzt Äcker vorfindet, die durch jahrzehntelangen Gebrauch von Kunstdüngern und Spritzmitteln verseucht sind, muss er sie regenerieren. Die Umstellungszeit von konventioneller zu biologischer Landwirtschaft ist in jedem Land gesetzlich vorgeschrieben. Wie ein Bauer diese Zeit möglichst gut und effektiv nutzt und wie er auch innerhalb dieser Zeit schon Ertrag hat und Geld verdient, möchte ich am Beispiel der Ukraine erläutern.

In diesem Land, der früheren Kornkammer Europas, ist der Zustand des Bodens und überhaupt der Landwirtschaft besonders schmerzhaft, es tut richtiggehend weh. Bis an den Horizont reichen dort die Äcker mit der weltberühmten Schwarzerde – humos, schwarz und krümelig bis in mehrere Meter Tiefe. Jeder Bauer träumt von so einem Grund. Hier könnte alles gedeihen – und das ohne jeden Kunstdünger. Doch die Übernutzung und der seit Jahrzehnten unbedachte Gebrauch von Agrargiften hat es geschafft, selbst solche Böden zu ermüden. Der Ertrag wird geringer, das Bodenleben ist stark geschädigt und was noch wächst, ist chemisch belastet. Und wo gehen die Gifte hin, wenn der Boden sie nicht mehr aufnimmt? Natürlich ins Grundwasser.

Wenn ein Bauer so gute, aber schwer belastete Böden hat, muss er mehrere Jahre investieren, um sie zu regenerieren. Bevor er hier wieder gesunde biologische Lebensmittel anbauen kann, muss er eine Übergangszeit einkalkulieren. Aber sobald er die Notwendigkeit erkennt, ist es um jeden Tag schade, wo er nicht beginnt.

Der Abbau von Giften braucht Sauerstoff, aktives Bodenleben und eine intensive Durchwurzelung. Die Regeneration durch einfaches Weglassen von Chemie, also Kunstdünger und Spritzmittel, wird deshalb sehr langsam geschehen und sich nur

Die Einsaat von Unterstützerpflanzen wie Klee und Lupinen regeneriert belasteten Boden. Noch besser funktioniert dieser Vorgang durch den Aufbau von groben Hügelbeeten.

in der obersten dünnen durchwurzelten Schicht vollziehen. Sie kann beschleunigt werden durch eine richtige Lenkung der Kräfte der Natur.

Zwei Faustregeln:

- Je gröber die Struktur des Bodens – zum Beispiel durch Hügelbeete –, desto aktiver das Bodenleben und die Durchlüftung und desto schneller die Regeneration.
- Je größer die Vielfalt der Pflanzen, desto mehr Bodenschichten werden durchwurzelt, belüftet und entgiftet.

Praxistipp: Sofortmaßnahme zur Entgiftung

Erstes Jahr: Säen Sie tiefwurzelnde Förderpflanzen in Mischkultur ein. Wenn es sich um lockeres, offenes Erdmaterial handelt, können Sie nach dem Pflügen direkt auf die Krume säen, keine Bodenbearbeitung ist nötig. Ist es ein dichtes, lehmiges Material, soll vor dem Winter gepflügt werden, damit der Frost die Krume bearbeitet; dann kann ich im Frühjahr einsäen und das Saatgut eineggen.

Ganz besonders geeignet dafür ist die ausdauernde Bitterlupine. Ihre Wurzeln gehen mehrere Meter tief. Sie ist mehrjährig und wird ab dem zweiten Jahr einen großen Ertrag bringen, der sich maschinell ernten und als Saatgut vermarkten lässt. Da die Bitterlupine ausdauert und sich zusätzlich durch Samen selbst vermehrt, erübrigen sich in den kommenden Jahren weitere Aussaaten.

Weitere sehr geeignete Pflanzen sind Staudenklee, Honigklee oder Steinklee. Diese Kleearten können bis zu 3 m hoch werden und sind eine hervorragende Futterpflanzen und Bienenweide.

Sie sind Leguminosen und somit Stickstoffsammler; die Knöllchenbakterien an ihren Wurzeln tragen Luftstickstoff in den Boden ein, der das Pflanzen- und Wurzelwachstum fördert. Die gute Durchwurzelung durchlüftet den Boden über mehrere Meter, das Bodenleben wird aktiviert und baut die chemischen Gifte ab.

Als Beisaat sollen Gemüsesamen zugegeben werden, vor allem Wurzelfrüchte wie Rettich, Möhren Topinambur. Auch regionale Leguminosenarten sind empfehlenswert. Die Pflanzen und auch die Gemüseknollen und -früchte sollen in den ersten Jahren auf dem Feld eingearbeitet werden und verrotten. Sie fördern das Bodenleben.

Die Übergangszeit, in der sich der Boden regeneriert, kann auf diese Weise je nach Grad der Belastung auf etwa 6–7 Jahre reduziert werden. Die Bodenqualität sollte regelmäßig chemisch untersucht werden. Es lohnt sich, diese Ergebnisse zu veröffentlichen, damit man beweisen kann, dass diese Art der Bewirtschaftung zu einer schnelleren Entseuchung führt: Nach meiner Erfahrung regeneriert sich der Boden auf diese Weise viel schneller als bei den Methoden, die üblicherweise angewendet werden.

Was tun bei Überpopulationen von Insekten?

Überpopulationen von Insekten sind ein sichtbares Zeichen falscher Bewirtschaftung, meistens durch Anwendung von Agrarchemie. Wenn Maikäfer ganze Äcker mit Getreide vertilgen, wenn der Kartoffelkäfer eine Ernte komplett vernichtet, wenn Läuse das Obst schwächen oder Käfer die Obstblüten ganzer Plantagen leer fressen, dann wurden Balance und Selbstregulation der Natur außer Kraft gesetzt. Der Schädling ist dann nicht das Insekt, sondern der Mensch, der falsch in die Natur eingegriffen hat.

Wenn der Blütenfresser die Obstblüte komplett vernichtet …

... dann ist die Natur aus dem Gleichgewicht geraten: Totalschaden in der Ukraine

Wenn beim ersten Anzeichen von so genannten Schädlingen Pestizide gespritzt werden, ist dies eine sehr kurzfristige Bekämpfung eines Symptoms. Die wenigen Käfer hätte die Pflanze wahrscheinlich verkraften können, sie wären durch ihre natürlichen Feinde reguliert und in Grenzen gehalten worden. Doch diese Fraßfeinde, z. B. Marienkäfer und Ohrenschlüpfer, stehen am Ende der Nahrungskette. In ihrem Körper reichern sich die Gifte an und daran sterben sie schließlich. Die Schadinsekten, die ich eigentlich loswerden wollte, haben bis dahin Resistenzen entwickelt, und zwar schneller, als die Laboratorien neue Gifte produzieren können. Jetzt sind ihre Fraßfeinde verschwunden, das Pestizid kann ihnen nichts mehr anhaben und die Wirtspflanzen sind immer noch in Monokultur vorhanden. Was geschieht? Die Insekten werden sich explosionsartig vermehren und einen Bestand rasch zerstören.

Um die Kulturen langfristig zu schützen, gibt es nur eine Strategie: auf Monokulturen zu verzichten und den Lebensraum für Nützlinge wiederaufzubauen. Durch gezielte Beobachtung und experimentelle Vermehrung der so genannten Schädlinge kann ich herausfinden, welche Fraßfeinde sie haben. Manchmal ist das ausgewachsene Insekt unangreifbar, zum Beispiel der Schillernde Rüsselkäfer. Aber seine Eier werden vom Marienkäfer oder dem Ohrwurm sehr gerne gefressen. Die beste Maßnahme nun ist es, den Lebensraum dieser Nützlinge zu schützen, sie anzulocken und ihnen gute Startbedingungen zu verschaffen. Den Rest besorgt die Natur.

Praxistipp: Marienkäfer, Ohrwürmer und ähnliche Nützlinge vermehren

Der Marienkäfer gehört zu den bekanntesten Nützlingen. Seine Larven fressen 400 Blattläuse am Tag, ausgewachsen verspeist er immer noch 200. Beim Ohrwurm liegen die Zahlen ähnlich. Beide können Sie vermehren, indem Sie einen alten Blumentopf mit Holzwolle oder Stroh füllen, mit Draht umwickeln und umgekehrt – also mit der Öffnung nach unten – an den Baum hängen, der befallen ist. Statt eines Blumentopfs kann auch ein Stück Rinde genommen werden, das nach unten offen unter den Baum gelegt wird. Die Marienkäfer oder Ohrwürmer werden sich dort einfinden und sich – geschützt vor Vögeln – vermehren.

Jetzt wirkt die Kraft der Natur: Angesichts der Schädlingsüberpopulation werden besonders viele Marienkäfer schlüpfen. Das ist ein wissenschaftlich noch unerforschter Mechanismus der Natur, mit dem sie selbst für ein Gleichgewicht sorgt. Die Marienkäfer und Ohrwürmer werden die Populationen von Blattläusen und Fraßinsekten dezimieren und auf ein gesundes Gleichgewicht bringen. Selbstverständlich werden sie sie nicht ganz ausrotten, denn dann hätten sie selbst irgendwann kein Futter mehr. Doch mit einer kleinen, regulierten Zahl von Insekten kann ich als Bauer oder Gärtner gut leben.

Was tun bei saurem Boden?

Wenn der Boden zu sauer für die Pflanzen ist, die ein Bauer oder Gärtner dort haben möchte, dann greift er zu Kalk. Das ist in meinen Augen reine Symptombehandlung. Es macht Arbeit, kostet Geld und muss regelmäßig wiederholt werden. Das ist keine natürliche Denk- und Arbeitsweise. Chemiegaben, ob durch Kunstdünger oder organische Mittel, sind immer ein Akt gegen die Natur. Stattdessen soll sich jeder die Frage stellen, wie es zu dieser Situation gekommen ist.

Saurer Boden hat seine Ursache in Sauerstoffmangel, zum Beispiel durch Staunässe im Boden. Was sagt dir dein Boden, wenn du dich in ihn hineinversetzt? Vielleicht soll hier gar kein Acker entstehen? Vielleicht wäre es besser, genau hier einen Teich anzulegen? Vielleicht musst du dem Wasser Wege schaffen, schneller und besser abzufließen? Wenn ich dem Wasser den Raum gebe, wo es sich sammeln kann, kann sich der Wasserhaushalt auf den Flächen ringsum ausgleichen. Mein Gemüse oder Getreide werde ich dann an den Terrassen und Flächen ringsherum anpflanzen können.

Übersäuerung kann auch ein Zeichen von Überdüngung und Übernutzung sein. Wenn ich einen Boden nur oberflächlich bearbeite und immer wieder Mist, fetten Kompost oder sogar Kunstdünger einbringe, um zu meinem Ertrag zu kommen, dann ist der Boden irgendwann übersättigt. Das ist, wie wenn ich jeden Tag nur Speck esse ohne Brot. Das wird der Magen nicht vertragen. So geht es auch dem Boden: Er kann die Nährstoffe nicht mehr verwerten. Dann verfaulen im Garten das Kraut oder die Karotten, weil ich zu viel Stickstoff im Boden habe. Wer jetzt Kalk einbringt, damit er dann weiter wirtschaften kann wie zuvor, behebt nicht die Ursachen. Er betritt damit einen Weg, der ihn dazu zwingt, immer wieder und immer mehr Chemie einzubringen.

Die wichtigste Maßnahme gegen sauren Boden ist die Durchlüftung und Durchwurzelung des Erdkörpers, zum Beispiel so: Ich lockere den Boden tief, bis auf 50 cm, am besten mit einem Minibagger. So werfe ich das Material durcheinander, Boden, Sand, Humus, Steine, es darf auch gröberes Material sein. Ich mische damit den weitestgehend unbelasteten Unterboden mit der bisher bearbeiteten Bodenschicht.

Wenn man keinen Kompost oder Stallmist zur Verfügung hat, kann man auf die Düngung verzichten und sorgt stattdessen für die richtigen Pflanzen, die zu saurem Boden passen: Das sind Weißklee oder Schwedenklee, Sauerkleearten, Lupine, Digitalis, Staudenklee wegen der tiefen Wurzeln oder Beinwell. Belasse ich diese Pflanzen im Boden, verbessern die Wurzeln ihn immer weiter.

Dazu säe ich Gemüsepflanzen aus: Karotten, Rettich, Erbsen, Buschbohnen, Salat, Kohlarten und vieles mehr, besonders gern Wurzelgemüse. Mit der richtigen Pflanzgemeinschaft versorgen sich die Pflanzen gegenseitig mit allem, was sie brauchen. Die unterschiedlich tiefen Wurzeln holen die Nährstoffe aus der ganzen Bodentiefe und belüften sie. Ich ernte, was ich brauche, den Rest lasse ich gleich im Boden verrotten. So entstehen ein vitales Bodenleben und eine lebendige Humusschicht. Schließlich habe ich einen Ertrag, dass ich nur so staune.

Thema Bewässerung

Beim Thema Bewässerung frage ich zuerst: Wie macht es denn die Natur? Wie erhalten die Pflanzen genügend Feuchtigkeit – zum Beispiel in einem Wald?

Der gesunde Laubmischwald funktioniert als Ganzes wie ein Schwamm. Boden, Blätter, Wurzeln, Tümpel und Pfützen sind voll mit Wasser. Der vollgesogene Boden versorgt eine bodenbedeckende Vegetation von unten mit ausreichender Flüssigkeit. Diese Pflanzendecke schützt ihn und ihre Wurzeln belüften die Erdschichten, aktivieren das Bodenleben und halten den Wasserspeicher intakt. Eine Schicht von heruntergefallenen Blättern bedeckt den Grund und schützt vor Austrocknung. Holzstücke und abgestorbene Wurzelstrünke im und auf dem Boden ziehen bei ihrer Verrottung Wasser an, sie saugen sich voll wie ein Schwamm und geben die Feuchtigkeit nach und nach an die Wurzeln ab.

Boden, Pflanzen und Luft stehen permanent in Beziehung und Wechselwirkung. Wann Pflanzen das aufgenommene Wasser verdunsten und wie lange sie es nutzen können, hängt stark von Temperatur, Luftdruck und Luftfeuchtigkeit ab.

Der Waldboden ist ganzjährig beschattet und kühl. Die Erde nimmt nur Regenwasser auf, wenn

Bewässerung mit Tropfschläuchen spart viel Wasser ein.

ihre Temperatur niedriger ist als die des Regens. Ist es umgekehrt, ist der Boden heiß und trocken, kann das Regenwasser nicht eindringen, es perlt ab. Das sollte jeder einmal nachprüfen, es ist ein Naturgesetz, das überall gilt. Unbewachsener, unbedeckter Boden bildet eine Kruste, die ihn vor dem Austrocknen schützt und das Wasser in der Erde hält. Bevor es nun in der Natur regnet, erhöht sich die Luftfeuchtigkeit immens. Das ist das Signal für den Boden, sich zu öffnen, damit er die Feuchtigkeit aufnehmen kann. Wenn der Regen wieder abzieht, dann sinkt die Luftfeuchtigkeit langsam und sukzessive wieder ab, der Boden schließt sich und das Wasser bleibt im Boden.

Wenn ich all diese Vorgänge kenne und berücksichtige, kann ich sie für den naturgemäßen Anbau nutzen. Indem ich einige Faustregeln einhalte, kann ich das vorhandene Wasser optimal nutzen und die Pflanzen bestens versorgen.

Faustregeln für die Bewässerung

- Wichtiger und nachhaltig wirksamer als jede Bewässerung ist der Aufbau eines gesunden Wasserhaushaltes. Dann habe ich ausreichend Tau und damit die entsprechende Vegetation. Sie schützt den Boden vor Austrocknung. Wie der Wasserhaushalt in Ordnung zu bringen ist, habe ich auf den Seiten 45 ff. ausführlich beschrieben.
- Insgesamt empfehle ich, weniger zu bewässern. Die meisten Gärtner und Bauern geben zu viel und zu oft Wasser. Dadurch machen sie die Pflanzen süchtig und abhängig. Zur Eingewöhnung, nach dem Anpflanzen darf ich sie gut wässern, dann die Bewässerung aber reduzieren. Dadurch werden die Pflanzen selbständig, ihre Wurzeln wachsen tiefer, weil sie dem Wasser folgen, und so holen sie auch die Nährstoffe aus größerer Tiefe. Die Pflanzen helfen so selbst mit, dass der durchwurzelte, belüftete, feuchte, belebte Erdkörper entsteht, den sie brauchen.
- Durch ganzjährige Bodenbedeckung mit Vegetation reduziere ich den Wasserbedarf. Am besten eignet sich der stufenweise Aufbau, wo sich die Pflanzen gegenseitig beschatten und unterstützen (siehe Seiten 139 ff.).
- Mulchen ist eine hervorragende Möglichkeit, den Boden vor Austrocknung zu schützen, solange die Pflanzendecke noch nicht vorhanden ist. Blätter, Stroh oder jedes andere organische Material, das ich bekommen kann, eignet sich dafür, selbst Pappe und alte, verrottbare Kleider (ohne Kunstfaser). Die Baumscheibe eines Obstbaums soll mit einer dicken Mulchschicht umgeben sein. Der beste Zeitpunkt zum Mulchen eines Beetes ist gleich nach der Aussaat oder Pflanzung. Der Mulch hält in diesem Fall auch die Beikräuter zurück, die Samen keimen unter diesem Schutz und die Keimlinge durchwachsen eine leichte Mulchschicht mit Leichtigkeit. Nach dem Keimen soll allerdings nicht mehr gemulcht werden.
- Wasser soll nie von oben auf die Pflanzen gegossen werden. Beregner und Sprenkler, obwohl sie so oft zu sehen sind, sind eine Fehlinvestition. Warum? Mit einer Sprenklerberegnung täusche ich den Pflanzen und dem Boden Regen vor. Der Boden beeilt sich, aufzumachen, um das Wasser aufzunehmen. Dann wird der Sprenkler von einem Moment zum anderen wieder abgeschaltet, der Boden ist noch offen und das Wasser verdunstet, der Boden trocknet aus. Sprenklerberegnung kann außerdem Schaden an den Blättern anrichten und Mehltaubildung begünstigen. Der Wasserverbrauch und die -verwertung sind bei der Beregnung viel zu hoch. Und noch einen weiteren Nachteil hat die zu häufige Beregnung: Sie löst die Nährstoffe im Boden, wäscht sie von den Wurzeln weg und sie versickern dorthin, wo die Wurzeln nicht mehr hinkommen. So wird der beste Boden durch Sprenklerberegnung ausgelaugt und die Nährstoffe belasten das Grundwasser.
Aus all diesen Gründen soll die Bewässerung immer direkt an die Erde erfolgen: durch traditionelle Grabensysteme, durch Gießen direkt an den Stamm der Pflanze oder Tropfbewässerung. Den Tropfschlauch kann ich unter der Erde verlegen, aber auch oberirdisch. Natürlich soll er nur am Abend eingeschaltet werden.
- Bewässert werden darf immer erst nach Sonnenuntergang, nie tagsüber. Eine Bewässerung bei Tageswärme und niedriger Luftfeuchtigkeit kann von der Pflanze nur ungenügend aufgenommen werden. Ihre Leitungsbahnen öffnen sich und sie verdunstet das Wasser in kurzer Zeit. Nachts aber sind die Temperaturen niedriger und die Luftfeuchtigkeit höher, Pflanzen und Erdboden werden das Wasser viel länger bewahren und besser ausnutzen.
- Auch wenn die Pflanzen etwas welk aussehen, lasse ich mich nicht in Panik bringen. Die Blätter hängen zu lassen, gehört zum Schutzmechanismus der Pflanzen, denn so verdunsten sie weniger. Wenn ich jetzt hektisch Wasser darüberspritze, dann wieder den Schlauch abschalte und anschließend die Sonne draufknallt, erreiche ich genau das Gegenteil: Die Pflanze ist ohne das Signal „Anstieg der Luftfeuchtigkeit" verschlossen und lässt das Wasser ablaufen. Bis sie sich schließlich öff-

net, bin ich mit meinem Schlauch schon wieder weg, die Sonne aber ist immer noch da und die Blätter verdunsten die restliche Feuchtigkeit, die sie eigentlich schützen wollten.

- Getreide zu bewässern, ist überflüssig, es sei denn in extrem trockenen Gebieten. Ein Bodendecker als Untersaat – z. B. Weißklee – schützt den Erdkörper vor Austrocknung und ist außerdem ein tiefwurzelnder Bodenverbesserer.
- Ein Beispiel für extrem trockene Lagen und von Verwüstung gefährdete Gebiete und Sandböden: Im Boden vergrabenes Holz zieht Feuchtigkeit an. Ich grabe dazu Rinnen aus, lege Holz und Äste hinein, schütte sie wieder zu und pflanze oder säe darüber oder daneben meine Kulturen. Ich kann die Rinne auch am Fuß von Hügelbeeten anlegen, in die ich Holz zur Verrottung einbringe. Die Verrottung des Holzes zieht Wasser an und bindet es wie ein Schwamm. Pflanzen, die oberhalb davon wachsen, profitieren von der Feuchtigkeit.

Frostschutz

Ein wichtiges Prinzip in der Holzer'schen Permakultur ist die Gestaltung verschiedener Kleinklimazonen. Dann finden auch Pflanzen eine Nische, die es normalerweise in einer Region schwer haben, und so kann ein Garten der Vielfalt entstehen. Für die Selbstversorgung hat es einen immensen Wert, wenn ich möglichst viele Gemüse, Heilkräuter und verschiedenstes Obst in meinem Garten habe. Vor allem frostempfindliche Pflanzen sind auf Schutz angewiesen. Was kann ich tun, um sie über den Winter zu bringen?

Einige Faustregeln für den Frostschutz

- Morgensonne vermeiden: Der kälteste Moment des Tages ist knapp vor den ersten Strahlen der Morgensonne. Scheinen diese Sonnenstrahlen auf frostempfindliche Pflanzen, so platzen in den Blüten und den feinen Trieben die Siebröhren. Denn in dem Moment des Auftauens dehnt sich das Eis noch einmal aus. Ein Beispiel: Wenn ich ein Glas Wasser

Zitronen auf der Alm

in der Gefriertruhe einfriere, passiert zunächst gar nichts. Wenn ich es aber herausnehme und ins Warme stelle, platzt das Glas. Wenn ich es aber in den Kühlschrank stelle, so dass das Wasser langsam taut, taut es auf, ohne das Glas zu sprengen. Derselbe Vorgang geschieht in der Blüte bei den Pflanzen. Sind sie vor der Morgensonne geschützt, so dass sich zuerst die Luft erwärmt und die Blüten und Zweige langsam auftauen können, dann wird die Pflanze kaum Schaden erleiden. Deshalb ist es wichtig, frostempfindliche Pflanzen und Bäume vor der Morgensonne zu schützen, entweder indem man etwas davor pflanzt oder indem man sie nicht an der Ostseite, sondern an der Westseite des Hauses anpflanzt.

- Wasserretentionsbecken anlegen: Die Wärmeabstrahlung einer Wasserlandschaft wirkt ausgleichend auf die Temperatur, denn das Wasser nimmt tagsüber Wärme auf und

Ungeschnitte Obstbaumäste haben eine Federwirkung und brechen bei Schneebelastung nicht so leicht ab, weil sie sich abstützen.

Steine in der Biotopgestaltung geben Wärme ab, die sie tagsüber aufgenommen haben.

gibt sie nachts wieder ab. Auch die durch eine Wasserlandschaft entstehende höhere Luftfeuchtigkeit fördert das Pflanzenwachstum und gleicht die Temperatur aus.

- Steine in der Gestaltung: Ein Stein nimmt tagsüber Wärme auf und gibt sie nachts langsam wieder ab. Das kann ich selbst prüfen, indem ich nachts einmal zu einem Stein gehe und ihn anfasse. Dann ist er warm und bis zum Morgen ist er kalt geworden. Durch diesen Kachelofen-Effekt wirkt er ausgleichend auf alles, was in seiner Nähe steht, so dass der Nachtfrost keinen allzu großen Schaden anrichtet. Zwischen Steine kann ich also empfindlichere und wärmebedürftigere Pflanzen setzen und sie so vor dem Frost schützen.

- Mulch: Eine dicke Schicht Stroh oder Laub ist ein guter Frostschutz für den Boden. Wer sich das Mulchen sparen will, pflanzt gleich neben die frostempfindliche Pflanze einen Laubbaum.

Dann fällt im Herbst das Laub ab, bedeckt den Boden und schützt sie.

Auf diese Weise habe ich bei uns am Krameterhof sogar Wein und Zitronen aufgezogen.

Im stärksten Frost frieren die Pflanzen oben ab, aber von unten treiben sie wieder aus, weil der Boden nicht zufriert.

Auch in südlichen Ländern wie Spanien oder Portugal erweitern Steine die Möglichkeiten, so dass ich wärmebedürftige Pflanzen wie vielleicht Mango oder Papaya oder sogar robustere Bananensorten und Avocados pflanzen kann.

Die Wärmeabstrahlung einer Wasserlandschaft wirkt ausgleichend auf die Temperatur.

Tiere sind Mitarbeiter, keine Ware

Das globale Unrecht an den Tieren – aus Tierleid wird Menschenleid

Man baut den Tieren Gefängnisse, die man Fortschritt nennt, damit die Agrarindustrie ihr Geschäft macht.

Die global verbreitete, industrielle Tierhaltung ist ein Desaster für Mensch und Erde. Der Mensch wird den kommenden Kollaps nicht überleben, wenn er diese Tierhaltung nicht radikal beendet: Es darf in Zukunft keine Hühner- oder Schweine-KZs, keine zentralen Schlachthöfe, keine Regenwaldvernichtung für Futtermittelproduktion und keine Stückprämien mehr geben. Die Brutalität, die ich weltweit gegenüber Tieren erlebe, ist haarsträubend. Tiere werden nicht als Mitlebewesen behandelt, sondern als Ware, die industriell produziert wird und den größten Profit bringen soll. Mit der unmenschlichen Tierhaltung verletzt der Mensch vor allem sich selbst. Denn dass er verroht bei all diesen Methoden des grausamen Umgangs und dem Leid dieser Tiere, liegt auf der Hand. Darüber hinaus ist das Fleisch solcher unglücklichen Tiere belastet und durch die hohe Adrenalinausschüttung bei der Schlachtung krebserregend. So wird Tierleid zu Menschenleid.

Es gibt Alternativen – ohne Verzicht auf Lebensqualität. Im Gegenteil, wir werden durch eine biotopgerechte Familientierhaltung enorm gewinnen: an Lebensmittelqualität, an landschaftlichem Reichtum, an Artenvielfalt und an Freundschaft. Denn Tiere sind unsere Mitlebewesen. Es sind fühlende Wesen. Sie empfinden Schmerz und Freude, sie können leiden, Angst und Fürsorge für ihre Jungen empfinden. An Mimik und Gestik kann jeder mit etwas Übung feststellen, wie sich ein Tier fühlt – ob Hund oder Katze, Schwein oder Kuh, auch Huhn oder Karpfen. Pferde sind ganz besonders sensible Tiere. Mit Gefühl und Kontakt kann ich das verstörteste Pferd wieder zahm machen. Ich habe auch Wildtiere gehalten, Braunbären und sogar einen Puma. Ich habe da viel erlebt und daher weiß ich: Der Kontakt mit Tieren muss ein Spüren, ein Fühlen sein. Tiere haben eine Seele. Wenn ich aber keine Seele habe, werde ich sie auch beim Tier nicht wahrnehmen.

Durch die Propagierung der Massentierhaltung wurden Bauern weltweit zu Massentierquälern gemacht. Aber Tiere sind keine Ware. Die industrielle Tierhaltung ist nicht nur ein Verbrechen an Tieren, sondern an der Natur überhaupt und an der Menschheit: Für Fleisch- und Milchproduktion wird so viel Energie und Fläche verbraucht, dass für einen großen Teil der Menschheit zu wenig zum Essen bleibt. Übermäßige Tierhaltung zerstört durch Überweidung den Wasserhaushalt und beschleunigt so die Wüstenbildung und das Waldsterben. Und die einseitige Rinderhaltung ist durch ihren massiven CO_2-Ausstoß einer der größten Klimasünder.

Die Massentierhaltung in Europa, USA und Russland unterscheidet sich von der in Afrika, Asien und Lateinamerika. In den Industrieländern finden wir vor allem die industrielle Tierhaltung auf engstem Raum. Vom Küken bis zu Rindern, Schweinen und Schafen werden die Tiere zu Tausenden und Millionen eingepfercht. Jeder Tritt und jedes Gramm Futter sind hier kalkuliert und berechnet. Es wird keinerlei Rücksicht auf die Bedürfnisse der Tiere genommen. In diesem enormen Stress und der Enge ist Kannibalismus normal. Schweine bekämpfen sich und Schafe und Kälber nagen sich gegenseitig an.

Diese armen Wesen, die in der Massentierhaltung leben müssen, werden durch Schmerzen und Verstümmelungen an ihrem natürlichen Verhalten gehindert: Sie sollen sich so bewegen und so fressen, wie es am besten automatisiert werden kann. Schweinen werden die Schwänze kupiert, auch oft die Ohren. Kälbern werden Nasenringe eingezogen, Hühnern die Schnäbel abgezwickt. Kuhtrainer in der Milchviehhaltung sorgen mit Stromschlägen dafür, dass die Tiere auf engem Raum bleiben und nicht etwa beim Misten zurücktreten, wie es ihnen eigentlich entspräche, weil nur dort die automatische Entmistung läuft. Schweine und Rinder, die knöcheltief in ihrer eigenen Jauche waten müssen, leiden darunter ebenso, wie wir das tun würden.

Dass die Hörner von Rindern verätzt, abgeschnitten oder verbrannt werden, schon beim Jungtier, ist eine ganz normale Praxis. Doch es ist eine Dummheit, denn aus meiner Sicht und nach meinen praktischen Erfahrungen und Wahrnehmungen dienen die Hörner dem Tier als Antenne. Ein Tier, dessen Hörner kupiert werden, verblödet und verliert die Orientierung. Ich habe es oft festgestellt: Kühe ohne Hörner, die auf die Alm getrieben werden, erkennen nicht mehr, wenn ein Wetterumschwung bevorsteht, zum Beispiel ein Schneefall. Normale Kühe gehen in diesem Fall schon vorher von selbst in ihre Unterstände im Wald oder gleich in tiefere Lagen. Die enthornten Tiere bleiben aber dumm da stehen oder legen sich hin und werden dann vom Schnee überrascht.

Auch habe ich den Eindruck, dass die Milchqualität von hornlosen Kühen beeinträchtigt ist. Dies erkläre ich mir so, dass ein Rind mit Hörnern einen besser ausgebildeten Instinkt hat, um die Kräuter auszuwählen, die am gesündesten sind. Außerdem dienen die Hörner ebenso wie Hufe meiner Meinung nach auch als Körperdepot, um Schadstoffe egal welcher Art auszusondern und abzulagern – von dort können sie sich durch Abnutzung von den Schadstoffen befreien.

All das wären Betätigungsfelder für die Wissenschaft. Doch die interessiert sich nicht dafür, denn sie hat sich weitgehend der Chemie und der Technik unterworfen und sieht nur noch das Endprodukt: das Kilogramm Fleisch – alles andere lohnt sich nicht. Kein Wissenschaftler der Welt kann die Vollkommenheit der Natur in Frage stellen. Was die Wissenschaft schon weiß, ist ein trüber Tümpel, was sie noch nicht weiß, ein Ozean.

Die Massentierhaltung ist eine solche Tierquälerei, dass es mich nicht wundert, dass sich viele Menschen davon abwenden, überhaupt noch Fleisch zu essen. Denn dieses Tierleid ist für natürlich denkende Menschen unerträglich. Nicht nur das, es ist auch gesundheitlich bedenklich.

Ich mache immer wieder den Versuch, Fleisch von verschiedenen Tieren zu vergleichen: von Tie-

Nasenringe bei Rindern sind schmerzhaft: Stell dir vor, man würde dich dazu zwingen, Nasenringe zu tragen!

Die Rinderhörner funktionieren als Antenne und sollten keinesfalls entfernt werden.

ren, die ein ganzes Leben lang im natürlichen Biotop gelebt haben und human getötet wurden, so dass man ihnen die Todesangst erspart hat. In diesem Fall spüre ich beim Verzehr des Fleisches keinerlei negative Auswirkungen. Das Wohlbefinden, der gute Schlaf, sinnvolle Träume, geordnetes Denken sind weiterhin vorhanden. Wenn ich aber belastetes Fleisch vom gestressten Tier mit hoher Adrenalinausschüttung esse, fühle ich mich hinterher nicht wohl. Ich habe völlig verwirrte Träume, die komplett unbrauchbar und nicht konstruktiv sind.

Massentierhaltung im Freiland

In Afrika, Brasilien oder Argentinien geschieht die Massentierhaltung auf andere Weise. Dort werden die Tiere zu vielen Tausend Stück in großen Herden im Freien gehalten. Das ist für die Tiere zwar artgerechter, aber dafür ist die Naturzerstörung besonders groß. Für die Weiden wird Buschland und Urwald im großen Stil gerodet. Es werden Tiefbrunnen gebohrt, um Tränken zu errichten. Solche Farmen haben eine Größe von vielen Tausend Hektar; die Größenordnung einer Rinderherde beträgt 10.000–15.000 Stück. Das Fleisch wird meistens nach Europa oder USA exportiert, die Preise sind sehr niedrig. Deshalb ist auch hier alles durchkalkuliert und vollautomatisiert: Nur die Masse bringt den Gewinn.

Eine noch größere ökologische Katastrophe und globalisierte Dummheit ist die Futterproduktion: Dafür werden riesige Flächen Regenwald abgefackelt, um Soja, Getreide oder Zuckerrohr anzubauen. Ganze Trupps stecken dafür Kreise im Wald ab und brennen ihn von außen nach innen nieder, viele Tausend Hektar am Tag. Die Wildtiere haben kaum eine Fluchtmöglichkeit und werden oft lebendig verbrannt. Ich habe viele verbrannte Kadaver verschiedenster Tiere gesehen. Auch für Menschen, die in diesen Wäldern noch leben, gibt es kein Entkommen. Mit den Indianerstämmen geht ein wertvolles Wissen über die Natur und Heilpflanzen verloren, bevor wir es überhaupt kennen lernen konnten. Das ist eine Vorgehensweise, die in keiner Weise zu rechtfertigen ist.

Diese Flächen werden dann eingesät, natürlich in Monokultur. Bewässerungsanlagen werden gebaut. Ich habe in Brasilien Beregnungsanlagen gesehen, die 100 ha bewässern. Vom Flugzeug aus werden diese großen Flächen gedüngt und gespritzt. Bei diesen riesigen Farmen wird keine Rücksicht auf die Ureinwohner oder Kleinbauernsiedlungen genommen. Sie werden mit der Giftbrühe eingenebelt und können sich nicht schützen. Vor allem Kinder, die auf den Feldern arbeiten, kommen zu Schaden. Die Landbevölkerung wird entrechtet und vertrieben. Die Kleinbauern müssen fliehen und alles zurücklassen – wenn sie überhaupt überleben.

Der Boden ist sehr humusarm in diesen Gebieten, und ohne den Schutz des Regenwaldes wird die Erde ausgewaschen und abgetragen, so dass innerhalb von etwa 4 Jahren der Humus verbraucht ist und nur eine Stein- oder Sandwüste übrigbleibt. Dann ist die ganze Fläche so weit abgewirtschaftet, dass es trotz Bewässerung keinen Ertrag mehr gibt. Die Grundstücke werden nun aufgegeben, die Bewässerungsanlagen abmontiert und woanders wieder aufgebaut. Diese Art von Agrarwirtschaft ist wie ein globaler Schwarm von Wanderheuschrecken, der Stück für Stück die letzten Regenwälder vernichtet und nur Zerstörung hinterlässt.

Es ist erschreckend, in welcher Geschwindigkeit und welchem Ausmaß diese Rodungen voranschreiten. Vom Flugzeug aus habe ich riesige Flächen brennen sehen, in verschiedenen Gebieten Brasiliens, Kolumbiens, Argentiniens. Solche zerstörten Flächen zu renaturieren, ist äußerst schwierig, denn durch die jetzt ungebremste Sonneneinstrahlung trocknet der Boden aus, das Bodenleben stirbt ab und der Wind trägt die letzten Reste ab. Dort wachsen kaum noch trockenresistente Pflanzen wie Akazien. Renaturierung ist fast unmöglich, oder nur mit enorm hohem Aufwand.

Massentierhaltung im Freiland gibt es auch in Europa. Im Bereich der EU veranlassen die Tierprämien Bauern dazu, möglichst viele Tiere zu halten. So werden etwa in Portugal und Spanien zu viele Schafe und Ziegen auf den Weiden gehalten. Die Tiere haben bei der Überweidung zu wenig Unterstand und Beschattung in der Sommerhitze sowie ein zu geringes Angebot an Holz, Laub und Knospen, wie Schafe und Ziegen es brauchen. Die Folgen der massiven Überweidung sind die Übernutzung der Böden, die Selektion der Flora, Überpopulation von Schadinsekten und Erkrankungen mit Pilzen und Flöhen.

Zum Beispiel ist die Moderhinke ein weit verbreitetes Problem bei Schafen, das durch zu seltenen Wechsel der Weideflächen verstärkt wird. Es kommt zu seuchenhaften Erkrankungen und den Schafen verfaulen dabei die Füße bei lebendigem Leib.

Trockenheiten führen zu großen Tierverlusten. Deshalb wurde eine Regelung in der EU getroffen, dass es Abgeltungen für außerordentliche Tierabgänge bei Katastrophenschäden gibt. Aus meiner Sicht ist das völlig falsch. Die Überweidung führt ja erst zu den Trockenschäden. Statt diese zu verändern, wird der Bauer für seine falsche Strategie noch belohnt. Wenn er für jedes tote Tier eine Prämie erhält und dafür nur die Ohrmarken vorweisen muss, dann schneidet er ihnen oft genug einfach die Ohren ab und wirft die Kadaver auf den Müll. In La Palma habe ich gesehen, wie tote und sterbende Schafe zusammen in einen Krater geworfen wurden. Am Rande des Kraters sah man die Skelette von verreckten Hunden, die dort angekettet waren.

An anderen Orten werden die Kadaver wieder in Tierkörperverwertungsanstalten gebracht, zu Fleischmehl verarbeitet und als Eiweißfutter verkauft. Wozu das artfremde Futter führt, wurde beim BSE-Skandal aufgedeckt. Das sind die Alpträume und Abgründe, zu denen die industrielle Tierhaltung und eine verfehlte Agrarpolitik die Bauern verleitet. Ein Ausstieg aus diesem Wahnsinn ist unabdingbar.

Warum werden Tiere eingesperrt oder angekettet? Sie haben doch nichts verbrochen.

Worte der Natur. Mein Lamm

Wenn es mir gutgeht, habe ich oft keine Zeit. Aber manchmal zwingt mich das Leben, mir Zeit zu nehmen. Dann werde ich krank, bin ans Bett gefesselt und das Leben zeigt mir: Es ist zu viel! Dann kommt mir die Mutter in den Sinn. Denn egal was war, sie stand mir zur Seite und hat sofort gemerkt, wenn mir irgendwas fehlte. Und so habe ich auch heute noch, wenn ich krank bin, das Gefühl, als ob die Mama sagen würde: Gib ein bisschen Ruhe, mach nicht so schnell, denk einmal nach, erinnere dich an dies und das. Und manchmal denke ich in so einer Zeit an mein Lamm.

Mit acht Jahren habe ich ein Lämmchen aufgezogen. Das war nicht selbstverständlich, sondern eine ganz große Sache. Keines von den Nachbarskindern hatte das. Ich hatte so lange gebettelt und gefragt, bis der Vater es mir ermöglichte, und die Mutter hat es unterstützt. Ei, war das eine Riesenfreude. Ein Lämmchen, und es gehörte mir, und ich habe es anfangs mit der Flasche gefüttert. Wenn dann alle Lämmer zusammen waren, habe ich immer geschaut und gerufen: Schau, das links außen, das ist meins, das ist mein Lamperl.

Einmal brach es sich in den Felsen oben ein Bein. Ich überlegte, was ich da machen könnte. Und dann hat mir die Mama gezeigt, wie man es schient, und so legte ich dünne Holzspäne rund um den gebrochenen Fuß fest an und band sie mit Streifen von einem alten Hemd fest. Für die Heilung des Fußes verwendete ich eine Salbe aus Fichtenpech. Eine Weile stakste das Lamm auf drei gesunden Füßen und einer Stelze und schließlich ist es tadellos geheilt. Ach, was das für eine Freude war, dass es wieder gesund herumgesprungen ist, das kann sich niemand vorstellen.

Und dann kam die Herbstauktion. Das war die Zeit, wo die Lämmer verkauft wurden. Das war ganz normal, denn nur die Zuchttiere sind über den Winter gefüttert worden und die Nachzucht wurde verkauft. So musste es sein, denn sonst hätten wir zu viele Tiere auf zu engem Raum gehabt. Da kam der Händler mit dem Lastwagen und alle Nachbarn trieben ihre Schafe, die für den Verkauf vorgesehen waren, ins Tal hinunter – wir natürlich auch.

Als ich ankam, sah ich schon, wie der Händler die Lämmer schnappte! Das nächste und das nächste, zack. Die Schafe wurden weggerissen und geschnappt, mit einem Strick um den Bauch aufgehängt und gewogen. 47 kg, 53 kg, 68 kg, 42 kg und zack, weg damit. Sie bekamen eine Marke auf den Rücken, und dann kam das nächste. Und dann war mein Lamm dran, wurde mir aus den Händen gerissen, am Strick um den Bauch aufgehängt, 48 kg, peng, und dann wurde es auf den Lastwagen geschmissen und war weg.

Jetzt stell dir vor, du bist ein Bub von acht Jahren, du hast ein Lamm aufgezogen und gesund gepflegt und jetzt muss es verkauft werden. Du bist so verbunden damit. Du weißt nicht, was jetzt mit ihm passiert, denkst dir das Schlimmste aus und bist nicht mehr dabei, um ihm zu helfen, es ist einfach weg. Der grobe Umgang mit den Tieren traf mich bis ins Innerste. Auf der anderen Seite aber hatte ich das Geld in der Tasche und das machte mich stolz.

Es gab niemandem, dem ich sagen konnte, was mich da so beschäftigte, nicht einmal der Mama. Sie hatte für solche Kleinigkeiten keine Zeit, und schließlich war es ja normal, dass die Tiere wegkamen. Und weinen sollte ich ja als Bub auch nicht. Aber damit musste ich erst einmal fertigwerden. Noch heute sehe ich im Traum manchmal das Lamm, das ich als kleiner Bub aufgezogen habe, und denke: Wenn ich es jetzt einmal wiederhaben könnte, wenn ich es jetzt zurückholen könnte, das wäre die größte Freude.

Solche Erlebnisse haben mich geprägt. Heute setze ich mich ein, wenn ein Tier Not leidet. Dann sage ich etwas oder ich handle, weil ich es muss, ich kann nicht anders. Aber muss es denn immer erst zu einer Krankheit oder einem Tiefschlag kommen, bis man über so etwas nachdenkt? Bis man den respektlosen, sorglosen Umgang mit unseren Mitlebewesen überdenkt?

Kann man diese Berührung, diese Verbundenheit und die Erinnerung daran nicht in das tägliche Leben mit hineinnehmen? Sollte das nicht Bestandteil eines natürlichen Lebens sein? Sollten wir uns nicht dafür Zeit nehmen? Warum setzen sich nicht viel öfter Menschen zusammen und unterhalten sich über das, was sie wirklich beschäftigt? Was ist mit uns passiert? Warum sind wir so verroht und verblödet, dass wir so miteinander umgehen? Wo müssen wir ansetzen? Was ist der Hebel, um wachzurütteln und aufzuzeigen: Mensch, begreif doch, so geht es nicht mehr. Was du tust, kannst du nicht verantworten. Du bist selbst der Schädling eines natürlichen Lebens geworden. Wieso tust du das? Wenn wir über das reden, was uns im Inneren beschäftigt, wird es uns als Schwäche angerechnet, und wir wollen ja stark sein. In Wirklichkeit sind diejenigen Schwächlinge, die sich vor der Natur verschließen, die diesen inneren Kern nicht leben und den Sinn des natürlichen Verhaltens nicht erkennen. Jeder braucht einen Austausch mit Seinesgleichen, bei dem er nicht fürchten muss, ausgelacht oder ausgenützt zu werden. Eine Schwäche auszunutzen, ist ein unnatürliches Verhalten des Menschen. Das natürliche Verhalten ist das Sich-Hineinversetzen in den anderen, das Sich-Besinnen, der respektvolle Umgang miteinander. Ein Leben, bei dem man nur an sich denkt, ist ein Leben gegeneinander, und das ist Zerstörung. Wer nicht natürlich lebt, bestraft sich selbst am meisten.

Wir haben früher auf den Bauernhöfen geschächtet, so wie es heute noch bei den Moslems geschieht. Mit 12 Jahren musste ich die Füße des Schafes halten, das geschlachtet wurde. Die Schafe wurden mit den Hinterfüßen am Strick aufgehängt. Dann wurden sie mit dem Stichmesser gestochen, das heißt tief in den Hals geschnitten, damit das Blut gut auslief. Das Blut wurde in einer Schüssel aufgefangen, ständig stark gerührt und daraus Blutwurst gemacht. Das Schaf erlebte das alles voll mit, bis zum letzten Blutstropfen. Es war ein furchtbarer Todesschrei. Es war für mich nicht auszuhalten, zuzuschauen, bis das Schaf tot war. Es ging mir durch alle Knochen, durch Mark und Bein. Ich lief ins Haus und beschwerte mich bei der Mama wegen dieser Tierquälerei.

Aber alle machten es so, in der ganzen Nachbarschaft, auch die Metzger in den Schlachtereien. Ich habe lauthals protestiert und geschimpft und vom Vater gefordert, er müsse das Schaf betäuben. Aber der Vater war der Meinung, dass das Blut nicht laufen würde, wenn das Schaf betäubt wäre, dass es stockt. Und schließlich machten die Nachbarn es auch so.

Ich habe aber weiter dagegen protestiert. Und da ich mit Argumenten nicht weiterkam, habe ich beim nächsten Mal dem Schaf, bevor der Vater es an den Hinterläufen aufhängen konnte, mit der verkehrten Seite der Axt auf den Hinterkopf geschlagen. Es fiel um und rührte sich nicht mehr, es war voll betäubt. Der Vater hat es dann wie üblich aufgehängt und gestochen. Das Blut lief wunderbar, man hörte keinen Laut von dem Tier. Das hat den Vater überzeugt, von da an machte er es immer so. Da war ich dann beruhigt.

War das nun Stärke oder Schwäche? Ich habe es einfach nicht fertiggebracht, die Schafe so leiden zu sehen. Deshalb habe ich einen Mordsterror gemacht, bis sich was verändert hat. Natürlich wurde dieses Vorgehen auch mit den Nachbarn besprochen und schließlich machten sie es auch so. Bei den Schweinen war es das Gleiche. Wir hatten bis dahin immer gehört, wenn in der Nachbarschaft eine Sau abgestochen wurde. Aber von da an hörten wir keinen Schrei mehr, weder beim Nachbarn noch bei uns, weder beim Schaf noch beim Schwein.

Das natürliche Leben ist keine Schwäche, es ist eine andere Art von Stärke. Wer sagt, was er fühlt und denkt, kann was bewegen. Das habe ich früh gelernt, und zwar nicht, indem ich sagte, was ein anderer hören wollte, sondern das, was ich empfunden habe. Das können dann auch einmal grobe Worte sein. Es sind Worte der Natur.

Biotopgerechte Familientierhaltung – was ist das?

Wenn ich Tierquälerei sehe, dann weiß ich: Der Satan ist nicht in der Hölle, sondern unter uns Menschen. Ich werde nicht aufhören, mich überall auf der Welt für eine biotopgerechte Tierhaltung und gegen die industrielle Ausbeutung von Tieren einzusetzen.

Viele Menschen haben sich zu einer veganen oder vegetarischen Lebensweise entschlossen, weil sie durch die Massentierhaltung und Schlachtung abgeschreckt wurden. Das ist verständlich und natürlich das Recht eines jeden. Aber wenn wir nicht zeigen, dass es anders geht, dann überlassen wir den Tierquälern das Feld. Wir brauchen ganzheitliche Alternativen, die zeigen, dass ein respektvoller Umgang mit allen Lebewesen möglich ist. Tierhalter sollen lernen, wie sie in ihrer gesamten Bewirtschaftung respektvoll mit den Mitlebewesen umgehen, gesunde Lebensmittel erzeugen und Tiere richtig halten können – und wie sie davon auch noch gut leben können.

Dann werden den Tierquälern langsam die Argumente ausgehen.

Nach meiner Erfahrung ist die Behauptung, dass wir mit der naturgemäßen Tierhaltung die Welternährung nicht sichern oder aufrecht erhalten könnten, völliger Unsinn. Das sind für mich Ausreden der Agrarfabriken und der Massentierhalter, die durch ihre verantwortungslose Industrieproduktion nur Profite machen wollen. Die Allianz der Tierquäler versucht, mit dem Argument der Welternährung ihre Unvernunft und Geldgier zu rechtfertigen. Das Gegenteil ist richtig: Eine artgerechte, biotopgerechte, natürliche Familientierhaltung ist auf der ganzen Welt möglich. Ja, auf diese Weise zu produzieren, ist sogar viel leichter, und wenn ich alle Faktoren berücksichtige, auch rentabler. Mit extensiver Tierhaltung kann ich auch so genannte Ungunstlagen oder unproduktive Flächen bestens nutzen und in hochproduktive Flächen verwandeln, wie ich auf dem Krameterhof und an anderen Orten bewiesen habe.

Schweine sind Familientiere.

Noch einmal zum Thema Fleischessen: Es ist sicher richtig, den Fleischkonsum vor allem in den Wohlstandsgesellschaften zu reduzieren. Sich jeden Tag an Fleisch satt zu essen, dazu Milchprodukte und Eier in großen Mengen aufzutischen und Gemüse und Salat nur minimal zu verzehren, ist mit Sicherheit keine erstrebenswerte Ernährung. Solche Einseitigkeit ist erstens gesundheitlich bedenklich und zweitens kann vor allem in den heutigen Megastädten die Versorgung für eine solche Ernährung nur durch industrielle Erzeugung und unter massiver Umweltbelastung ermöglicht werden. Dagegen sind Fleisch, Milch, Eier von Tieren, die gut gelebt haben und human getötet wurden, wertvolle Lebensmittel und finden auch einen guten Markt.

Tiere sind Mitarbeiter

In der ganzheitlichen Bewirtschaftung sind Tiere Mitarbeiter. Das heißt, sie müssen und dürfen bei mir arbeiten, nicht nur fressen. Das gilt für alle: Rinder, Pferde, Schafe, Ziegen, Fische, Geflügel und Schweine, aber auch Wildtiere einschließlich Insekten. Jedes Tier hat eine Aufgabe im Gesamtbiotop. Und alle Tiere erfüllen sie gern, wenn sie gut behandelt werden. Ein solches Zusammenleben mit Tieren ist für mich Lebensqualität. Nicht nur Kinder, sondern auch Erwachsene haben eine Riesenfreude am Kontakt zu den Tieren.

Einige Beispiele für die Mitarbeit von Tieren

Zugtiere: In meiner Kindheit wurden Ochsen, Kühe und Pferde ganz selbstverständlich zu allen Arbeiten herangezogen, für den Transport von allem, was anfiel, und zum Pflügen. Auch heute noch, wenn ich in den Stall oder auf die Koppel gehe und dem Pferd oder dem Ochsen signalisiere, es geht wieder raus, dann zeigen sie schon ihre Aufregung, ihre Freude. Es ist für mich ganz deutlich: Das Tier will mitarbeiten! Tiere lassen sich gerne und leicht anlernen, wenn ich gut mit ihnen umgehe. Ich muss dazu wissen, was sie können, und darf sie nicht überfordern. Tiere zu schlagen und grob mit ihnen umzugehen, ist völlig überflüssig und schädlich. Ein Tier muss Vertrauen haben und dann kommt es dir freundlich entgegen. Wenn ich aber dem Tier mehr auflaste, als es ziehen oder tragen kann, und es dann noch schlage, dann wird es böse. Dann fängt es an auszuschlagen oder zu beißen oder es springt aus dem Wagen und geht durch. Als Tierhalter muss ich wissen: Ein Tier bricht nur aus, wenn es etwas nicht mehr aushalten kann. Dann habe ich einen Fehler gemacht. Für so ein Tier brauche ich jetzt eine große Muße, um es wieder zu beruhigen und zu besänftigen. Der Mensch, der es schlecht behandelt hat, wird es nicht schaffen, es muss jemand tun, der sein Vertrauen hat.

Mitarbeit im Waldaufbau: Schweine in Koppelwirtschaft bearbeiten den Boden und regulieren die Population verschiedener Bodentiere, die zu großen Forstschäden führen können. In der Agroforstwirtschaft ermöglicht die Kooperation mit Schweinen die Entwicklung eines essbaren Waldes der Vielfalt, wie auf den Seiten 111 ff. ausführlich beschrieben.

Schafe und Ziegen sind gute Mitarbeiter im Waldaufbau. Wenn zu viele Sträucher und Stauden den Aufwuchs von gesundem Mischwald verhindern, können Schafe und Ziegen sie regulieren. Ziegen verbeißen mit Vorliebe Äste und Zweige. Blätter und Knospen, die Rohfasern mit Gerbstoffen, sind beste Nahrung für Schafe. Die etwas höher wachsenden kleinen Zweige, Knospen und Blätter schmecken den Rindern. Ich muss diese Tiere allerdings rechtzeitig wieder aus der Koppel nehmen: Die aufwachsenden Bäumchen muss ich vor ihnen schützen.

Mitarbeit für die Regulation von Überpopulationen: Fische regulieren Mücken, indem sie von den Mückenlarven leben. Geflügel, aber auch Schweine vertilgen Schnecken, Engerlinge und andere unerwünschte Bodentiere. Gerade Laufenten sind hervorragend geeignet, um Schneckenplagen zu vermeiden.

Geflügel: Biotopgerechte Haltung ist grundsätzlich für alle Geflügelarten möglich, wenn ich natürlich denke: Wachteln, Hühner, Enten, Gänse, Fasanen, Wildgeflügel oder Ziergeflügel.

Hühner sind außerdem wertvolle Mitarbeiter für die Auflockerung des Gartenbodens. Wenn sie aber zu lange in demselben Stück Erde scharren, dann kehrt sich der Nutzen um: Der Boden wird hühnermüde, er verhärtet, wird durch Kot überdüngt und kommt nicht zur Ruhe. Deshalb halte ich auch Hühner oder Wachteln ebenso wie Kaninchen in Koppeln, am besten in fahrbaren Koppeln mit einem Regen- oder Sonnenschutz. Auf einer Weide oder Kleeeinsaat kann ich sie jeden Tag ein Stück weiterfahren. Dann haben die Tiere täglich eine neue Weide und am Ende sind alle Schnecken des Grundstücks weg.

Bei einer größeren Produktion setze ich den Hühnerzaun rund um die Hühnerweide und lade ihn elektrisch auf: Damit sind die Hühner auch vor Füchsen geschützt.

Enten und Hühner suchen sich ihr Futter selbst und vertilgen Überpopulationen von Schnecken und Raupen.

Hinweise für die biotopgerechte Familientierhaltung

Tiere, die natürlich leben und sich natürlich ernähren, bilden ihre Instinkte wieder aus; sie gehen dorthin, wo sie sich wohlfühlen, und suchen sich das Futter, das ihnen guttut. Solche Tiere sind glücklich und gesund und das merkt man auch an der Qualität ihrer Produkte. Worauf muss ich achten?

Familientierhaltung – gemeinsam ist besser als einsam: Tiere sind soziale Wesen und brauchen Kontakt. Ich halte immer mindestens zwei Tiere von einer Tierart. Ein einzelnes Tier wäre sehr stark auf den Kontakt zum Menschen angewiesen.

Eingang eines Erdstalls

es wann braucht und aufsuchen möchte. Wenn seine Instinkte noch intakt sind und ihr Lebensraum ausreichend Material dafür bereithält, also Bäume, Stroh, Blätter und Zweige, baut es sich diese Unterschlupforte selbst. Je nach Vegetation und Klima biete ich ihnen Unterstände oder einen Erdstall an. Ein Erdstall eignet sich für Rinder, Schweine, Schafe, Ziegen und Pferde. Von hier kann aus der Bauer seine Koppelwirtschaft betreiben und auf einfachste Weise die Tiere dorthin lenken, wo er sie haben möchte. Er muss nur die entsprechenden Tore öffnen.

Wenn die Tiere ihren sozialen Zusammenhalt leben und sich frei bewegen dürfen, können sie es dort auch bei großer Kälte aushalten: Denn dann legen sie sich eng aneinander und schützen sich

Tierhaltung auf dem Krameterhof: Hühner, Schafe, Rinder und Schweine sind auch im Winter im Freien gesund, …

gegenseitig. Geflügel und andere Kleintiere brauchen entsprechenden Unterschlupf als Schutz vor Füchsen, Mardern oder Raubvögeln.

Wer diesen engen Kontakt nicht gewährleisten kann oder will, soll dem Tier seinesgleichen zur Gesellschaft geben, sonst wird es unglücklich und krank. In der Familientierhaltung haben die Tiere die Möglichkeit, sich fortzupflanzen, ihre Jungen aufzuziehen und zu ernähren, wie es ihrer Natur entspricht. Sie müssen sich dazu ihre Nist- oder Wurfplätze selbst bauen können oder ich muss sie ihnen zur Verfügung stellen.

Bewegungsfreiheit und Schutz: Jedes Tier muss sich frei bewegen, sich Schatten oder Regenschutz suchen und in seinem Element wohlfühlen können. Jedes Tier weiß selbst am besten, was für Nischen

Stall: Für die natürliche Haltung von Weidetieren eignet sich die Koppelwirtschaft mit einem Erdstall in der Mitte am besten. Dies ist ein naturnahes Zuhause für Tiere, in dem sie sich wohlfühlen, sich selbst vor Sonne, Regen oder Kälte schützen und sich frei bewegen können. Ein Erdstall passt in alle klimatischen Situationen. Er wird aus den Hölzern der Region gebaut und mit Erde überschüttet. So habe ich im Sommer die Kühle der Erdtemperatur und im Winter ihre Wärme. Die Tiere können sich im Stall frei bewegen. Sie leiden im Sommer nicht unter der Hitze und der Belästigung durch Insekten. Im Winter sind sie geschützt vor der Kälte, weil es im Stall keine Zugluft gibt und es durch die Erdwärme nicht friert. Wenn die Tiere zusätzliche Wärme wünschen, können sie sich zusammenlegen, wie sie wollen, da sie sich ja frei bewegen können. (Der Bau des Erdstalles ist in meinen Büchern „Der Agrarrebell" und „Holzer'sche Permakultur" ausführlich beschrieben.)

Naturfutter: Ein Tier, das sich frei bewegen kann, sucht sich in seinem Biotop und Lebensraum sein Futter selbst. Wenn ich für ausreichende Vielfalt sorge, findet das Tier alles, was es braucht, um gesund zu bleiben. Tiere kennen auch instinktiv die Naturheilmittel, um Krankheiten vorzubeugen. Oft habe ich beobachtet, dass ein krankes Tier Giftpflanzen frisst: Bei Wurmbefall oder Magenverstimmung können Giftpflanzen wie Lupinen, Wurmfarn oder Fingerhut heilend wirken. Auf diese Weise kann mancher Tierarztbesuch oder manches Medikament gespart werden – aber nur, wenn das Tier die Menge selbst bestimmt. Gebe ich einem Stalltier Giftpflanzen in den Trog, wird es krank.

Ich muss für ausreichendes Wasser in Form einer Tränke oder eines natürlichen Teiches sorgen und in vielen Fällen auch für Salz. Eine weitere Zufütterung gebe ich nur, um die Tiere zu locken und Kontakt mit ihnen aufzunehmen und sie so zu lenken. Dafür suche ich natürlich die Leckereien aus, auf die sie besonders versessen sind.

… wenn sie einen guten Unterstand haben, in dem sie sich schützen können: den Erdstall.

Giftpflanzen, wie hier Fingerhut, Eisenhut und Lupine, gehören auf die Naturweide und ersparen oftmals den Tierarzt.

Nutzen, nicht übernutzen: Überweidung gehört zu den Stressfaktoren vieler Landschaften. Zu viele Tiere auf zu wenig Land verdichten den Erdkörper, vermindern die wertvollen Pflanzen, übersäuern den Boden durch zu viel Dung und erhöhen die Dichte von Krankheitserregern. Ein ausgewogenes Verhältnis von Fläche und Anzahl der Tiere ist die Bedingung für einen guten Ertrag.

Dasselbe gilt selbstverständlich für Fische und Geflügel in Wasserlandschaften und Teichen.

Vielfalt ist ein Mittel gegen Übernutzung: Wenn

Tierhaltung auf dem Krameterhof

auf einer Koppel immer dieselbe Tierart weidet, können sich die Krankheitserreger ungehindert ausbreiten. Sie sind fast immer auf eine Tierart spezialisiert und finden so immer einen Wirt. Wenn aber abwechselnd Pferde, Rinder, Schafe usw. auf dem Land stehen, dann wird der Zyklus der Krankheitserreger unterbrochen. Eine dramatische epidemieartige Vermehrung wie auf einseitig genutzten Weiden bleibt dann aus.

Schlachtung: Aus Respekt vor dem Tier und wegen der Fleischqualität sollte der Bauer die Tiere zur Schlachtung nicht auf industrielle Schlachthöfe bringen. Zum Thema humane Tötung mehr im nächsten Kapitel.

Verwertung: Für mich ist es eine Frage des Respektes, alles vom Tier zu verwenden und es so dem Kreislauf wieder zuzuführen: Das Fleisch, die Knochen, die Haut, die Hörner, die inneren Organe. Es ist schade, dass viele Menschen diese Dinge nicht mehr zubereiten können und nicht erfahren, was für wunderbare Spezialitäten die alte bäuerliche Kochkunst bereithält. Aber das Tier dient nicht nur zum Essen. Sehnen verwendet man zum Basteln und für Musikinstrumente. Die Häute der Organe werden gereinigt und für Würste benutzt. Horn, Zehen und Hufe werden zu Hornspänen geschreddert und in der Düngung verwendet. Galle wird für Heilzwecke verwendet. Aus Schweinsborsten werden Bürsten

Räucherei auf dem Krameterhof

Bilder oben und rechts: Tierhaltung auf dem Krameterhof

gemacht. Nichts vom Tier ist zum Wegwerfen. Auch der Inhalt von Magen und Darm kann noch kompostiert werden. Das bin ich dem Tier aus meiner Sicht schuldig und das ist auch ein ökonomischer Vorteil.

Wenn wir heute nur die Steaks oder Hühnerkeulen verwerten und den Rest auf den Müll werfen, ist das kein respektvoller Umgang mit unseren Mitlebewesen.

Humane Tötung

Mein inneres Verständnis sagt mir, der Mensch ist seit eh und je ein Mischkostesser und Jäger gewesen und hat immer Tiere getötet, zubereitet und gegessen. Und das ist auch heute noch so. Dagegen ist aus meiner Sicht überhaupt nichts einzuwenden. Meine Aufgabe ist es allerdings, dafür Sorge zu tragen, dass es dem Tier, solange es lebt, gutgeht, dass es in einem natürlichen Biotop leben, Familien bilden und sich vermehren kann.

Wenn ich ein Tier entnehme – also schlachte –, achte ich darauf, dass es davon nichts mitbekommt, dass es angst- und stressfrei stirbt. Der Tod tut nicht weh, schlimm ist nur die Todesangst. Ähnliches gilt für die Jagd: Eine gewisse Regulation von Wildtieren in der heutigen Forstwirtschaft ist unbedingt notwendig. Aus einer Überpopulation von Kaninchen, Wildschweinen, Rotwild und allen anderen Tieren können nur große Schäden entstehen, auch Seuchen. Es ist Aufgabe des Menschen, regulierend einzugreifen. Das gilt auf der ganzen Welt. Auch die Eskimos haben das Recht, Robben oder Wale zu töten, um davon zu leben. Nicht sie haben die schreckliche Dezimierung der Meerestiere gebracht, sondern die industrielle Verwertung.

Wir sollten lernen, wie man ein Tier human tötet, denn es kann auch vorkommen, dass wir töten müssen, um zu helfen. Vor einiger Zeit war ich mit dem Auto unterwegs, wir standen im Stau, weiter vorne hatte es einen Unfall mit einer Pferdekutsche gegeben. Als ich nach vorne kam, sah ich ein Pferd

in seinem Blut liegen, mit gebrochenem Unterkiefer und zersplitterten Vorderbeinen. Es rollte vor Schmerz die Augen fast aus den Höhlen heraus.

Es gab bei all den Menschen, die darum herumstanden, niemanden, der in der Lage war, Verantwortung für diese Situation zu übernehmen. Sie sprachen aufgeregt in ihre Handys und versuchten, Tierärzte zu erreichen. Doch dieses Pferd brauchte keinen Tierarzt mehr, es musste von seinen Schmerzen erlöst werden, und zwar schnell. Ich sah mich um, fand einen Zaunpfahl, ging von hinten an das Tier heran, so dass es mich nicht sehen konnte, und schlug ihm kräftig auf den Schädel. Das Pferd war auf der Stelle betäubt, zuckte ein paar Mal und war tot. Es war ein Gnadenakt und das Letzte, was jemand für dieses Pferd tun konnte.

Was aber geschah? Jetzt beschimpften mich die Leute dafür, dass ich das Pferd umgebracht hätte. Der Polizist, der schließlich kam, war aber vernünftig, er gab mir die Hand, bedankte sich und sagte: „Sie haben das einzig Richtige getan."

Die meisten Menschen haben verlernt, naturgemäß zu agieren; kaum jemand ist heute einer solchen Situation gewachsen, in keiner Schule oder Universität wirst du darauf vorbereitet, ein Tier schmerzfrei zu töten. Das ist aber viel besser und humaner, als dass es langsam und unter Qualen verrecken muss. Das Tier hat ein Recht auf humanes Sterben, und das heißt für mich humanes Töten, und dazu sehe ich mich verpflichtet. Für mich heißt die Frage nicht: Darf ich töten? Sondern: Was ist eine humane, respektvolle Art des Tötens? Wie ich ein Tier auf humane Weise töten kann, lerne ich direkt von fleischfressenden Tieren in der Natur. Manche Menschen sagen, die Natur sei grausam. Wenn wir näher hinschauen, lässt sich diese Behauptung nicht halten. Wenn ein Tier von einem Raubtier verfolgt wird, dann rennt es um sein Leben. Im vollen Lauf wird es angegriffen. Bis der Schmerz einsetzen würde, ist das Tier schon tot, denn der Löwe, der Adler oder die Schlange packen genau an der richtigen Stelle zu. Die Natur hat es anscheinend so vorgesehen, dass der Schmerz durch den Schock nicht mehr wahrgenommen wird. So gezielt packen allerdings nur wilde Tiere zu, domestizierte oft nicht.

Meine Beobachtung nach vielen Jahrzehnten Zusammenleben mit Tieren ist: Der Tod ist eigentlich nicht schlimm. Der Tod tut auch nicht weh. Was weh tut und was schlimm ist, ist die Todesangst. Was geschieht heute bei der modernen Schlachtung? Das Tier wird aus seiner normalen Umgebung herausgerissen, in engen Transportern oft tagelang zu zentralen Schlachthöfen gefahren. Dort stinkt es nach Angst, Blut und Tod. In großen Schlachthöfen wird das Tier in ein Fließband eingehängt und sieht und hört das Brüllen und den Tod der Tiere, die vor ihm an der Reihe sind. Schau einem solchen Tier einmal ins Gesicht, dann weißt du, was Todesangst ist. Das ist für einen mitfühlenden Menschen unerträglich und muss nicht sein.

Noch schlimmer ist das Schächten, bei dem ein Tier das Ausbluten lebendig ertragen muss. Das ist Tierquälerei, dafür gibt es keinerlei kulturelle oder religiöse Rechtfertigungen, es gehört einfach gänzlich verboten.

Eine humane Tötung ist zwar zeitaufwändiger als die industrielle Schlachtung, aber diese Zeit muss ich mir nehmen, dann agiere ich menschlich und habe auch ein gesundes Produkt. Die Hauptsache ist, dem Tier den Stress der Todesangst und des Schmerzes zu ersparen.

Eine humane Tötung geschieht im Nahbereich, wo das Tier auch gelebt hat, ohne Transport, ohne fremde Umgebung. Der Bauer, der täglich Umgang mit dem Tier hat, wäre am besten geeignet. Leider hat die Agrargesetzgebung die Möglichkeit der eigenen Schlachtung stark eingeschränkt. Aber auch mobile Schlachthöfe sind eine gute Möglichkeit.

Durch den engen Kontakt zu meinen Tieren weiß ich oft, wann ein Tier mit seinem Tod einverstanden ist. Wenn es so weit ist, rufe ich das Schwein oder das Schaf, so wie ich es immer gerufen habe, streiche ihm mit der Hand über den Rücken und spreche mit ihm in ruhiger Stimme, bis es sich entspannt. Dann nehme ich das Bolzenschussgerät und setze es präzise an. Bevor der Schmerz und die Angst einsetzen könnten, ist das Tier schon tot.

Auch ein Jäger sollte den Tieren Stress und Todesangst ersparen. Jäger sollten niemals aus Lust und aus Trophäensucht töten, sondern um die Population und die Kreisläufe und Symbiosen zu regulieren. Hetzjagden und die Angst und Schrecken, die sie erzeugen, lehne ich ab, da wird nur die Schießwut von Jägern befriedigt. Eine Ansitzjagd, ein Beobachten und genaues Ausloten, wie und wo greife ich ein und entnehme ein Tier, was fühle ich und was sagt mir die Natur, das empfinde ich als erlaubt. Manchmal ist es, als stelle sich ein Tier vor mich hin, ja, als gestatte es mir, es zu töten. Der geistige Ablauf, der tiefe Kontakt, wo ich als Jäger das Gefühl habe, dass ich die Zustimmung vom Tier erhalte, ist heute leider noch wenig erforscht.

Ich habe bei Ureinwohnern in verschiedenen Ländern Tierhaltung und Schlachtung gesehen. Die Indianer hatten eine so enge Beziehung zu den Tieren, dass sie es in einer Zeremonie um Erlaubnis fragten, ob sie es töten dürfen. Ich empfand diese Vorgehensweise als respektvoll und verantwortungsvoll. Auf diese Weise sagen mir die Natur und mein inneres Bewusstsein, wann es mir erlaubt und verantwortbar ist und wann ein Tier bereit ist, getötet und gegessen zu werden.

Wenn die Biene ausstirbt, wird auch der Mensch nicht überleben

Praxistipps für Imker

Auf Bienen möchte ich etwas ausführlicher eingehen, denn sie sind die wichtigsten Insekten überhaupt. Wenn die Biene ausstirbt, wird auch der Mensch nicht überleben. Dabei geht es nicht nur um das wertvolle Lebensmittel Honig und die verschiedenen medizinischen Produkte der Biene, sondern es geht vor allem um ihre Bestäubungstätigkeit in der Natur und Landwirtschaft. 90 % aller Kulturpflanzen werden von Bienen bestäubt. Das Besondere an Bienen ist ihre Sortentreue: Sie bleiben bei der Pflanzenart, bei der sie den Bestäubungsflug begonnen haben, und fliegen sie so lange an, bis sie vollständig leer ist. Dadurch wird ein ganzer Bestand komplett befruchtet, auch diejenigen Blüten, die vielleicht etwas verdeckt oder schwerer zugänglich sind. Erst nach getaner Arbeit fliegen die Bienen die nächste Tracht an. Bienenhaltung ist deshalb äußerst wichtig für das Gesamtsystem und darf in keiner Siedlung und keiner Landwirtschaft fehlen. Es gilt dasselbe wie in allen Bereichen der Tierhaltung: Der Imker hat dann am meisten Gewinn, wenn die Bienen sich wohlfühlen.

Doch in vielen Ländern sieht das anders aus. Ein immenses Bienensterben verzeichnen zum Beispiel die USA. Einige Bienenarten sind dort bereits völlig ausgestorben, andere sind auf 4 % ihrer früheren Populationen geschrumpft. In England berichten Imker, dass eines von vier Völkern stirbt und dass es, wenn es so weitergeht, in zehn Jahren keine Bienen mehr geben wird. In den USA beriet ich Großimker, die an mich die dringende Frage richteten: Was sind die Ursachen für die Totalausfälle? Sind die Bienen erfroren? Ist die Varroamilbe für das massenhafte

Grafik: Henry Baumann

Kräuterteppiche tränken die Flügel der Bienen mit ätherischen Ölen, die desinfizierend wirken – ein Schutz gegen Milben und Ungeziefer. Die Flugbremse, das schräge Brettchen vor dem Einflugloch, sorgt dafür, dass die Bienen tatsächlich durch die Kräuter fliegen.

Die traditionellen sibirischen Bienenstöcke werden von der Ökolandbewegung wieder aktiviert: Ohne Zugabe von Zuckerwasser, ohne Rähmchen wird pro Volk zwischen 50 und 80 kg Honig geerntet.

Sterben verantwortlich? Oder war es tatsächlich ein geheimnisvoller Virus, wie einige meinen?

Meine Antwort lautete: Keine dieser Ursachen allein kann für dieses Ausmaß an Bienensterben verantwortlich sein. Den Virus hat nicht die Biene, sondern wieder einmal der Mensch, der sich von der Natur entfernt hat. Eine wesentliche Ursache für das Bienensterben sind natürlich die massiv eingesetzten Pestizide, die die Pflanzenvielfalt vernichten, von der die Bienen leben. Besonders die Neonicotinoide wirken schon in geringen Mengen tödlich für ganze Bienenvölker, indem sie die hochentwickelte Koordinationsfähigkeit der Bienenvölker durcheinanderbringen. Der Bienenkiller wird in Deutschland von der Firma Bayer produziert. Im Herstellungsland und in vielen europäischen Ländern darf er nicht angewendet werden – wohl aber produziert und ins Ausland verkauft. Das ist aus meiner Sicht Heuchelei. Diese Pestizide müssen weltweit verboten werden, Herstellung, Verkauf und Anwendung.

Darüber hinaus habe ich festgestellt, dass in der Bienenhaltung dasselbe geschieht wie in der Landwirtschaft im Allgemeinen: Auch Imker versuchen, möglichst viel aus den Tieren herauszuholen, die Bienen werden übernutzt und ausgenutzt. Beim Bau der Bienenbeute fragt man nicht: Was braucht die Biene, um sich wohl zu fühlen, sondern: Wie kann ich immer mehr Profit machen?

Um Bienen naturgerecht halten zu können, brauche ich einen Einblick in die unendlich komplexen und aufeinander abgestimmten Abläufe im Bienenstock. Bienen sind große Überlebenskünstler: Sie können in fast allen Klimaregionen den Winter als ganzes Volk überleben. Dazu bilden sich als letzte Generation im Jahresablauf durch eine spezielle Anmästung die robusteren Winterbienen heraus. Aus diesen besteht das Bienenvolk in der Frostperiode. Sie leben über den ganzen Winter und halten durch beständiges Flügelfächern die Stockwärme konstant auf 25–27 °C. Im Frühling sterben die Winterbienen wieder ab und die jungen, frisch geschlüpften Sommerbienen übernehmen wieder die Arbeit.

Um sich vor Zugluft zu schützen, verkleben die Bienen Spalten und Ritzen mit einem Kittharz, das sie selbst produzieren. Das Material dazu holen sie sich von Bäumen und Blattknospen und erzeugen daraus einen neuen eigenen Stoff, das Propolis. Es ist bekannt als ein sehr wertvolles Heilmittel gegen Entzündungen und Verletzungen.

Doch der entscheidende Faktor wird von den meisten Imkern vergessen: Die Verklebung mit Propolis erzeugt zum Einen die konstante Wärme der Stockluft. Aber mindestens genauso wichtig ist die Luftzusammensetzung: Sie ist durch das Propolis und das Bienenwachs desinfizierend und gesund erhaltend. Ihre Zusammensetzung bewirkt die Immunkraft der Bienen, sie schützt sie gegen Milben und andere Krankheitserreger.

Imker, die das nicht beachten, öffnen viel zu oft den Magazinbehälter, schauen hinein und stören so die Wärmekonstanz und die Zusammensetzung der Stockluft. Immer wieder aufs Neue müssen die Bienen ihren Stock abdichten. So kommen sie in Stress und werden anfälliger für Krankheiten.

In der Natur verrichten die Bienen alle Arbeiten selbst. Sie schwitzen Wachs aus und bauen damit die Waben, in denen ein Feuchtigkeits- und Wärmestau entsteht, das Milieu, in dem sie am besten leben und arbeiten können. Die Tätigkeit hält sie gesund, sie gehört zu ihrer Körperfunktion. Sie brauchen auch die antibakteriellen Inhaltsstoffe aus ihrem Bienenwachs.

In der einseitig profitorientierten Imkerei möchte man den Bienen alle Arbeiten abnehmen, damit sie ihre ganze Kraft in die Honigproduktion stecken und der Ertrag möglichst groß ist. Dieses Prinzip ist falsch und zu kurz gedacht. Der Erfolg wird nur sehr kurzfristig sein, aber langfristig zu teuer, zu arbeitsaufwändig und eben auch schädlich für die Bienen.

Ganz falsch ist es, Rähmchen aus Plastik oder sogar Metall einzusetzen, wie es in der Großimkerei immer häufiger geschieht. Denn der Kunststoff atmet nicht und er besitzt auch nicht die antibakteriellen Inhaltsstoffe wie das Wachs. So kommt es zu Schimmelbildung in den Stöcken, vor allem in Regionen mit hoher Luftfeuchtigkeit.

Um diese zu vermeiden, machen viele Imker nun große Schlitze oben in die Stöcke, damit die Luft abziehen kann. Dann aber entsteht Zugluft: Genau das, was die Bienen am meisten stört und was sie vermeiden wollen. Also kitten sie diesen Schlitz wieder zu und die Imker kratzen ihn immer wieder auf. So arbeiten Mensch und Natur gegeneinander. Es können sich keine konstante Temperatur und keine desinfizierende Stockluft bilden. Das kann nur eine Weile gutgehen. Für mich ist dieses fehlende Verständnis – neben den Agrargiften und dem Verlust der Artenvielfalt – der Grund für die Totalausfälle, die ich in den USA gesehen habe. Jetzt ist es an der Zeit, hier umzudenken.

Traditionelle Bienenstöcke sind natürlicher als moderne und bringen auf lange Sicht den größten Erfolg. Sich in den verschiedenen Regionen umzuschauen, wie die Imker dort traditionell arbeiten, kann sehr lehrreich und inspirierend sein. Auch von der natürlichen Bauweise der Bienen selbst kann man viel lernen. Denn Bienen überleben auch ohne menschliches Zutun, sie schwärmen aus und bauen ihre Waben in hohlen Baumstämmen oder Hohlräumen von verlassenen Gebäuden und überwintern dort viele Jahre.

Auf dem Krameterhof haben wir verschiedene Bienenbeuten gebaut, auch aus Langstroh – dafür eignet sich bestens das Stroh des Sibirischen Urkorns.

In Portugal wird vielfach die Rinde der Korkeiche zum Bau von Bienenbeuten verwendet.

Besonders gefällt mir die Imkerei in der Ukraine und Russland: Dort wird ein frischer Baumstamm von etwa 1,20 m Länge in der Mitte gespalten, ausgehöhlt und wieder zusammengesetzt. Dazu eignet sich Weichholz, z. B. Pappel oder Weide. Vorn und hinten wird er mit Holz geschlossen und schräg aufgestellt, so dass die Feuchtigkeit abfließen kann. Durch die dicke Isolierung bleibt die Stocktemperatur konstant erhalten. In einem solchen Stock muss man keine Kunstwaben einsetzen, die Bienen bauen ihre Naturwaben selbst. Ein solches System ist einfach, natürlich, billig und bienengerecht. Diese Bauweise ist auch für Extremlagen geeignet, sei es kalt oder heiß, denn sie wirkt regulierend. Das Ergebnis: Die Bienen fühlen sich wohl und sind gesund, der Ertrag ist hoch. So sollten alle Imker arbeiten, dann gäbe es kein so großes Bienensterben.

Natürliche Bienenhaltung: Worauf muss ich achten?

- Die Unterkunft gestalte ich so natürlich wie möglich: Die Beute soll aus unbehandeltem Naturholz gebaut sein und gut isolieren. Es muss nicht desinfiziert werden, das machen die Bienen selber. Das Holz muss atmen können. Empfohlen werden Doppelplatten, sie puffern Kälte und Wärme ab.
- Auch den Innenausbau gestalte ich so natürlich wie möglich. Eckige Formen dienen nur der Bequemlichkeit des Imkers, nicht den Bienen, denn Ecken sind tote Zonen. Wenn nötig, nehmen die Bienen auch Rähmchen an, ich selber bevorzuge aber eine komplett natürliche Gestaltung.
- Bienen brauchen eine konstante, ausgeglichene Temperatur. In möglichst natürlichem Umfeld schaffen sie sich diese selbst. Plastik hat im Bienenstock nichts verloren.
- Das Flugloch darf nicht zu groß sein, damit keine Mäuse oder Hornissen hindurchpassen.
- Die Bienen bleiben gesund, wenn sie möglichst viele Arbeiten selber machen.
- Den Stock so selten wie möglich öffnen.
- Den Bienen genug Naturfutter lassen. Sie brauchen Honig, im Zuckerwasser ist nicht dieselbe Energie. Den höchsten Ertrag hat ein Imker nicht durch die höchste Honigquantität, sondern wenn sich die Biene wohlfühlt.
- Für eine ausgeglichene Tracht sorgen. In der ganzen Vegetationszeit müssen Pollen und Nektar in möglichst großer Vielfalt möglichst ausgeglichen vorhanden sein. Je größer die Vielfalt der Tracht, umso gesünder ist das Bienenvolk. Trachtschwankungen wie durch Monokulturen – wo sie üppige Rapswiesen und Sonnenblumen vorfinden und am nächsten Tag alles abgeerntet ist – sind zu vermeiden, denn sie bringen die Bienen in Stress.
- Die Tracht darf nicht zu weit weg sein. Bei mehr als 2 km arbeitet sich die Biene zu Tode und verbraucht, was sie einnimmt. Dann verhungert die Brut.
- Wichtig sind Gift- und Heilpflanzen als ergänzende Bienenweide, denn daraus machen die Bienen wertvollen Medizinalhonig.
- Als Vorbeugung gegen die Varroamilbe, die große Probleme bei den Bienen verursacht, sowie andere Parasiten pflanze ich Kräuter vor die Bienenstöcke, und zwar möglichst viele und dicht zusammen, so dass ein 3–4 m breiter Teppich entsteht. Thymian, Quendel, Majoran und andere Duft-, Gewürz- und Heilkräuterstauden, die starke ätherische Öle produzieren. So entsteht ein Kräuter- und Blütenteppich vor den Bienenvölkern. Die Bienen können schon dort Pollen und Nektar direkt vor dem Flugloch sammeln. Dabei krabbeln sie durch die Kräuter durch, so dass sich die ätherischen Öle der Pflanzen an ihre Flügel haften. Sie tragen die ätherischen Öle dann automatisch in den Brutraum der Beute ein. Diese ätherischen Öle sind die besten Abwehrstoffe gegen verschiedenste Milbenformen.
- Ich kann diese Methode noch verstärken: Durch schräg oberhalb des Flugloches angebrachte Flugbremsen – eine kleine Holzklappe – lenke ich die Bienen so, dass sie nicht steil vom oder zum Flugloch fliegen, sondern flach. Sie müssen dann jedes Mal durch die Kräuter hindurch krabbeln. Die Wirkung für die Milbenbekämpfung verbessere ich noch, wenn ich mit einer Gartenschere die Spitzen des Kräuterteppichs leicht stutze. So treibt das ätherische Öl oben aus, und die Bienen nehmen es verstärkt auf.

Abschließende Gedanken

Das Paradies wiederherstellen

Nur dein Umgang deiner Mitwelt gegenüber wird über deinen Platz im ewigen Kreislauf der Schöpfung entscheiden.

Ein harmonisches Zusammenleben mit allen Mitlebewesen – das ist für mich das Paradies. Und ich als Mensch habe die Aufgabe, dieses Paradies wiederherzustellen und zu schützen. Dafür muss ich es aber erfahren, ich muss es kennen, ich muss mich dafür öffnen. Im Paradies bin ich, wenn ich mich als Teil des Ganzen fühle. Das Paradies entsteht in mir, indem ich die Natur begreife und diese unglaubliche, unvorstellbare Vielfalt an Leben spüre, fühle, wahrnehme.

Das beginnt im Kleinsten. Wenn ich eine Handvoll Erde nehme, wenn ich sie sehe, fühle, rieche und dabei weiß, dass sich jetzt in meinen Händen Milliarden von Kleinstlebewesen befinden, wenn ich erfassen und wertschätzen kann, was da an Symbiosen und Wechselwirkungen zwischen meinen Händen passiert – dann bin ich im Paradies.

Als Nächstes betrachte ich die Pflanzen, die gerade zu meinen Füßen auf einem Quadratmeter wachsen: von den Moosen und winzigen Bodendeckern, die ich kaum sehen kann, bis hin zu den Blütenkronen. Von diesen Pflanzen zu meinen Füßen hängt das Leben einer Vielfalt von Insekten ab: Bienen, Libellen, Mücken. Dann richte ich meinen Blick auf die Aufgabe dieses Flecken Lands für die weitere Umgebung. Wenn ich beobachte und wertschätzen kann, was sich da an Symbiosen abspielt, am Tag und in der Nacht, wenn ich das sehen und im Geist aufnehmen, fühlen, spüren kann, dann habe ich das nächstgrößere Paradies. Dazu muss ich mich hineinversetzen und mit den Wesen, die hier leben, kommunizieren. So lerne ich, das Paradies zu sehen, zu fühlen, zu spüren und wahrzunehmen.

Ein Garten ist ein unglaubliches Paradies, wenn ich das Leben in ihm erfasse. Er ist eine Apotheke für jedes Haus. Er hat einen viel höheren Wert als nur die Summe seiner Pflanzen – aber nur, wenn ich fühle, in welchem Lebensraum ich mich befinde. Um das geht es: um das Fühlen, das Begreifen, das Wahrnehmen. Um die Kommunikation mit der Natur. Alles gehört dazu: Der Duft, die Blüten, die Früchte, die Symbiosen und Kreisläufe im Lebensraum des Menschen und darüber hinaus im Wald, im Wasser, in der Erde. Auch Regen, Wind, Schnee und Sonne kann ich fühlen und wahrnehmen und deshalb auch mit ihnen kommunizieren. Das Leben von Grund auf zu spüren und zu fühlen, nicht darüber hinwegzugehen, sondern die gesamte Erde, das Fundament des Lebens zu erfassen: Das ist das Paradies.

Gefühle sind wichtig. Wenn ich in der Kommunikation mit meiner Mitwelt stehe, fühle und spüre ich den Geist in den Tieren, in den Pflanzen. Ich nehme wahr, wie sie denken oder fühlen und dass alle Lebewesen eine Seele haben. Im Laufe der Zeit entwickelt jeder eine gewisse Sensibilität dafür und lernt, die Natur als Ganzes, als Schöpfung, als Wunderwerk zu betrachten. Dann werde ich von der Natur mitgenommen und in sie eingebunden. Dann bin ich ein Teil des Ganzen. Dann kann ich

Das Leben von Grund auf zu spüren und zu fühlen, nicht darüber hinwegzugehen, sondern die gesamte Erde, das Fundament des Lebens zu erfassen: Das ist das Paradies.

alles erfahren, was ich wissen möchte. Dann werde ich auch die Mimik der Tiere wahrnehmen. Dann erkenne ich, ob die Kuh oder das Schwein sich wohlfühlen. Ich spüre, wie das Tier reagiert, wenn ich es anspreche oder kurz anfasse – am Verhalten, am Ausdruck und auch am Geruch.

Das Herz soll im Zentrum sein, von der Seele umschlossen, vom Geist gelenkt.

Das Paradies ist nicht da draußen, es ist zuerst im Herzen, in der Seele, im Geist. Das Herz soll im Zentrum sein, von der Seele umschlossen, vom Geist gelenkt. Nur wenn ich so lebe, dass ich ein Teil des Paradieses bin, kann ich es spüren, fühlen, erfassen. Wenn ich aber auf die Natur schaue und sage: Dort ist das Paradies und ich bin hier – dann ist es schnell zerstört. Dann werde ich es verbrauchen und vernichten. Aber wenn ich Teil des Paradieses bin, dann wird es sich erhalten und ständig erweitern.

Ein Paradies im Herzen, in der Seele, im Geist: Das ist der Auftrag der Natur an uns. Alle Informationen, Wünsche und Anregungen, die wir dazu brauchen, kommen intuitiv. Sie fallen uns ein, in Gedanken, im Traum, durch Einfälle – und die sollen wir aufnehmen und dann umsetzen.

Fällt dir etwas ein, dann nimm es auf und setze es um – dazu ist es dir ja eingefallen, denn sonst wär's ja vorbeigefallen.

Wenn es uns gutgeht, dann helfen wir mit, dass es allen gutgeht. Wenn wir Freude haben, geben wir sie weiter, das geschieht ganz von selbst – wie ein Lauffeuer. Wir können uns nicht isolieren. Es ist so einfach, in diesem Paradies zu leben: Jeder kann etwas geben, aber jeder kann und soll auch nehmen – von der Natur, von den Tieren und Pflanzen. Es wird uns rund um die Uhr angeboten, auf jedem Schritt und Tritt.

Nimm es auf! Lass es zu! Lass dich nicht wegtreiben. Das ist Leben, das ist Lebensinhalt und Lebensenergie. Sie hält dich gesund und gibt dir die Kraft für deine Arbeit, für dein Tun und für dein Wohlergehen.

Gibt es Naturgeister?

Wenn ich durch den Wald gehe und Naturdenkmäler sehe, Felsen oder alte Bäume oder eine Quelle, dann habe ich das Gefühl, dass da eine besondere Kraft oder Energie vorhanden ist. Ich spüre sie, wenn ich stehen bleibe, mich hinsetze oder -lege und mir die Abläufe der Natur vergegenwärtige.

Wo kommt diese Kraft her? Da wird niemand eine Antwort geben können. Es gibt Dinge in der Natur, die nicht erforschbar und mit Wissenschaft begründbar sind. Das menschliche Hirn kann nicht alles erfassen, was es in der Natur gibt, das wäre anmaßend. Das Wunderwerk der Natur ist zu komplex und gigantisch, um alles zu verstehen.

Ich kann nicht behaupten, dass es Naturgeister oder Naturlebewesen gibt, will es aber auf keinen Fall bestreiten.

Was ich weiß, ist, dass das Ganze in irgendeiner Form lebendig ist. Das Ganze ist ein Lebewesen. Wer real etwas für die Natur tut, erhält auch etwas zurück. Ob ich etwas gepflanzt, gesät oder einen Bach zum Fließen gebracht habe, ob ich mit Tieren oder einem Baum kommuniziert, eine Grünfläche in der Stadt angelegt oder einen Bauer überzeugt habe, auf genetisch verändertes Saatgut zu verzichten: Was es auch ist, das ich für die Natur getan habe, ich erhalte etwas zurück.

Wurzeln

Alles hat seine Wurzeln, wenn sie auch nicht sichtbar sind. Die Tiere zum Beispiel wissen genau, was ihnen von der Natur zugedacht ist. Der Mensch aber hat seine Wurzeln verloren. Er irrt ohne Bewusstsein seiner Herkunft durch die Welt. Er ist nicht geerdet, ihm fehlt die Energie, die er durch seine

Alles hat seine Wurzeln, wenn sie auch nicht sichtbar sind. Nur die meisten Menschen haben leider ihre Wurzeln verloren. Wir müssen sie wieder wachsen lassen.

Wurzeln bekommen würde. Doch er kann seine Wurzeln wiederfinden.

Als ich ungefähr zehn Jahre alt war, fand ich im Sommer ein Apfel- und ein Kirschbäumchen in einem Steinhaufen. Sie gefielen mir so gut, dass ich sie mitnehmen wollte. Mit bloßen Händen grub ich sie aus und legte dabei liebevoll die Wurzeln bis in die Spitzen frei. Die Bäume pflanzte ich in meinem Garten wieder ein – in der denkbar ungünstigen Jahreszeit und unter denkbar ungünstigen Bedingungen am Hang. Alle sagten, sie würden nicht überleben. Die Mutter sagte: „Man pflanzt Bäume dann, wenn sie keine Blätter mehr haben." Ganz intuitiv begann ich, zart und liebevoll jedes einzelne Blättchen abzuzupfen, und unter den Baum legte ich ganz sorgfältig lockeres organisches Material. Was ich damals nicht wusste, war, dass ich auf diese Weise die Wurzeln entlastet habe. Die Freude, als die beiden Bäumchen entgegen aller Voraussagen wieder neue Knospen trieben und überlebten, war riesengroß. Auf diese Weise habe ich eine Methode entdeckt, die mir auch einen großen Gewinn einbrachte. (Im Buch Agrar-Rebell ist diese „Schockmethode" ausführlich beschrieben.)

Wenn du so etwas erlebst, findest du deine Wurzeln wieder, du findest zur Natur zurück. Ich bin der Auffassung, du sollst auch als Mann intuitiv handeln, deine Gefühle zeigen, auch starke Emotionen nicht verstecken, sondern der Natur erzählen und sie dort auch einmal kräftig ausleben. So findest du wieder zu dir selbst.

Politiker an die frische Luft!

Ich erlebe so viele Beispiele für verfehlte Agrarpolitik vor allem von der EU, dass ich eine Riesenwut im Bauch habe. Prämienzahlungen für Flächenstilllegungen, Stückprämien bei Tieren, Förderungen von Monokulturen in jeder Hinsicht, die Erschwerung eigener Saatgutproduktion, die Genehmigung genveränderten Saatgutes, die Enteignung der Bauern von ihren Wasserrechten – diese Art von Politik för-

Der selbständige Mensch ist das Kapital der Zukunft.

dert die Katastrophen und macht das naturgemäße Wirtschaften schwer. Die Industrialisierung der Landwirtschaft wird gefördert und die Kleinbetriebe werden vernachlässigt, weil sie keine Lobby haben. Viele Programme sind, wenn ich sie unter dem Strich anschaue, keine Förderungen, sondern nur partielle Schadensabgeltungen einer verfehlten Agrarpolitik.

Um Preise zu stabilisieren, werden riesige Mengen an landwirtschaftliche Produkte vernichtet. Bauern werden für brachliegende Flächen bezahlt, fürs Nichtstun! So gehen Wissen und Kreativität verloren – und auf der Welt hungern 1 Milliarde Menschen. Die Welt sieht so aus, wie sie aussieht, weil Theoretiker die Geschicke der Verwaltungen lenken. Menschen, die nie gelernt haben, mit der Natur zu kommunizieren, arbeiten die Richtlinien aus und zwingen sie mit den so genannten Förderungen den Praktikern, den Bauern auf.

Es ist aber nicht nur Dummheit, die zu dieser Politik führt, sondern auch die enge Verflechtung der Politik mit der Agrarindustrie und die Gewinne, die dort gemacht werden: Solange mit Katastrophen gutes Geld zu verdienen ist, werden sie nicht aufhören. Je mehr das System aus der Balance gerät, desto besser verdienen einige wenige. Seit Jahrzehnten und Jahrhunderten wird die Welt von Gierigen gesteuert, die nicht an die nächste Generation denken. Korruption und Misswirtschaft sind zur Normalität geworden und werden den Kollaps des ganzen Systems herbeiführen. Das ist kaum noch abzuwenden. Die Normalität ist zur Dummheit verkommen und das natürliche Denken abhanden. Weder in der Politik noch in der Wissenschaft, in der Bildung oder im Gesundheitssystem erwarte ich große Verbesserungen.

Ich kann dazu nur sagen: Wehrt euch. Wir müssen diesem System Einhalt gebieten. Es würde mich nicht wundern, wenn sich eines Tages alle natürlich denkenden Menschen zusammentun und zu einem „Brüsseler Fenstersturz" aufrufen: Die Verantwortlichen für das Agrar-Desaster müssen dringend an die frische Luft! Und damit sie nicht zu hart fallen, hat jemand vorher hoffentlich frischen Mist vor das Fenster gefahren. Am besten Schweinemist von ihren KZ-Sauen, dann bekommen sie gleich auch den richtigen Kontakt zur Massentierhaltung.

Jeder hat die moralische Aufgabe und Pflicht, sich vor seine Natur und seine Tiere zu stellen und sie zu schützen. Wir müssen handeln, nicht auf die Politik warten. Die Politik beginnt im eigenen Haus, auf dem eigenen Grund. Der Bürger und niemand anderes muss seinen Grund verteidigen. Gesetze müssen dem Leben und der Natur und den Menschen dienen. Gesetze, die nicht mit der Natur in Einklang sind, akzeptiere ich nicht. Dieses Recht nehme ich mir und vertrete es auch. Der selbständige Mensch, der Verantwortung für das Land übernimmt, ist das Kapital der Zukunft. Ganzheitlich denken heißt: Ökonomische Selbständigkeit und ökologische Verantwortung. Wenn dies verbunden ist, ist das Frieden mit der Natur und Zufriedenheit mit sich selbst.

Die Macht muss bei den Menschen bleiben und nicht bei der Verwaltung: bei den Menschen, die das Land bewohnen, bewirtschaften und davon leben. Die Verwaltung soll nur das notwendige Maß erfüllen, das zur Lenkung notwendig ist, und die natürliche Lebensweise des Menschen nicht behindern und beeinträchtigen. So genannte Subventionen sind nur im äußersten Notfall sinnvoll. Aber eine natürliche Bewirtschaftung, ob das in Land- oder Forstwirtschaft ist, ist nicht darauf angewiesen. Wenn sie nicht behindert wird, kann sie ökonomisch richtig und ökologisch vertretbar geführt werden. Das rechnet sich von selbst und davon kann jeder Betrieb gut leben.

Worte an die Bauern: Werdet Agrar-Rebellen!

Ein Hofrat ohne Hof ist wie eine Blattlaus ohne Blatt. Die Blattlaus kann ohne Blatt nicht leben, den Hofrat ohne Hof müssen wir versorgen!

Heute ist der Bauer Sklave auf dem eigenen Betrieb. Schon das Wort Bauer ist zum Schimpfwort verkommen. Das war früher völlig anders. Ein Bergbauer war jemand, und das hat man ihm auch gleich angemerkt. Bauern haben sich gewehrt, wenn Bestimmungen kamen, die ihnen nicht passten. Sie haben sich nicht von jedem reinreden lassen. Und so sollte es heute auch noch sein. Denn wenn der Bauer stirbt, stirbt das Land.

Für mich ist Bauer der schönste Beruf. Ein Bauer soll Lehrer sein und einer breiten Bevölkerung den respektvollen Umgang mit den Mitlebewesen vermitteln. Nach meinen Vorstellungen sollten wir weltweit eine dezentrale Landbewirtschaftung haben und möglichst viele Bauernfamilien, wo die Kinder auf dem Land in der Natur aufwachsen können.

Wie kommt es denn, dass der Bauernberuf so an Ansehen verlor? Was ist denn in den letzten Generationen geschehen? In einer breiten Entwicklung wurden dem Bauernstand systematisch das Selbstbewusstsein, das Wissen und die Freude an seinem Beruf genommen. Bei uns war es früher üblich, dass bei den Bauern immer das schlaueste oder tüchtigste Kind Hoferbe wurde. Das konnte der älteste Sohn sein oder auch das Mädchen, wenn es besonders pfiffig und tüchtig war. Es war aber nicht immer der Erstgeborene geeignet, dann hat man nachgedacht, welches von den anderen Heranwachsenden die Voraussetzungen als Hoferbe erfüllt und wo sich schon früh Tüchtigkeit, Intelligenz, Findigkeit, Courage und Selbstvertrauen zeigten. Dann wurde dieses Kind besonders unterstützt, damit es diese Fähigkeiten entwickeln und umsetzen konnte. Da konnte bei den anderen auch schon einmal Neid aufkommen. Aber es war natürlich, denn auf den Hoferben kommen viele Aufgaben zu und das Kind muss von kleinauf lernen, die zu bewältigen.

In dieser Zeit konnten sich die meisten Familien keine höhere Schule für ihre Kinder leisten. Diese lagen weit weg in der Bezirksstadt und die Kinder waren Helfer auf dem Hof, auf die man nicht verzichten konnte. Aber seit einigen Jahrzehnten erhalten die Bauern Unterstützung für die Schulbildung und das Studium und auch die Straßen und Verkehrsverbindungen wurden verbessert. Durch diese Entwicklung konnten immer mehr Kinder vom Land höhere Schulen, Handelsakademien, Gymnasien und Universitäten besuchen.

Das hätte eine große Verbesserung sein können, hätte der Lehrplan sich nicht so verschlechtert. Die Schulen wurden zu Einrichtungen, in denen die Kinder von der Natur weg entwickelt wurden, wo ihnen die Werte Spezialisierung, Modernisierung, Isolierung eingetrichtert wurden. Die Söhne und Töchter entfremdeten sich – und sie wurden zu Agenten eines falsch verstandenen Fortschritts.

Auf den Bauernhöfen kam es zu einer Negativauslese. Die Pfiffigsten der Familien, die früher den Hof übernommen hätten, wurden jetzt Agraringenieur oder Jurist. Im letzteren Fall hatten sie am Hof meistens kein Interesse mehr – höchstens als Freizeithof, aber nicht als Aufgabe. Wenn die Eltern den Hof aber weiter betreiben wollten, blieben ihnen als Hoferben nur die Kinder, die die schlechtesten Voraussetzungen hatten und auch am wenigsten gefördert worden waren.

Viele Bauernsöhne wurden im Studium auch zu Agrarexperten. Und als sie auf die elterlichen Höfe zurückkehrten, begannen sie, dort den so genannten Fortschritt umzusetzen: Intensivnutzung und Übernutzung, Monokulturen, Massentierhaltung, Kunstdünger und Pestizide. Was die Väter gemacht haben, galt als rückständig. Im Dorf übernahmen die Studierten dann Aufgaben in der Gemeinde oder Genossenschaft und wurden Berater für den Fortschritt in der Landwirtschaft. Sie hatten als Studierte ein hohes Ansehen. Mit ihrer Hilfe wurde das ganze Druck- und Fördersystem der Agrarindustrie aufgebaut. Wer nicht mitmachte, galt als Hinterwäldler, wurde ausgelacht und musste ein ärmliches Dasein führen, weil die Förderungen den anderen zugesprochen wurden. Das waren dann ohnehin meistens diejenigen, die in den Familien übriggeblieben waren, eben diejenigen, denen man immer gesagt hatte, dass sie dumm seien. Gerade die wollen ja zeigen, dass sie fortschrittlich sind.

Ich habe die staatliche Förderung, die Ausbildung und Industrie als ein abgekartetes System erlebt. In der landwirtschaftlichen Fachausbildung und in Fortbildungseinrichtungen haben sie uns die Dünge- und Spritzmittelfibel eingetrichtert. Als Lehrer waren die Berater der Landwirtschaftskammer tätig, die meist auch Vertreter der Düngemittelfirmen und Landmaschinenhändler waren. So gab es zum Beispiel Düngemittelaktionen, für die die Bauern 60 % Förderungen bekommen haben. Und wir wurden in der Ausbildung befragt: Wie viel Fläche habt ihr zu Hause? Wie viel Kunstdünger habt ihr bestellt und ausgestreut? Das war eine unangenehme Situation, denn diejenigen, deren Väter sich nicht beteiligt hatten, wurden verlacht und einige sahen sich gezwungen, zu lügen, um dem Spott zu entgehen.

Aber es wurde Buch darüber geführt, wie viel jeder Bauer bestellt hatte, denn es hing ja mit den Förderungen zusammen und die Berater kannten die Zahlen genau. Die fortschrittlichsten Bauern haben dann das beste Zeugnis bekommen. Um in der Schule nicht ausgelacht zu werden, haben mein

Für mich ist Bauer der schönste Beruf. Ein Bauer soll den Menschen einen respektvollen Umgang mit den Mitlebewesen vermitteln.

Bruder und ich mitgemacht und den Vater animiert, noch mehr Kunstdünger zu kaufen. Dazu verteilten die Lehrer und Kammervertreter beeindruckende Farbprospekte, wo alles sehr überzeugend dargestellt war. Ich kann mich erinnern, wie wir und auch die Nachbarn unter schwierigsten Bedingungen mit Kühen und Pferden die Säcke mit Kunstdünger vom Dorf viele Stunden lang über einen Karrenweg auf die Höfe geschleppt haben. Der Kunstdünger wurde dann in Eimer gefüllt, wir trugen diese Eimer in die Steilhänge und streuten ihn dort mit der Hand aus. Das war eine furchtbare Sauarbeit. Thomasmehl, der Phosphatdünger, ist schwarz, und wer das ausstreute, sah hinterher aus wie ein Kaminfeger. Das Kalisalz wiederum brannte entsetzlich auf den Fingern, wenn man dort wunde Stellen hatte.

Die Industrialisierung der Landwirtschaft begann durch die Schule, das geschah ebenso bei der Unkraut- und Schädlingsbekämpfung, der Mechanisierung und schließlich bei der Massentierhaltung: Modernisierung wurde uns so eingetrichtert wie die zehn Gebote im Religionsunterricht. Und das geschah auf breiter Basis.

Die Mechanisierung war anfangs eine Mordserrungenschaft. Man brauchte keine Kuh oder kein Pferd mehr, sondern schaffte alles mit Motorkraft. Auch wenn die schlimmsten Unfälle durch Maschinen geschahen, mit denen die Steilhänge beackert wurden, mit Todesfällen und Verkrüppelungen: Heute hat jeder Bergbauer teuerste Geländefahrzeuge mit Zusatzgeräten, um in extremen Steilhängen die Flächen zu bewirtschaften. Die Übermechanisierung ist der Gipfel der Fehlentwicklung. Trotz hoher Förderung rentieren sich die Anschaffungen meistens nicht, denn Risiken und Verschleiß sind enorm. In den Bergen führt diese Bodenbearbeitung in den Steilhängen zu Auswaschung und Erosion und damit zu einer langfristigen Verarmung der Böden.

Die Kosten der Mechanisierung verbrauchen die Substanz der Höfe, Bauern verkaufen Wald und Grund, um sich die Maschinen leisten zu können. Warum rennen sie mit offenen Augen in den Ruin? Weil ihnen das meist von dem Sohn eingeredet wird, der vielleicht gerade mit der Landwirtschaftsschule auf einer Exkursion bei einer Landmaschinenschau war, eine Jause und ein Getränk gratis bekommen hat und auf den großen Geräten sitzen hat dürfen. Jetzt ist der Sohn begeistert und bettelt und der Vater will ihm seinen Wunsch nicht verwehren, befürchtet er doch, dass auch der letzte Sohn noch das Interesse an der Landwirtschaft verliert. So verbraucht er meist die Substanz seines Hofes und ruiniert die Zukunft seiner Nachkommen.

Verschlimmerung der Situation seit dem Beitritt zur EU

Mit dem Beitritt zur EU wurde der Bauer endgültig zum Sklaven auf seinem eigenen Hof. Viele sehen sich nicht mehr in der Lage, die ganzen komplizierten Formulare auszufüllen und die Auflagen einzuhalten. Oft kennen ja nicht mal die Vertreter in den Kammern die Vorschriften, die jedes Jahr verändert werden. So wurden die Bauern weiter abhängig von Beratern und Fachexperten. Für ihre Förderungen bekommen sie Vorgaben, die ihnen bis ins Kleinste vorschreiben, was gemacht werden darf, was gefördert wird und was nicht. So wird die Produktion von oben gelenkt, und alle müssen dasselbe machen. Wenn aber alle dasselbe machen, ist es wie in einer Monokultur: Sie machen sich alle gegenseitig Konkurrenz, der Preis verfällt und der Bauer kann nicht mehr wirtschaftlich arbeiten. Sein Produkt kommt in den globalen Handel, wo nicht die Qualität bewertet wird, sondern nur die Quantität. Dort kommt es nicht auf Sorgfalt und Inhaltsstoffe an, sondern nur auf Menge. Einmal eingeschlagen, müssen die Bauern den Weg der Spezialisierung, Automatisierung und Industrialisierung immer weiter beschreiten.

Die Veredelung und Verarbeitung der Produkte, also das, womit der Bauer besseres Geld verdienen könnte, werden ihm durch hohe Auflagen erschwert oder sogar verboten. Das geschieht, um die Großbetriebe – die Metzgereien, Brauereien, Molkereien, Käsereien, Schlachtereien – auszulasten. Hofschlachtung kommt fast nicht mehr vor. Das Wissen, wie man Produkte veredelt, geht verloren. Bauernkinder wissen nicht mehr, wie man Butter oder Käse macht, denn die Milch wird ja abgeholt. Und schließlich erzeugen sie noch nicht mal mehr Milch, sondern haben nur noch Grünlandwirtschaft, denn die wird gefördert. Und wo sind die Tiere? Eingepfercht in der Massentierhaltung. Das ist Eintönigkeit und Isolierung. So wird die ganze Landbewirtschaftung verwirtschaftet, ausgebeutet, ausgenutzt und übernutzt. Wenn wir all das sehen, müssen wir uns fragen: Was bleibt für den Bauern unter dem Strich? Das Risiko,

Auf dem Krameterhof heute: 40 Jahre Rebellentum haben sich gelohnt, heute strömen Scharen von Interessenten auf den Krameterhof.

ein minderwertiges Produkt, sinkender Ertrag – und viel Arbeit. So werden die Bauern immer abhängiger, verschulden sich, verbrauchen die Substanz, bis sie die Höfe verlieren. In den letzten 40 Jahren haben neun von zehn Bauern aufgegeben. Die Freude an ihrem Beruf ist ihnen bis dahin schon lange abhanden gekommen. Das Wort Bauernsterben muss man wörtlich nehmen. Bauern sterben leise, viele auf „tragische Weise", wie es dann in der Zeitung heißt: Die Selbstmorde von Bauern, die nicht weiterwissen, sind nicht nur in Indien verbreitet, sondern auch in England, in Österreich und vielleicht in noch mehr Ländern, in denen es noch nicht in der Presse stand. Aber wenn der Bauer stirbt, stirbt das Land.

Der industriellen Agrarentwicklung muss man entgegenwirken, wenn man sie erkennt. Man muss zumindest versuchen, es auf seinem Grund und Boden nicht zuzulassen. Dazu ist eine gewisse Weitsicht nötig und ein Respekt vor dem eigenen Grund und Boden und seiner Mitwelt. Wenn ich den habe, werde ich mein Land und meine Wirtschaftsweise entsprechend vertreten und verteidigen. Der Bauer darf sich nicht zum Sklaven auf seinem Hof machen lassen. Er soll Lehrer sein und den Menschen einen respektvollen Umgang mit den Mitlebewesen und der Natur vermitteln. Aber dazu muss er auch Freiheiten haben. Er darf nicht der Getriebene sein. Entschlossenes Vorgehen und Zivilcourage sind hier gefordert.

Es sollte eine Selbstverständlichkeit sein, in Kooperation mit der Natur zu leben; so kann ich auch den Hof langfristig gewinnbringend bewirtschaften. Alles andere ist ja Diebstahl an meinen Nachkommen. Es gibt Gott sei Dank auch Bauern, die das so leben und erleben und ihren Betrieb entsprechend führen. Das stelle ich sofort fest, wenn ich auf so einen Hof komme. Ich spüre, hier ist jemand zu Hause, der mit seiner Natur und seinen Mitlebewesen in engem Kontakt steht, der sie lenken kann, der sie hegt und pflegt. Ein verantwortungsvoller Bauer lässt die Natur, die Pflanzen und Tiere für sich arbeiten und kann die Geschenke des Himmels, den Regen und die Sonne, für sich nutzen. Wenn sich alles wohlfühlt, dann habe ich als Besitzer den besten Ertrag und die höchste Qualität. Dann produziere ich Lebensmittel und nicht nur chemieverseuchte, bauchfüllende Nahrungsmittel. Ein Bauer, der das berücksichtigt, muss sich nicht abrackern, er fühlt und schätzt die Natur, kennt auch die Energieplätze auf seinem Land und weiß sie zu schätzen.

Ein Bauer, der nach den Naturgesetzen arbeitet, wird natürlich auch angefeindet werden und Ärger bekommen, vor allem mit den verirrten Bürokraten, die von der Schule oder dem Studium in die Kanzleien der Kammern und Förderstellen gekommen sind, ohne je praktische Erfahrungen gesammelt zu haben. So werden viele von ihnen zu Theoriekrüppeln und schreiben den Bauern vor, wie sie ihren Boden bewirtschaften müssen. So etwas kann nicht funktionieren. Das darf man aber auch nicht akzeptieren. Solche Bürokraten richten großen Schaden an. (Gott sei Dank gibt es aber auch andere Beispiele in der Politik und der Verwaltung, verantwortliche Menschen in den Behörden, die die Entwicklung mit natürlichen Augen sehen und für ein energisches Eintreten Verständnis haben. Das habe auch ich immer wieder erlebt. Ansonsten wäre der Kampf wahrscheinlich nicht durchzustehen gewesen.)

Ein Bauer, der noch in Kontakt zu der Natur steht, hat die Energie, sich zu wehren. Aber er wird auch große Probleme bekommen. Als Außenseiter bezeichnet zu werden, ist dann noch das Harmloseste. Doch wenn die Natur mir Recht gibt, dann lasse ich mir nichts anderes mehr erzählen. Dann habe ich die Kraft, dann bekomme ich die Energie, dann muss ich eben Überzeugungsarbeit leisten und mich gegen dieses naturfremde Vorgehen zur Wehr setzen.

Dass das nicht einfach ist, wird jedem klar sein. Aber es ist dein Auftrag, deine Aufgabe, und du wirst auf lange Sicht auch Recht bekommen und Anerkennung finden. Ob sie mich als Revoluzzer oder Rebellen bezeichnet haben, hat mich nie gestört. Dass meine Familie und meine Frau voll hinter mir standen und mich unterstützten, war mein großes Glück. Sonst hätte ich diesen Krieg gegen den aufgeblähten, praxisfremden Verwaltungsapparat nicht gewinnen können.

Bauernkinder haben genauso ein Recht auf Bildung und Studium wie alle anderen Menschen auch. Aber warum müssen Bildung und Studium in großen Städten, immer fernab der Natur stattfinden? Wir brauchen Lehrbauernhöfe, Studiengänge auf dem Bauernhof in landwirtschaftlicher Vielfalt, wo Kindern und jungen Menschen aus Stadt und Land eine praxisorientierte Ausbildung ermöglicht und ein harmonisches Wirtschaften vermittelt wird.

Kinder, erzieht eure Eltern!

Die Natur großflächig zu regenerieren, muss die Aufgabe der jungen Generation sein. Dazu braucht sie praktische Erfahrung. Die größte Herausforderung, die wir heute haben, ist die Kindererziehung. Denn die Kinder wachsen meist nicht mehr mit der Natur auf, sondern werden von ihr wegerzogen. So fehlt ihnen die Natur, die sie mitnimmt, die ihnen Aufgaben aufgibt, die ihnen so viel zeigt und damit das Leben interessant macht. Niemand kann auf die „Universität Natur" verzichten. Wer sich von ihr isoliert, verirrt sich.

Jedes Wildtier und jedes Rindvieh erzieht seine Kinder besser als der Mensch: Es lehrt sie, sich im natürlichen Biotop zurechtzufinden und zu überleben und bereitet es auf alle Gefahren vor. Der heutige Mensch dagegen separiert das Kind und nimmt ihm alle Probleme ab. Das ist ein Fehler, denn so wird es nicht auf das Leben vorbereitet und lernt nicht, Probleme zu bewältigen. So entsteht keine Selbständigkeit.

Ein Bauer, der in Kontakt zur Natur steht, hat die Kraft, sich zu wehren.

Die Beziehung zur Natur und zur Mitwelt gibt einem Kind Kraft und zeigt ihm den richtigen Weg.

Von Anfang an soll der Mensch mit der Erde kommunizieren und in Kontakt mit der Natur aufwachsen. Kinder müssen ihre Natürlichkeit bewahren, die den Eltern meist schon abhanden gekommen ist. Niemand darf ihre natürlichen Wurzeln kappen. Kinder, die mit der Natur aufwachsen und die man nicht von der Natur wegerzieht, sind geerdet. Die Natur nimmt sie mit, um von ihr zu lernen. Dazu braucht ein Mensch Jahre und Jahrzehnte. Auch in 1.000 Jahren würde er nicht auslernen. Denn um zu erkunden, was das gigantische Wunderwerk der Natur für uns bereithält, reicht unser Gehirn nicht aus. Durch dieses Lernen bekommt das Leben seinen Sinn. Wer sich in diesen Kreislauf eingliedert, erkennt, warum er auf der Welt ist, und wird sich verantwortungsbewusst verhalten.

Eltern sagen oft: Die Kinder sollen es besser haben, als wir es gehabt haben. Ja, es stimmt, wir haben damals oft zu Unrecht Strafen bekommen, in der Schule oder im Elternhaus. Wir Kinder mussten auch viel mitarbeiten, das war aber damals auf den Bauernhöfen üblich. Es hat uns auch nicht geschadet, wir haben viel dabei gelernt. Wir hatten die Verbindung zur Natur. So konnte ich alles Schlimme meinen Pflanzen oder Tieren erzählen und konnte mich von meinen Sorgen und Problemen befreien. Wer mit der Natur aufwächst, lernt Verantwortung. Er lernt, das, was ihm anvertraut ist, seine Tiere – und wenn es wie in meinem Fall nur ein paar Frösche sind oder ein kleines Fischchen in einem ein Quadratmeter großen Tümpel – zu beschützen. Weil er eine Freude daran hat, weil es ihm gehört. Ebenso die Bäumchen, die er gepflanzt hat. Er redet mit ihnen, er lernt, mit Tieren und Pflanzen und mit dem Boden zu kommunizieren, weil er mit ihnen verbunden ist.

Wenn das Kind größer wird, wird auch das, was ihm anvertraut ist, größer. Und wenn eine Bedrohung eintritt, stellt es sich vor seine Natur. Es verteidigt und vertritt sie gegen alle Unvernunft von außen. Es erarbeitet sich so das Wissen, bekommt dann auch den Mut und sagt, wenn etwas falsch läuft. So lernt es zu argumentieren, leistet Überzeugungsarbeit und kann viel bewirken.

Die Beziehung zur Natur und zur Mitwelt gibt den Kindern Kraft und zeigt ihnen den richtigen Weg, wenn irgendwo der Satan lauert. Der Satan ist ja nicht da unten in der Hölle, wie es in der Religionsstunde hieß. Der ist unter uns Menschen, unter den

Nur Kinder, die sich schmutzig machen dürfen, lernen in der Natur.

Jugendliche, die in der Natur lernen, finden ihre Wurzeln wieder.

Gierigen, zu suchen. Unter allen verantwortungslosen Menschen, die nur auf Profit aus sind und alles andere nicht mehr sehen, die Menschen in der Politik, Wirtschaft und Wissenschaft, die sich benutzen lassen. Die Menschen, die eben keine Beziehung zur Natur aufbauen konnten.

Ich erlebe immer wieder überall auf der Welt, mit welcher Begeisterung Kinder das natürliche Wissen aufnehmen. Sie schreiten sofort zur Tat und möchten es am liebsten gleich ausprobieren. Wenn sie etwas pflanzen oder säen und das Keimen und Gedeihen beobachten können, haben sie ein Erfolgserlebnis. Sie wollen es zeigen, kommen gelaufen und sagen: „Mama, Papa, schau mal, das habe ich gesät, schau her, wie das hier wächst." Davon sind sie nicht wieder loszubringen. Ein Leben lang zeigt die Natur ihnen immer wieder etwas Neues, was sie entdecken können. Und so zieht die Natur sie in ihren Bann, sie werden mitgenommen. Sie entdecken die Abläufe der auftretenden Insekten und finden heraus, welche Aufgabe die haben, was sie fressen, wo sie herkommen und wie sie sich vermehren.

Ein Kindheitserfolg bleibt einem Menschen auch als Erwachsenem erhalten. Die Kindheitserfahrungen und Erfolge sind ein Fundament für das weitere Leben. Ohne eine intakte Familie gibt es keine intakte Gesellschaft. Orte wie Generationenhäuser sind notwendig, damit die Kinder von der Erfahrung und Weisheit der Alten profitieren können und Orientierung und Perspektive finden. Die Alten sollen Wegweiser für die Suchenden sein und sie an der Hand nehmen.

Kindererziehung ist nicht nur Sache der Eltern, es ist eine Aufgabe der gesamten Gesellschaft. Die Gesellschaft hat eine Mitverantwortung, den Kindern auf ihrem Lebensweg beizustehen. Es ist die Aufgabe eines jeden, Kinder auf Fehler aufmerksam zu machen, auch wenn es nicht die eigenen sind. Vor allem sollst du ihnen die Fehler, die du selbst gemacht hast, erklären und deine Irrwege aufzeigen, damit sie diese nicht auch gehen müssen. Sei dankbar, wenn andere Menschen deine Kinder bei Fehlern zurechtweisen. Ein Sprichwort aus Afrika sagt: „Es braucht ein ganzes Dorf, um ein Kind aufzuziehen."

Bei meinen Besuchen bei Indios verschiedener Länder habe ich viele positive Beispiele über Kindererziehung erfahren dürfen. Die Schamanen der Ureinwohner sind der Auffassung, dass wir für die äußerlichen Schönheiten zu viel Zeit und Geld verschwenden und für das innerliche Wohlbefinden den Sinn verloren haben. So betrügen wir uns selbst. Die Folgen sind Unlust, Planlosigkeit, Frust, aggressive und depressive Zustände und Verlust der Lebensfreude. Von diesen Menschen könnte man sehr viel lernen. Ich glaube, dass man die Lehrer der Zukunft im Urwald suchen wird und nicht auf den Universitäten.

Ausbildungskonzept für die Zukunft: Globale Schule für die Gärtner der Erde

Überschwemmungen, Dürren und Wüstenausbreitung – die Erde ist in Aufruhr. Wir brauchen ein tiefes Umdenken. Kleine Schritte helfen nicht mehr, nach den Zerstörungen von Generationen müssen wir große Schritte tun. Die Erde ruft nach den Menschen, die jetzt gemeinsam, entschlossen und klug handeln. Sie ruft nach Menschen, die wieder im Buch der Natur lesen können und entsprechend handeln, um in allen Klimazonen Modelle für die Kooperation mit der Natur aufzubauen: Wasserlandschaften, Wiederbewaldungen, Renaturierungen von verletzten und bedrohten Landschaften und positive Beispiele für naturgemäße Landwirtschaft.

Gemeinsam können wir die Erde wieder zu dem Paradies machen, als das sie gemeint ist, auch heute noch. Wir können zu Gärtnern der Erde werden. Ökologisches Wissen zur Renaturierung der Erde ist ein zentrales Friedens- und Überlebenswissen.

Weltweit wollen sich Menschen daran beteiligen, Landschaften zu renaturieren. Allein in Russland gibt es Tausende von Siedlungen, Millionen von Stadtflüchtlingen ziehen zurück aufs Land. Weltweit gibt es Waldbesitzer und Bauern, die naturgemäß wirtschaften wollen, Großgrundbesitzer, die ihr Land der Renaturierung zur Verfügung stellen, Friedensdörfer, Gemeinschaften und ganze Regionen, die nachhaltig wirtschaften, sich autonom von der Industrie machen und ihre Lebensmittel und Energie selbst erzeugen

In der Ausbildung wird auch altes Bauernwissen gelehrt: hier Brotbacken und manuelle Getreideernte.

wollen, Bewohner von Großstädten und sogar Slums, die in Stadtgärten, auf Balkons und an Hauswänden ihre Nahrungsmittel anbauen. In Ländern der Dritten Welt schützen Menschen die Wälder, umarmen Bäume, damit sie nicht abgeholzt werden. Ich bin sicher, dass viele Millionen Menschen auf der Welt aus dem Weg der Modernisierung und Industrialisierung aussteigen wollen. Sie alle können Gärtner der Erde werden.

Guten Willen gibt es genug. Aber Wille allein nützt nichts, wenn die praktische Erfahrung fehlt. Diese kann ich mir nicht an einem Wochenende aneignen und auch nicht in einem Jahr, es ist ein lebenslanger Prozess. Um immer mehr Menschen das zu ermöglichen, gebe ich Ausbildungslehrgänge in verschiedenen Ländern, damit die Menschen den Weg zurück zur Natur finden.

Unter den Teilnehmern sind verschiedenste Menschen, auch viele Akademiker – Ärzte, Anwälte, Lehrer. Warum machen Studierte eine Ausbildung bei einem einfachen Volksschüler wie mir? Weil sie sehen, dass meine praktische Erfahrung Erfolg hat. Weil ich ihnen die Projekte zeigen kann und weil sie mitarbeiten und durch die Arbeit lernen können. Für mich sollte jede Ausbildung mindestens 50 % aus Praxis bestehen. Jeder Kindergarten sollte einen Garten haben, jede Schule einen Bauernhof und jede Universität einen Gutshof.

In einigen Ländern schließen sich nun Menschen zusammen, es entstehen Nachbarschaften, wo sich die Menschen gegenseitig helfen und beraten. „Gärtner der Erde" kann ein neuer Weltberuf sein: Für die Renaturierung der Erde werden in allen Klimaregionen Spezialisten und Spezialistinnen gebraucht, die Landbesitzer, Friedensdörfer und andere Initiativen beraten und unterstützen.

Schlusswort

Was brauchen wir, um unsere Erde zu retten? Wir brauchen den Bauern als Lehrer und Praktiker, der uns einen respektvollen Umgang mit unserer Mitwelt, den Menschen, den Tieren, den Pflanzen, dem Wasser und der gesamten Natur vermittelt. Praxisfremde Theoretiker, falsch verstandene Tier- und Umweltschützer richten oft großen Schaden an, indem sie den gierigen Ausbeutern in die Hände arbeiten. Ein selbständiger unabhängiger, kleinstrukturierter, autarker Bauernstand ist die beste Garantie für eine gesunde Landbewirtschaftung und schafft ausreichenden Erholungsraum auch für Stadtmenschen. Lehrbauernhöfe könnten Erfahrungen und altes Wissen über Verarbeitung und Veredelung von landwirtschaftlichen Produkten weitergeben. Die Vermittlung von Bauernweisheiten in gesundheitlichen Bereichen für Mensch und Tier, die auf Jahrhunderte langer Erfahrung beruht, wären Aufgaben einer Bauernuniversität. Nur wenn wir mit Respekt und Demut mit unserer Schöpfung, unserer Natur und Mitwelt leben, können wir sie verstehen, von ihr lernen und so das von uns zerstörte Paradies wieder aufbauen.

Teilnehmer des Ausbildungslehrganges auf dem Krameterhof

Sachregister

* Halbfett hervorgehobene Seitenzahlen verweisen auf wichtige Einträge auf den betreffenden Seiten.